U0649868

朱恒农 校长与 光華大學

汤涛 主编

华东师大「丽娃档案」丛书

编委会主任 梅 兵 钱旭红

上海人民出版社　　上海書店出版社

丛书总序

很少有一条小河那么有名,很少有一条名河那么小巧。华东师范大学的这条校河,虽然在上海市中心中山北路校区的地图以外难见踪影,却在遍布全球的师大校友的心里,时时激起浪花。

站在丽虹桥上望着丽娃河,那绿树鲜花簇拥着的、蓝天白云倒映着的清澈水面,也许有人会认为她过于清纯精致不够豪放,而与师大结缘于郊外新校区的老师和同学们,会觉得她与闵行新校区的樱桃河其实各有千秋。但是,一年又一年,一代又一代,有多少人,一提起她的名字,有说不完的话,却又常常不知从何说起……

华东师范大学成立于1951年10月16日,成立大会的地点就在离丽娃河不远的思群堂。华东师大的基础是成立于1924年的大夏大学和成立于1925年的光华大学,以及其他一些高校的部分系科,其中包括成立于1879的上海圣约翰大学分解以后的理学院(数学系、物理系、化学系、生物系)和教育系,以及圣约翰的11万余册藏书。尽管按惯例我们可以把建校日确定在20世纪20年代,甚至还可以追溯到中国土地上第一所现代大学诞生的130多年前,但我们更珍惜"新中国第一所师范大学"的荣誉,更珍惜曾经是中共中央指定的全国16所重点高校之一的责任,也因此而更珍惜与这种荣誉和责任有独特缘分的那个校园,那条小河。

因此,"丽娃"是一种象征,象征着华东师大的荣誉,象征着华东师大的责任。编撰以"丽娃"命名的这套丛书,是为了表达我们对学校的荣誉和责任的珍惜,表达我们对获得这种荣誉和履行这种责任的前辈和学长们的怀念和景仰,也表达我们对不同时期支持学校战胜挑战、追求卓越的历届校友和各界人士们的由衷感激。

这套丛书,应该忠实记载华东师大百余年的文脉传承和一甲子的办学历程,全面解读"平常时节自信而低调、进取而从容,关键时刻却挺身而出,义无反顾"的师大人气质,充分展现华东师大精神传统的各个侧面和形成过程。

这套丛书,应该生动讲述历代校友的精彩故事和不同时期的奋斗历程,让我们和我们的后代们知道,华东师大的前辈们是怎样用文化的传承来抵抗野蛮和苦难的,是怎样用知识的创造来追求光明和尊严的,又是怎样努力用卓越的学术追求与和谐的团体生活,来培养德智体美全面发展的社会主义建设者和接班人的。

这套丛书,更应该激励我们和我们的后代,永远继承"自强不息""格致诚正"的精神,发扬学思结合、中外汇通的传统,不断追求"智慧的创获,品性的陶熔,民族和社会的发展"的大学理想,忠实履行"求实创造,为人师表"的师生准则。

这样一套丛书,将不仅成为华东师大这个特定学术共同体的自我认识和集体记忆,而且也将成为人们了解现代中国高等教育曲折发展脉络、研究中华民族科教兴国艰苦历程的资料来源和研究参考。

从这个角度来看,编撰出版这样一套丛书,是以一种特殊方式续写着华东师大的历史,更新着华东师大的传统,丰富着华东师大的精神。

因此,我们有多种理由对丛书的诞生和成长充满期待,祝愿"丽娃档案"丛书编辑工作取得圆满成功。

编辑说明

　　一、本书辑录内容主要为朱经农担任光华大学校长期间形成的各种档案文献。所选材料来源于华东师范大学档案馆馆藏，其他来源的均注明出处。

　　二、本书主要按照专题汇总材料，在专题内根据时间顺序进行编辑，同一事件的材料相对集中。

　　三、本书所选材料，除繁体字全部转化为简体字外，为保持原貌，其他如国名、地名、人名、纪年表述、数字书写、表格内容、文字用法及标点运用，均原文照录。材料标题均按当代习惯重新拟写；原文无标点、不分段者，编者均做分段、加标点；若有删改，均注明。

　　四、本书所选档案史料，凡需更正原文中的显著错、别、衍字，及增补明显漏字，以[　]标明；字迹模糊、漏缺难以辨认及无法补正者，均以□代之；对原文中需要说明的问题，以注释[1][2]……标明。

《朱经农校长与光华大学》编委会

目　录

三、成都分校结束事务处理 ………………………………………… 125

七、校舍建设 ……………………………………………………… 343

忠孝仁愛
信義和平
朱㴔農題

一、教育理念

1918年，朱经农与徐志摩在杭州花坞

1923年9月，朱经农与徐志摩（左一）、曹诚英（左三）、胡适（左四）等在杭州观潮合影

中国教会学校改良谈
——在南方大学讲演[1]

讲演是一桩极不容易的工作,时间既不许有充分的预备,说来也言不尽意,因此每每引起误会。今天承贵校之召,前来演讲中国教会学校改良问题,自恨没有许多时间思索,预备材料。所以有三件事要请在座诸君原谅。

(一) 因为匆忙选出一个讲题,材料既不特别,也不新鲜,恐怕讲出之后,诸君久已知道。材料不能出色,要请原谅。

(二) 因为时间短少,没有充分的预备,枝枝节节,前后许多不贯澈的地方,也要请诸君原谅。

(三) 因为讲演得前后不一贯,东鳞西爪;加以挂一漏万的纪录,断章取义,最易引起误会,所以诸君如有笔记讲辞的,务请在发表之先,把原稿给我看看。

现在中国有一个轰轰烈烈的大运动,就是"国家主义的教育"运动。国家主义,换言之,即是爱国主义,想国家统一,想国家强盛,人同此心,心同此理,无人敢反对。

有一派人以为教会教育权要收回,因为教育是国家的命脉,要自己来办,不能由他人越俎代庖。这种见解是不容反对的。还有一派人,与门罗博士(Dr. Paul Monroe)表同情,以为凡百事业,总贵有变化,有变化,方有进步。教会学校在我国办一种试验教育,正可以取其所长,汰其所短,创成一种新教育,比固步自封的教育好得多。况且,中国私人办教育,只要愿受政府的监督,没有什么不可以的地方;教会教育同私立学校相同,所以教会学校可以存在。

这两派相反的主张,到底谁是谁非,此刻尚难断定。不过,我们要注意的,就是一派人主张教会学校根本要取消,教育权是国家的特权,不能让把人家去代谋。还有一派人主张教会学校要改良,改良了,可以存在,无用根本取消。我今日想同诸君谈的,就是第二派人的说法。

教会学校不是纯璧无瑕的,这个也无容为他们讳言。有缺点,尽可以随时想法子改良,这才是积极的主张。如不管三七二十一,叫他们"关门大吉",在事实上固然做不到的,在理论上也说不过去。要他们量力改良,乃积极的叫他们设法改造。

我们现在不妨对于教会教育的缺点和改良的方法讨论讨论。

---

[1]　原载《中华基督教教育季刊》1925 年 6 月,第 1 卷第 2 期第 5—9 页,有删节。

（一）教会学校第一个缺点，就是不遵照我国所定的新学制课程。我们都知道，要想造成一个共和的国家，国民定要有一致的观念，共同的主张，公共的信仰。教会学校办在中国，教育中国子弟。换言之，是教育中国的国民，应当采用新学制规定的课程，以养成中国国民的一致的精神。况且，新学制的课程是富伸缩性的，所谓最低的标准，就是给人以活动、试验的机会，不管你用道尔顿制也好，设计教学法也好，葛雷学校之组织也好，只要你合乎新学制的最低限度。教会学校对于这点似也不容忽略，一方面要履行新学制的最低的规定，一方面自不妨试验一种新的制度，创立一种新的事业。

（二）教会学校既是办在中国的领域内，论理，应当受驻在地政府之监察。换句话讲，就是要向中国政府注册，方可取得办学的机会。注册之后，可由视学员考察内容，有不对的地方，可劝他改良，总期同我国的学校在一个轨道上。要他改良，如有不改良的地方，然后叫他关门。总而言之，教会学校同私立学校一样的性质，要受政府的严重监察。政府有权监察全国的学校，并非说全国学校应由政府一手包办，乃是全国学校归政府监督视察。日本东京青山学院一类的学校是教会办的学校，向当地政府注册，受当地政府监督，并不妨碍国家的主权。中国的教会学校应向政府注册，受政府监察，已是不容须臾缓的事体。

（三）外国人在中国要少办小学校。语言、风俗、习惯，都是天隔地远，怎好来办？中国的义务教育普及了，任何学龄儿童都要受义务教育，用不着进外人所办的小学校。但是，目前义务教育似乎还没有普及，多少学龄儿童在教会小学读书；如果自己替代教会小学的小学校尚未多多设办，便把教会小学取消，在教会小学的学龄儿童岂不是立时叫他们失学？按照教育乃天赋人权的道理说来，岂得谓平？所以此时教会小学仍可存在。与其在国内普及教育未通行之时，将教会小学取消，使无数儿童失学，不如暂使教会小学存在，自己赶急推行普及教育为好。有教育总较无教育好罢，诸君！教会小学，应当收回的。但我国义务学校没有全部通行以先，还可以让他们办下去，不过要受政府的干涉和取缔，课程也要遵照新学制课程办理，不得有违背国情的地方，也不许专授英文同宗教。

（四）中学校，教会要少办，不可太滥。要通力合作，众擎易举，聚会精神，办几个有规模的中学。减少学校的数目，并不是说减少学校的经费，原是化零为整，办几个好的试验学校。门禄博士批评中国的中学极少精彩，所以要办几个试验学校，以为取法。教会肯以他们的人材，他们的经济，办试验学校，也是好的。譬如新制初中所设 General Science 一科，究竟应当采用何种教学法，所需仪器，是否能在国内自造，这一类的问题，教会学校方面，正作各种试验，所得结果，或者可以推行全国。

（五）大学校，我以为可以存在。原来大学是超然的，是自由的，所谓 Academic Freedom 是也。大学学生都自有主张，意志强烈，断判精确的，既不会随波逐流，也不会出主入奴；况且大学是学府，对于任何学说，任何主张，均当兼蓄并存，无所轩轾。大学是万顷波涛，无有不包的大海，所以宗教学说也有存在之余地。不过教会大学对于宗教事项，应该任人自由选择,不可加以强迫。信教自由,载在约法,不能带强迫性质。所以在这一点教会当局要反省,要想出一个澈底的改良办法。何况那种机械的仪式,在教会自身看起来,也没有什么意味。信教与否,何必强迫? 无味的仪式尽可听人自便。但是从他方面说,却不可禁止人家信教。强迫信教,固然不可;强迫不信教,也有未是。所以教会大学的信教问题,要超然,要自由。又有人说教会大学过于忽视中国的文化,这也是相当的事实。文化是立国的根本,应该保存,应该宣传,如我国昔日士林"不为五斗米折腰"的气节,"富贵不能淫,贫贱不能移,威武不能屈"的精神,"成仁取义"的义烈,讲兼爱重平和,非攻非战等等,都是我国固有的文化,可置诸万世而不磨的,我们应当保存,应当效法。教会大学非谓完全不保存中国的文化,乃他们不知道怎样保存,教会大学要融合东西文化之优点,互相发明,互相参证,不可泥于一说,而薄他说。教会大学要造就中国现社会所需要的优秀国民,不可制造外国化的中国国民! 这最是教会大学被攻击、被非难之点,教会大学要明白而急图改良的。

有人说教会学校摧残爱国心,这也许是过论。世界同仰的革命领袖孙中山先生,出身教会学校,且是教徒。他的革命思想,民族主义,并未被摧残,并未被淘汰。可见说教会学校摧残学生爱国心的话,也未见十分公正。

我因为国内对于教会学校的非难,有如此的轰轰烈烈,所以去年九月以后,实地到一个宗教色彩较重的教会大学去研究,看他们有没有改良的希望。短期的考察,尚不敢下决然的断语,但是有时向他们建议改良,他们也没有怫然不纳忠言。不过,改良也须时日,人才经济发生种种问题,非一声喊便可成功的,这个我们要谅解他们事实上的困难。

我国目前的义务教育,中学,大学,都在萌芽发展时期。教会教育殊足补我们力量之所不及;但为了社会的要求,我们不妨要他们改良,以求吻合我们的限度。万一他们不肯改良,依然办下去,我们再谈取消的话,也不算迟。现在可以让他们试验他们的新方法,迟早或有些小贡献;急忙把他封闭,太消极了,自己没有承替和善后的详细办法,结果未必圆满。

现在总括我的意见,小学校当我国义务教育未普及以前,可以暂时容许教会办小学,但要遵照我国的新学制课程的规定,也不许违背我国的国情和需要。中学校也可让他们聚精会神,办几个好的实验学校,间接可促进我国中学的努力,直接总可得点取法参考的机会。大学时无所不包的学府,只要他们不违背我国的国情,也尽可任他们办去,同时要提高国内大学的程度以便同他们颉颃。

最后,我要将改良教会学校的方案说说,以作结论:

(一) 任何教会学校要向中国政府注册,听政府监督和考察,并遵照新学制课程纲要办理。

(二) 教会学校要自动地取消强迫参与宗教仪式的制度,纯任学生自由信教。

(三) 教会学校要注重中国固有的文化,不可入主出奴,养成一班纯粹外国化的中国国民。

教育事业^[1]

民国的基础建设在民意上。民意要靠教育去养成，倘使一国之内，大多数人民没有受过教育，那里会有真正的民意和确切的舆论。现在中华民国的人民还有百分之八十没有受过教育。民国的基础，非常危险。爱民国的人都应该努力推广教育，启发国民的智慧，造成健全的民意。这种巩固国基的责任，落在我们稍微受过一点教育的人身上，我们应该尽心竭力从事于教育事业。

但是想办教育，自己也要有些预备。想办乡村教育的人，应该到各处所设农村师范学校去研究几年。想办小学校的人，应该进高中师范科或六年毕业的师范学校去研究。想办初级中学的人应该进专科师范去读两年书。想办高级中学的人应该在师范大学毕业。想办职业教育的人，一面要研究教育原理，一面还要深悉各种职业的内容。就是当教育行政人员，如教育局长、省视学、县视学等等也应该在师范学校毕业并且有些办学的经验才行。

还有一点我们应该特别注意，办教育是一种艺术，终身服役，所得报酬，只是精神上的愉快，并非物质方面的享受。教育事业是清苦的，从事于教育的人要少做"富贵利达"的梦。只能粗茶淡饭，布衣陋室，过平民的生活。要有忍耐、勤慎、谦和、慈爱各种德行。每天勤勤恳恳推行教育，从"提高"和"普及"两方面做工夫，以造成健全的民意，巩固民国的基础。在个人，或者稍有牺牲；在国家，却受无穷利益。教育儿童很像亲手栽花，等到含苞欲放的时候，种花人何等快乐。然而花木无知，种花人的快乐是片面的。教育儿童，潜移默化，有心灵上的感应，其乐趣较种花的人更大。孟夫子说"得天下英材而教育之"是一种乐趣，这就是精神上的报酬。

---

[1]　原载《生活周刊》1926 年 11 月 4 日，第 2 卷第 4 期第 1—2 页。

考试与文凭[1]

韬奋先生：

九月二十五日的手教和附寄心水先生所发表《考试严限资格之不可解》一文，都已拜读过了。

先生说："办教育乃造就人才，非以造就文凭为目的，彼等学力既经过相当考试而被认为可以够得上就学之后，徒以缺少纸面上的资格而挥之门外，天下可笑及不平之事何以过此？"

心水先生也说："……以一纸文凭为投考不可少的资格，根本上就极端反对……既经有考试以甄别真实的学识技能，投考者无论是由学校中得来的，或因家境困难，或因年长失学，由自己下苦工自修得来的，只要经得起你的严格考试，你便应该勿忘教育是以造就真实人材为要旨，何必一定要拿一纸毕业文凭来挡人前途？"

胡适之先生更郑重地说："现在各私立大学每校每学期所发现假文凭大约总有四五十张，为了一张纸头，不知引诱了多少青年作伪，是一件很可惜的事，不如在入学资格中加上'同等学力'一条，使没有文凭的人也有出路。试问我们从前考学校考留学的时候，何尝有什么文凭？假使当时必定要向我们索文凭，我们就没有入学或出洋的希望。"

我想诸位先生一定以为这种主张是"公意之所在"，行之有利无弊，至少也是利多弊少的了。

但是我们同时又听见反对方面的主张，觉得他们的理由不应漠视。现在略述一点供诸位先生的参考。

反对方面的人们说："我们要考查一个人真实的学识和技术，有两件事应该同时注意，就是：（一）当场的考试，（二）平时的成绩。"

"前几年全国各地都听见'废止考试'的呼声，大家都说，有了平时的成绩可以考查，就用不着什么考试，凭一日之长短或一时的侥幸来定学生的成绩。当时赞同这种主张的函件也如雪片飞来，大家以为这是公意所在，不容疑问。但是我们认为当场的考试自有他的价值，不敢赞同废考的主张，曾经做过许多文字，在各处发表。大家想必已经看见，不须再述。"

"不料中国的教育思潮，变换得真快！不上几年功夫，大家不信任考试的意思完全消

[1]　原载《生活周刊》1930 年 11 月 2 日，第 5 卷第 47 期第 778—780 页。

灭,翻转过来都以为只要当场考试,便可辨明人们的真才实学;平时的成绩,无须再加考查的了。所以不管人们在学校研究也好,在家里自修也好,只要一场考试,便可把平日所下苦工一起发现出来,何必再问他进过几年学校,平时成绩如何?我们对于这种见解也不能无疑。"

"文凭所代表的是什么?我们都知道文凭是表明一个学生在学校修业的年限已经满足;他平时修学的成绩和历届考试的成绩都能及格。我们看见一个学生的文凭,就知道他的平时成绩已经严格考查过去。政府对于公立学校及已立案之私立学校的毕业文凭必须验印,对于毕业生历年成绩必须查核备案,其用意都在考查平时成绩。考试必须先验文凭,也为了要知道他们平时成绩的缘故。这不是专重虚荣,更不是想阻人出路。"

"我们为家境困难年长失学的人们打算,当然应该鼓励他在家里自修,但照目前中国情形而论,有两种学问不是自修可以得到的。"

"(一)自然科学

我们做二十世纪的人,实在处处都要用到自然科学,但是关于自然科学的知识和技能,必须于实验室中求之。全凭书本学习自然科学,正同全凭书本学习打球、游泳,不去实地练习,一样的无效。家境贫寒的人当然没有力量购置科学仪器,在自己家要设实验室。全国一千九百余县,有公共科学实验室的,不过百分之一二。就是有公共科学实验室的地方,每县也不过一二处。受地点、设备、经济等种种限制,决不足以供全体自修生科学实验之用。现在公家财政困难,一时间恐不容易添出许多公共科学实验室来,所以用自修方法,来学自然科学,目前尚难得到良好的成绩。"

"(二)合群的生活

中国人所以成为一盘散沙,就因为平日没有合群的训练。中国旧式的教育让士子们各人关起门来,坐在家里读死书,弄到他们都变成不懂人情世故的书呆子,对于人类互助合作生活一点经验也没有,所以一到大考的时候,考相公聚在一块,便会闹得满城不安的。现在的学校,从各种不同的环境里吸引许多青年,使他们聚在一块,练习共存互助合作自治的生活,学校便是社会的雏形,求学最要的目的,就在了解待人接物的道理,俾能应付环境。这种经验也不是闭户自修所能完全得到的,并且须要从小培养才行。如不经过小学和中学的生活,到了入大学的学期,习惯养成了,虽要补救也是来不及的。"

"要应付物质的环境,不能不学习自然科学;要应付社会的环境,不能不练习合群的生活。在今日的中国,这两种训练必须从学校中得来。抛却这两种实地经验,专在书本上做工夫,则其所学多半变为空谈。吴稚晖先生所谓'洋八股''党八股''教育八股'的产生,也大半因此。近人过信自修制度,想要凭一场考试,把真才实学都鉴别出来,我们实在不能不抱怀疑的态度。"

"近来青年学生往往不务实学,希冀躐等升学,并缩短毕业期限。本年考试未立案私立大学学生的时候,审查学历,发现入大学未满两年而已毕业者;亦有初中毕业未满三年已混入大学二三年级肄业者,但实际程度与所入年级相差甚远。为挽救大学程度之低落,并免贻误青年计,不能不严定入学资格,并详查修业年限。"

"同时国内大学入学试验,多数从宽,不但未立案之私立大学滥收程度不够的学生,就是已立案之大学,甚至国立大学取录学生也很随便。听说某国立大学今年投考学生不满千人,所取录者在四百以上,竟有平均分数不满三十分而亦被取者。但求多收学生,不惜降低程度,这种考试,若说可以取得合格的学生,谁也不敢相信。入学考试既如此不足凭,如果再把入学资格放宽,甚至不加限制,不论进过学校与否的人,都可一律应考,那末,录取的标准,势必更加降低,大学的程度,也将每况愈下,不堪复问了。因此,我们为减少大学滥收学生的弊病起见,更非严定入学资格,详查修学年限不可。"

"至于因为发现了许多假文凭,就主张连文凭都不要,那真是因噎废食。须知得文凭并不是一件难事,只要按步就班,学习功课,除低能儿外,没有得不着文凭的。也只有极少数的天才生,才有越级升学的可能;但也决不能将四年的功课缩作两年读,也没有从初中毕业一跳就到大学肄业的道理。我们办教育,须为大多数学生设想,应该使他们按步就班,照着学校的年级,一步一步地推升。至于天才生和低能儿,都在例外,只好用别的方法去救济他们。所以我们对于不问修学年限,不验毕业文凭,但凭一场考试以定取舍的方法,不敢赞同。"

上面所述种种并非一二人的私见,我不过集合许多人的主张,择要提出,以供诸位先生的参考。

我们办教育行政事务的人,对于各方面关于教育的主张,自应虚心研究,但对于争辩未决的问题,似不可贸然尝试,因为一纸令出,便影响全国。在上述困难未能解决以前,除埋首再加研究以外,不能有所表示,是否有当,尚祈先生见教!

朱经农拜复
十月十六日

附一: 复朱经农先生的一封信(邹韬奋)[1]

经农先生:

接到九月十六日赐书,欣悉先生因屡在本刊看到关于教育革命的文字,觉得怪有趣的,惟平时零零碎碎的看了,就随随便便地搁下,没有好好地保存起来,现在想要做一番有统系的讨论,嘱为搜集本刊关于此类文字和别人与本刊讨论教育的文字全份,现已代

---

[1] 原载《生活周刊》1930年10月12日,第5卷第44期第732—733页。

为搜齐另邮寄奉。此事能引起全国最高教育行政当局的注意，对于研究及解决方面必更可多一种增速率，这是本刊所认为很愉快的一件事。

随后又接到九月二十日来信，承示"关于各方面对于教育之评论，部中本极欢迎，凡属切实可行之建议，同人等均愿诚心接受"，具见虚怀若谷，深为敬佩。关于教育革命问题，兹事体大，须经过详细之讨论研究，审慎之规划筹谋，此时仍在讨论研究时期，《生活》在目前只望能引起国内教育家对此事之注意与研讨，固未敢希冀其即能实行。惟有一事似为教育部目前能力所及而不难于即行救济者，即投考学校或升学，既已规定有相当的考试外，又极力重视一纸文凭的资格，例如欲入大学者，苟无高中文凭，虽学力够得上亦在被黜之列。闻上海某著名大学本届招生，考试成绩虽及格，因被校中当局发现伪造文凭而不得不受开除者至四五十人之多。办教育乃造就人材，非以造就文凭为目的，彼等学力既经过相当考试而被认为可以够得上就学之后，徒以缺少纸面上的资格而挥之门外，天下可笑及不平之事何以过此？愚意即未经学校教育而能由刻苦自修以考取者，此类有志之士乃愈益可敬可贵，愈当予以上进的机会，何得以纸上资格而有意强加抑制，忍心绝其深造的前途？

据弟闻见所及，为父兄及子弟者对此种无裨实际徒然阻挡有志者求学之机会，无不痛心疾首，迫于政府之法令而莫敢谁何；在学校方面则以限于教育法令，不照办便须预备关门大吉，亦爱莫能助。《生活》曾因此事作一文，题曰《考试严限资格之不可解》，痛切言之，登在本刊第五卷第三十二期，未知先生曾寓目否？此文发表后，表同情者的函件有如雪片飞来，公意所在，可以概见。此事之救济与教育经费既无关系，于教育前途更无妨碍，而却可普渡现在及将来许多刻苦自励，有实际学力而独乏纸上资格以致皇皇然无所归之青年，深望全国最高教育行政当局之肯加以注意也。因感于先生虚怀之诚意，乃自忘其无似，喋喋奉渎，倘蒙对此事有所赐教，以释疑惑，《生活》极愿刊布，以公诸社会。

弟韬奋敬上
十九，九，廿五

附二：再复朱经农先生的一封信（邹韬奋）[1]

经农先生：

接到十月十六日惠覆，承详细指教，非常感谢。愚意此事不但关系许多青年的求学问题，而且关系不少年长失学而却能刻苦自修的壮年的求学问题，对于一般的考试制度亦有联带的影响，故不敢惮烦，敬对来信所举"反对方面的主张"加以分析的研究，仍乞

［1］　原载《生活周刊》1930 年 11 月 2 日，第 5 卷第 47 期第 780—781 页。

明教。

（一）来信所举"要考查一个人真实的学识和技术，有两件事应该同时注意，就是：一、当场的考试，二、平时的成绩"，注意"平时的成绩"，这当然是我们所赞成而没有疑问的，但此处把"当场的考试"和"平时的成绩"平列，好像"当场的考试"对于"平时的成绩"之测验毫无关系，是截然"两件事"，好像要测验"平时的成绩"，只有验文凭的一法，所以说"考试必须先验文凭，也为了要知道他们平时成绩的缘故"。这样说来，考试既与平时成绩的测验没有关系，要它作甚？看看文凭就能"知道他们平时成绩"，那末只要看看文凭就千妥万妥了，何必再举行考试呢？"反对方面"认考试不能辨明人们的真才实学，难道看看文凭就能辨明人们的真才实学吗？"反对方面"认考试不能把平日所下苦工一起发现出来，难道看看文凭就能把平日所下苦工一起发现出来吗？平心而论，我们并不承认考试是万能，但严密周详的考试总比看看文凭更能测验"平时的成绩"。平日对于某种学问没有相当工夫的人，对于某种学问的严密周详的考试，决不能临时能像变戏法似的无中生有，做出好成绩来。

（二）来信所举"文凭是表明一个学生在学校修业的年限"，其实一个人学识程度和修业年限并不一定成正比例。我们知道到美国入大学院去读博士学位的，大概有三年就行，但同时在美国住了三年回来的博士，有的学问很切实，不愧博其所博，有的却落个草包博士。草包博士也都有过大学院里不折不扣的三年修业年限！中国著名大学的毕业生，到美国去读硕士学位的，少则一年，多则两年，大概也行的。但是我亲见有三位这样的毕业生，到美国去留学，因为花天酒地玩得太舒服，别人读一年可得的硕士，他们三位仁兄读了整整三年才勉强得到，讲到修业年限，也很可观了！愚见以为用严密周详的考试还比较的可以测验"实际程度"，算算年限之不能测验"实际程度"，和看看文凭一样。

（三）自然科学要靠实验，不便于自修，这确是实在的情形，我们也决不希望人"全凭书本学习自然科学"，但是说除了进学校就绝对不能实验，也不确。爱迭生幼年之穷苦是我们所知道的，但他小时就在家里地窖下一个小室里堆排了许许多多奇奇怪怪的试验用的器械，十五岁在火车上做小工，他又在一个空车里角上排起许多玻璃瓶，大做其实验。发明诚然是他的天才，但这种实验的设备只要有兴趣肯做的人未尝不可以做。只要考的时候不重书本而重实验的智识技能，调阅平日实验的笔记与心得，有志研究的人自会节衣节食的去酌买科学仪器馆中的东西来用。他们倘若经不起这样力求实际的考试，便是能力够不上，能力够不上没有话说，因文凭资格够不上而不管他的能力如何，便是不平的事情。

（四）学校中能培养合群生活的习惯，这当然也是我们所承认的，但是"学校便是社会的雏形"，不幸从前未能入校或未能续学的人，不得不先入社会就业，一面服务一面自修，也在人群中活动，并非荒岛上的鲁滨逊，未必就一定得不到合群生活的素养，未必就一定不"了解待人接物的道理"。这种由困知勉学打出来的有志的青年,对于人情世故也许要比终日关在与社会隔阂的学校里还要好些。

（五）来信提及某国立大学今年招生事,他们招生想必按照部章严格的要验文凭。这近千人的投考学生必都是有文凭上资格的,但在"所取录者在四百以上"里面,"竟有平均分数不满三十分而亦被取者",可见文凭上资格之不可靠。苟非经过考试,又那里知道其中"竟有平均分数不满三十分"者? 此正见考试之比看看文凭更能发见[现]"实际程度"。而马虎的学校当局不顾"考试"的"警告"而仍"不惜降低程度"取进来,反说"入学考试既如此不足凭"。是"考试"之"不足凭"呢? 还是学校当局不凭考试?

（六）我们并不"因为发现了许多假文凭,就主张连文凭都不要",是因为教育当局呆板板的硬要文凭,不管你的"实际程度"怎样,埋没了许多具有"同等学力"的人,所以代有冤无处伸的人出来说几句公道话。照先生告诉我们关于胡适之先生的话,倘若胡先生不幸生迟了十几年,要在今日的教育部当权的时代投考"入学或出洋",便绝对无望,便埋没了中国的一位哲学家!

弟韬奋上

十,十七,晚十二时

再论考试与文凭

——复秦道坚先生并以质之韬奋先生[1]

道坚先生：

你的信已经拜读了。你主张入学考试应不要文凭，理由是：文凭不足以表示平日的成绩，因学校里的考试差不多都是随考随忘的。但是据我的观察，文凭不尽是不能表示平日成绩的，纵有少数例外，也还要经过入学考试。我们所主张的并不是只凭文凭而不凭考试，所以这一点不足为不要文凭的根据。

至于说平时月考期考都是临时抱佛脚地温习，考了之后，便抛到脑后，那末，入学考试就不能临时抱佛脚地预备吗？假如一个没有进中学的人要投考大学，他临时搜集各种投考指南及其他"急就章"从事准备，恰巧考试的题目，都在他所预备的范围之内，竟被录取了，这是真才实学吗？

学校里的月考期考以及平时的问答和测验，不单是考查学生的知识，并且还给与学生复习的机会。复习的机会愈多，所得的印象也愈深。就是日久不免有所遗忘，究与完全没有复习过的大相悬殊。并且教师对于学生，除应考查学习的结果以外，对于学习的过程，尤应注意。临时抱佛脚的态度，为教师的是应该负责纠正的。

主张入学考试不要文凭的人，以为自修和受学校教育可以有同等的效果，甚且驾而上之，那末，这辈自修的人，一直自修下去好了，何必再来投考学校？既然自修可以成功，他们根本不必参与入学考试；那末，查验文凭于他们毫无影响，又何致阻碍他们的出路？如果定说阻碍出路是事实，那更可见自修之所得，到底比不上进学校。我们主张入学考试应验文凭，正以闭户自修的结果，不能与学校教育相等。因为在现在的时代，研究现在的学术，是非有相当的设备和适宜的环境不可，而自修尤须有相当的基础，大学以下决不足以语此。

我上次说自然科学不便自修，是就中国目前的情形而言。韬奋先生举出美国的爱迪生来做反证，爱迪生是具有发明天才的人，而且美国社会的环境中，几乎无时无地不看见自然科学的应用。在美国这样的环境中间，也只不过出了一个爱迪生。试问在我们中国科学设备远不如美国，会产生出爱迪生来吗？况且像爱迪生这样天才的人，是极少数的。根据智力测验的统计，最多不过占百分之五。我们何能以百分之五的天才之所能，期诸

---

[1]　原载《生活周刊》1930 年 11 月 30 日，第 5 卷第 51 期第 843—844 页。

大多数的人呢？倘使人人都可以自修发明和爱迭生一样，那根本学校就可以不办，也就无所谓入学考试，无所谓查验文凭。

韬奋先生说合群生活的习惯，不一定学校里可以养成，在社会上也可以得到。这话虽不尽无据，但这种得来的方法，是"试错法"，是没有人指导而由自己发现的，是不经济的，并且有时囿于见闻，不能发现正当的态度，至于终身陷于错误而不自知的，正不知多少！譬如随地吐痰，是中国社会普通的习惯，许多人自己传染着痨病，还不知道随地吐痰足以传染病菌！上下火车轮船或买票的时候，中国人都是争先恐后互相拥挤，大家习以为常，竟不知道应以先后为顺序！这里所举的不过两个小小的例，至于共存互助合作自治等观念，不在学校里培养，自己那里会体验得到！如果各人自己可以体验得到，我们中国又何致像这样一盘散沙呢？我们因为学校生活是唯一的合群训练，所以一定要人们进学校。我们既然看重学校生活，就不看轻代表学校生活的文凭。

若为救济贫苦与年长失学的学生，政府应当特别设法，如宽筹经费、广设免费学额、举行贷金、创办高等民众学校、开设特别班等，若仅入学考试不要文凭，不但不是根本救济办法，并将大开躐等躁进之门，势必至教育程度低落至于不可收拾而后已，想非教育界同志所愿目睹的罢！

朱经农
十一月五日

附一：大夏大学学生秦道坚致朱经农的信[1]

经农先生：

我读了先生在《生活》报上发表的《考试与文凭》一文，与韬奋先生所复之一信，引起我对于这个问题不得不说几句话。

关于考试与文凭一问题，在下也曾稍为研究，觉得文凭确不足以完全表示其人平日之成绩，而埋没多少因家贫而自修的青年。我虽然还不算是一个老学生，不过学校的生活，约已十年，深知此中之利弊。哦，原来当学校要举行月考或期考的时候，我敢断定说大多数学生才拿课本来温习一下，一考之后，就抛到脑后，若再经了一年或半载，更完全忘记。如是一期一期的过去，一年一年的过去，就得毕业了，这样文凭足表示其人的平日成绩吗？足表示其真实学问吗？当然学是学过了，然而水过鸭背一样，算他得到了真正智识吗？

废去文凭而采用严格的考试，确是选真才的方法，又是苦学生的一条好出路。先生

---

[1]　原载《生活周刊》1930 年 11 月 30 日，第 5 卷第 51 期第 843 页。

若恐"一令既出，影响全国"，则不妨向各大学取投票的方法而为判决。尚望先生有以教我。

大夏大学学生秦道坚谨上

十一月一日

附二：三复朱经农先生的一封信（邹韬奋）[1]

经农先生：

　　承寄示答复秦先生的一封信，甚感。关于先生答复秦先生意见的话，我很表同意。至于关涉到我前次复先生一信的几句话，现再略贡管见，借求明教。

　　先生所提出的第一点是自修和受学校教育是否有同等的效果。愚意此事须视个人的秉赋，所处的环境，所习学科的种类及程度而异，殊不能作一概抹煞的论断。大概说起来，学术工具（如国文外国文之类）及社会科学比较的易于自修，自然科学比较的难于自修。较初阶段的自然科学比较的易于自修，因为小件的实验设备尚非个人能力所绝对办不到；较深阶段的自然科学比较的难于自修，因为繁重的实验设备非个人能力所够得上。至于自修须有相当的基础，这层我也承认。例如研究英文，连拼音都不懂，连初浅文法都不懂，连初浅句子都读不来的人，要他自己开始自修，是不可能的。但说"大学以下决不足以语此"，则在事实上似不确。因为即在中国，小学毕业文凭都没有，靠自修以造成学者的人，未尝没有（例如王云五先生即其一人）。

　　其实在校外欲增进学识固然要靠自修，在校内要增进学识也要靠自修，不过在校外自修常须全靠自己对于困难作更费力的抵抗，或特函授的辅助，或入补习的机关，或就可得利用的图书馆，或就可得领教的师友请教，或搜索指示修学途径的书报以资参考，这种校外的自修并不限于"闭户"，但比起学校教育当然是比较的困难，比较的不经济，但这种困难和不经济不是苦学者所自愿受的烦恼。一方面是因为学校贵族化，非有钱的子弟徒唤奈何，非势必提早就业的青年所能享受，一方面是因为国家所设立的学校并不能足够供给一般平民的需要。在校内自修有相当的教师指导，有相当的设备应用（目前中小学关于自然科学的实验设备是否相当，尚是疑问），当然是比较的便利，比较的经济。但这种便利和经济不是苦学者不愿享受，其原因亦在学校之贵族化与国家设立学校之不敷用。

　　我们既不能武断校外自修是绝对无裨学识的增进（至少中等以下的学识），又鉴于校外的苦学自修是国家对于教育不能称职的过咎，而校外自修的限度又往往因指导之乏人

---

[1]　原载《生活周刊》1930 年 11 月 30 日，第 5 卷第 51 期第 844—845 页。

与设备之未周，以致未能更求深造。则因不得已而勉强从事既多困难而又不经济的校外自修若干时，千辛万苦修至相当的程度，因欲再求深造，仅求教育当局赐以严密周详的考试，及格后许其转入比较便利而经济的途径（即入校），实天公地道的事情，何得以一纸文凭之有无而并其参加考试的权利与机会亦忍心剥削无余？

第二点先生因自修而提起爱迭生。爱迭生今年九十几岁了，在他十几岁时，美国的科学环境不见得比今日的中国胜，而且我的意思不是说校外自修的人在自然科学方面都可以做到爱迭生，但我却不承认只有爱迭生才配在校外自修。发明要天才，在校外自修并非一定要天才才行，而目前升学考试所需要的程度也并不要须有爱迭生的发明本领。

第三点先生提及合群生活。我并不否认学校可以养成合群生活的习惯，也不否认学校对于这种训练是比较的经济，但我却不承认除了学校之外，在社会服务与自修兼程并进的人就一定得不到合群生活的习惯。先生一则曰"一定要人们进学校"，再则曰"看重学校生活"，愚意并非劝人不要进学校，更不是不看重学校生活，乃有慨于无数无力入学或无力续学而不得不提早就业，同时却能勇于自修的青年，虽有相当升学的程度，乃徒以缺少一纸文凭，遂致断绝升学考试的机会，不得不替他们呼冤。

先生谓"救济贫苦与年长失学的学生，政府应当特别设法"，这诚然是我们九顿首以求而不可得者，但光阴似箭，时不再来，在"特别设法"未有之前，何忍让这许多"贫苦与年长失学的学生"流离失所？至于入学考试，愚意只须于考试方面慎定标准，严密周详，并不至"大开躐等躁进之门"，也不至使"教育程度低落至于不可收拾"。若先生前书所言的某大学招考，只验验文凭，把考试成绩平均不满三十分的都取录进来，那才真是"大开躐等躁进之门"！那才真使"教育程度低落至于不可收拾"！

韬奋敬上
十九，十一，十五

复员后之光华[1]

　　抗战胜利,河山重光,本校奉令将成都分部,改为成华大学,由蜀中父老主持,而本校则在沪复校。原有大西路校舍,悉毁于兵燹,仍在汉口路四二二号,宣告正式复校。经农以得员伊始,都务綦繁,未克来沪。乃请副校长朱公谨代理,悉心规划,弦歌复起。翌岁,始迁虹口欧阳路新址,经农辞部务来沪。副校长廖茂如亦自南岳莅临。忽忽又一载矣。幸得全体师生,群策群力,经之营之,复校工作,稍具规模。爰述梗概,想为本校校友及爱护本校者所乐闻也。

一

　　自中日战起,敌军犯上海。本校大西路校舍,地属要冲,我军进驻以御暴敌。以是悉为敌军所焚毁。巍巍斋庑,慕然无存。仅牌楼二所,矗立大西路畔,以供我人凭吊而已!虽然,物质已尽,精神不绥,全校同人咸以"复兴中华"为己任,履涉艰危,操守弥固。迨敌军降北,本校复员。经翁董事长咏霓及同人之努力,当局之相助,得拨欧阳路二二一及二二二号前日本女子高级中学校、日本女子商业学校充本校大中学校舍。虽严丽周备,不若大西路旧校舍远甚。然复兴之基,于期始立。

　　民国三十五年夏,欧阳路新址,驻军渐撤,本校暨附中,络续迁入。校舍曾为敌俘所占,毁损颇多。校具设施,存者无几。乃加添置,大事修葺。复校后,学子四方来归,人数激增,又改辟临时男生宿舍二所,修筑教职员住宅一所,并增筑食堂、厨房、盥洗室、校门以及校内四通之衢,先后支付,不下二亿。虽乏美轮美奂之观,窃附制度草创之义。至九月下旬,大中学校遂在新校舍开学上课。

二

　　本校复员之后,行政设施,悉遵部令。设二室,曰校长室、曰会计室。会计室下有出纳组。另设三处,有教务处、训导处、总务处。教务处下有注册组、图书馆、化学实验室、物理实验室、生物学实验室。训导处下有管理组、生活指导组、体育组、卫生组。总务处

---

[1]　原载《光华大学廿二周六三纪念特刊》1947年6月,第1页。

下,有文书组、事务组。此外设有校政委员会、训育委员会、经济审核委员会等。借同人努力,本校复员工作,得顺序而进。

本校院系,亦有所扩充。当抗战军兴时,大学部有学生七百余人。虽转辗迁徙,而学生人数,年有增多。迨太平洋战起,竟增至一千二百余人。旋因敌军进窥旧英法租界,形势骤变。本校暗中分设诚正文学社及格致理商学社,大半学生,奔向大后方,于是人数疾减。幸赖同人坚苦不屈,竭力维持。迨胜利复校,乃有三百余人。去夏迁至新址,又增至千数。现共有三学院,十五学系:计文学院有中国文学、外国语文、历史、政治、教育、法律、社会七系;理学院有数理、生物、化学、土木工程四系;商学院有经济、会计、银行、工商管理四系。各院系除多年旧教师外,并年有增聘,均系知名之士。学生亦多能勤业。处兹人心浮动之际,犹能专心向学,此则差堪告慰者也。

三

复员后之光华,固不应以恢复旧观为已足,然以人力才力之困难,有待改进之处犹多。如教室、实验室、宿舍、教职员住宅,皆不敷应用,而男女生宿舍缺乏尤甚。仪器设备,除旧有经同人冒险携出者外,稍稍添置,普通教学实验,勉敷应用。图书设备亦仅如此。欲供精研之用,犹须大量补充。筹划行施,实深有望于吾校董、校友、在校师生及社会热心人士也。

参加远东区基本教育研究会议后所发生的几点感想[1]

本年九月三日至十二日，联合国教育科学文化组织在南京召集远东区基本教育研究会议。开会期间一切情形，本杂志第四期已有详细记载，无须赘述。作者于参加会议之后，发生几点感想，分条陈述于下。

一、基本教育与国家教育政策

开会之初，各友邦代表似有一种误解，以为中国基本教育完全受国家之控制，教师之训练既由国家主持，课本之编制亦由国家负责，不复留有私人研究试验之余地。其实中国教育事业，向采分层负责制度。中央主持高等教育，省市主持中等教育，而基本教育之推行，则由县以下基层组织负责，中央与省仅对于技术上加以指导，经济上酌予补助而已。中国各地尚有私立小学一万四千余所，国家不但未加限制，且予以种种鼓励。国内公私立教育机关，如中华平民教育促进会、战时儿童保育会、浙江湘湖师范学校、江苏省立教育学院、国立社会教育学院等，对于基本教育正作各种实地试验，政府也给予各种的帮助以冀其成功。绝无西方人士所想象的严格控制问题。且以中国幅员之大，各地情况之互异，自不能不多留伸缩余地，以适应各处特殊的需要。办理基本教育，欲求硬性的统一，实不相宜。

但是从另一方面着想，联合国文教组织，所以极端注重基本教育的缘故，实欲用基本教育改造全世界人民的心理，增进国际间的了解，培养一种有世界眼光的公民，以实现天下一家的理想，而奠定永久和平的基础。因此基本教育不但应有举国一致的计划，并且要寻求举世一致的途径，以培养世界公民应有的共同观念和共同信仰。所以一方面要多留伸缩余地，以适应地方需要；另一方面，又须努力建树共同的信条，如保障世界和平、促进国际合作、祛除种族偏见、消弭阶级斗争等等。国家的教育政策，对这两方面，都应该顾到。

---

[1]　原载《教育杂志》1947 年 11 月，第 32 卷第 5 期第 1—4 页。

二、基本教育与语文教学问题

本文所欲讨论的，不是语文教学的技术问题。因技术问题头绪纷繁，不是这一篇短短的文字所能说得清楚。此处所要考虑的，第一是各国孩子们受基本教育的时候，应否用他们的本国语言(即从母亲口中学来的说话通称"母语"或 Mother Tongue)？这个问题在会场中，反复讨论过。如马来亚、新加坡等地的居民，人种复杂，各有各的语言。有些代表想用英语来统一教学，甚至说华侨愿学英语，不愿学国语。我想海外华侨，希望他们的子弟学些英语，以便同英国人做买卖，或者不错，但是说他们只愿学英语，不想学国语，是在不确。据我所知道，海外华侨子弟，学习国语进步很快，并没有什么困难，决无反对学国语的道理。有人说华侨子弟所说的是广东话或福建话，并不是国语，教他们学国语，不能引他们的兴趣，也不合他们实际的需要。但在广东的儿童和在福建的儿童都很愿意学国语，并学得很好，难道他们一到了国外，就不想学国语，只想学英语了？国语与粤语闽语发音虽有不同，所用的字句和文法的构造并无差异，所以儿童学习非常容易，无论如何，比学英语或其他外国语容易得多。想用这种理由来反对华侨学校教国语，是说不过去的。外侨在中国设立学校，用他们的本国语言教育他们自己的子弟，中国从来不加阻碍。希望友邦对于华侨在海外所设学校教儿童国语，也不加以干涉，这也是平等互惠的基本条件。至于海外华侨学校从第三四年级起加授当地通行的一种外国语，以应实际的需要，似无不可。然而一个儿童在他受基本教育的初期，应该先习本国的语言文字，这个原则不可推翻。

第二点要讨论的，就是中国应否废弃汉字，专用罗马化的拼音文字。年前美国教育考察团主张日本废除汉字，专采罗马化拼音文字，居然有人主张中国也可以如法炮制。但大多数人觉得用罗马字拼音来帮助初学的人识字，本无不可。如果废掉汉字，拿罗马化的拼音文字来代替，那就非再加斟酌不可。(一)中国数千年的文化都是用汉字记载下来的，一旦把汉字废了，将来中国人民就无法阅读古书，了解中国固有文化。这不是爱国的人所希望的。如果说把古书一齐翻译成罗马化的文字，那是极端困难的事，一时决难办到。迁延数十年之后，必定弄到中国人把固有文化完全忘却。除了存心要毁灭中国文化的人以外，决不愿意如此。(二)中国文字原系一字一音，同音的字实在太多，用罗马字拼起来，真不容易分别清楚。虽说中国文许多地方两字或数字连成一义，与原来字义并不相同，可以减少同音的误解；但是实际上，同音互混的地方依然很多。例如张治中将军和张自忠将军、朱经隆和诸金龙用罗马字写出来是不易分别的。(三)同一个字各地读音不同，各人照自己的乡音用罗马字拼出来，会变成完全不同的许多字。将来中国的文字，化为无数种不同的文字，没有法子可以统一，也弄得彼此不能互相了解。统一的文字与国家的统一有密切的关系。破坏数千年来文字的统一，将有不良的结果，不可不慎重考虑。所以作者只赞成用罗马字来注音，不赞成用它来代替汉字。日本人发起文字罗马化运动已经好几十年，至今未见成功。废除汉字，只有不懂汉字，不了解东方文化的外国人才能有此主张。

三、基本教育与师资训练

有关师资训练的问题很多，在此短文中不能一一详加讨论。此处只提出一点，就是师范教育可否开放，让私立学校也来帮助国家训练教师？中国现有小学教师约 80 万名，其中百分之六十不曾受过师范专业训练。欲求国民教育普及，除现有学校外，至少还要加办小学 100 万级，以每级需要一个半教师计算，尚须另添小学教师 150 万人。据一九四五年统计，全国现有师范学校 662 所，学生 180 344 人。倘要造就 150 万新教师，并将现有不合格的几十万教师重加训练，不知何年何月方能完成。即照一九四六年新订的战后各省市五年师范教育实施方案，五年之内只能造就师资 50 万人，距普及教育所需要的教师数目尚远。加上年老退休和中途转业的教师所遗下的缺额，更不容易补足。在这种情形之下，政府应修改师范教育政策，准许私立学校帮助国家训练师资，或者可以救济目前的师荒。其实政府既已订定师范学校课程，又有严密的视学制度，让私立学校开办师范班，不致发生重大流弊。何况实际上未受师范专业训练而充当小学教师人数很多，私立学校毕业的师范生总比不曾学过师范的人好。所以师范学校不必全由公家来办，私立的师范学校不但应该准其存在，并且要多方加以鼓励。

四、基本教育与经费来源

此次远东基本教育研究会通过原则认为"各国为基教得征收教育税，其细节由各国自行决定之。教育税率与国民经济能力应加以研究"。欲求普遍使用，只好如此说法。就中国而论，宪法中有两条重要的规定，(一)教育科学文化之经费，在中央不得少于其预算总额百分之十五，在省不得少于其预算总额百分之二十五，在市县不得少于其预算总额百分之三十五。其依法设置之教育文化基金及产业，应予以保障。(二)国家应注重各地区教育之均衡发展，并推行社会教育，以提高一般国民之文化水准。边远及贫瘠地区之教育文化经费，由国库补助。其重要之教育文化事业，得由中央办理或补助之。照上述规定，中国基本教育，将用全国二千余县预算百分之三十五的经费来推广，如能切实照办,经费也有相当着落。不过向来习惯,县预算往往不将乡镇以下的经费包括在内,而基本教育则必须推行到乡镇以下,故经费亦多用于乡镇以下。如不将乡镇以下所需教育经费详细估计在内,所谓实施宪法规定,仍是不彻底的。同时各县乡镇以下筹有教育基金或募有学校田产的,应该切实予以保障,切不可用"统收统支"的名义把款移作别用。现在地方教育经费本应照规定专款存储,却被人借用统收统支名义,移作地方行政经费,这是基本教育的一种致命伤,必须设法改正。

还有一点要说的,就是中央教育经费所占总预算百分之十五中间,应该提出一部分作为补助各地基本教育经费之用。因为宪法明定边远贫瘠地区的教育经费应由国库予以补助。许多地方的基本教育,没有中央的补助和奖励,是无法完成的。究竟中央教育经费中应该提出几成来补助地方基本教育,也应该有个规定。作者的意见,似可提出全数百分之十五来作此项费用。现在各地基本教育,尚须中央加以提倡,尤其在收复区和边远地方,此种需要更大。经费太少就不敷支配。将来各地基本教育基础稳固以后,此项补助费自可逐渐减少。

五、基本教育与社会改革

基本教育范围不仅包括儿童,成人补习教育也是基教的重要部分。故基教对于社会改革应加以注意,而以解决贫困、健康及移风易俗等问题为重要工作。其内容应兼顾公民训练、生产指导、卫生教育各方面。所谓成人补习教育,决非以识字运动或扫除文盲为限。培养公正守法精神、民主和平信念和科学卫生常识,均属基教范围,在此处特别提请注意。

限于时间,对于教材编制等问题,不及加以讨论。仅就一时感想所及,草此短文,提请教育界同人指教。其思想不甚周密,系统颇欠分明,文字国语冗赘之处,尚希原谅。

中国教育学会的时代使命[1]

　　人类的教育活动虽远在原始时代即已存在,但是教师的地位却是在文艺复兴以后才得到新的估定,而自由结合的教育专业组织更是教师正式成为社会上一种职业以后才奠定其基础。到现在,各国教师所组织的专业团体,正如雨后春笋,方兴未艾。即以美国而论,据说各州各地的教育团体,在美国中央教育处(The Office of Education)发行的《教育指南》(Educational Directory)所载的即有五百余单位,可见其盛况一斑。各国教育团体之组合,用意虽属不一,大部分则无非是为谋维护本身的专业利益,并为道义的合作和互助,但其影响所至,却普遍提高了教育专业的地位,增进社会和国家的利益,而发挥了更高的价值。

　　我国近一二十年以来,教育界人士自由结合的专业组织,亦复不少。其中固有不乏组织庞大、历史悠久的团体,如中华儿童教育社、中华职业教育社、平民教育促进会等,即已拥有不少的会员。但是,论及一般性的全国性的教育专业组织,实不能不首推中国教育学会。该会自民国二十二年成立迄今,恰有十五年的历史。虽然其中有一半的时间是在战争的苦难中挣扎奋斗,但是它的组织吸收了全国最优秀的教育界人士;它的活动包括各种专题研究,举行年会、发刊年报、从事实际的教育调查、参加国际教育专业会议等。综其影响所至,不仅增厚了教育界的团结力量,提高了教师的专业地位,发皇了教育学术的研究,促进了国家教育的改革,同时奠定了国际合作的初步基础。十五年来,实获得了不少的成果。

　　国家胜利,经已两年,今后正是埋头建设的时期。教育在这一个空前的转变的时代,必能发生伟大的影响。中国教育学会既是国内唯一的一般性的全国性的教育专业组织,自有其应负的时代使命。兹请举其要者,分述如下。

一、倡导教育学术研究

　　我国目前在教育领域内未被解答或觉察的问题甚多,有些问题看来似属一种局部的性质,实则浪费公共资财,虚掷儿童青年光阴,莫此为甚。过去企求解决此种问题,多喜信仰权威或偏重臆测,因此问题的本身始终不易获得适当的解决。最近虽亦间有运用科学的态度和方法来研究教育问题的,然多属个人零星的努力,人才经费颇有限制。因此,

---

[1]　原载《教育杂志》1948 年 1 月,第 33 卷第 1 期第 1—2 页。

今后教育学术的研究,倘能由教育专业团体来鼓舞来推动各个分子共同努力,成效必能立睹。中国教育学会过去组织有教育调查所,曾发动会员力量,从事两次大规模的调查工作。平时又常举行座谈会,从事各项专题的研究,而举行年会,发刊年报,又能使各会员获得交换研究意见,发表研究结果的机会。今后倘能有计划的倡导研究工作,必能完满的实现此一功能。

二、发扬教育民主精神

二十世纪是人民的世纪,今后我国的教育是在向着民主的大道前进,这已为一般所公认。教育如何而后民主?教育机会的力求普遍均等,并以大部分的经费应用于大多数的人身上,自然是切要的事。但是教育界自身之能贯彻一种民主的精神,实是急迫之图。本来真能代表教师的自由结合的专业团体,其组织力量的发挥,充分享有教育行政设施建议权,乃是一种真正的教育民主精神的表现。中国教育学会历届年会的决议案,贡献行政当局以教育改进的意见,固曾发生不少的影响。今后应更积极的善用其职能,代表一般教师充分贡献教育改进的意见,举凡对于国家及地方教育政策设施以及教育立法监察的进行,均能尽其力之所能,争取参与的机会。

三、提高教师专业地位

教育专业组织固在教师正式成为社会上一种职业以后始得奠定其基础,但是教师的专业地位的提高,又有赖于教育团体之努力。中国教育学会既是具有全国性的教育学术团体,则必须积极负起责任,设法增进教师的专业知能与其他素质,提高专业水准,以使从事教育工作的人员,均有深厚广博的训练基础,而不使未受专业训练、不及标准的或已转业的分子,滥竽或重入于教育专业的领域。同时又必须努力提倡专业服务精神与道德,务使国内每一教育工作人员,能够敬业、勤业、乐业,对于教育事业具有真正信仰和抱负,能以毕生精力,贡献于教育事业。

四、促进国际教育合作

教育乃是谋求全人类福祉的事业,原不应以国界而有所轩轾。二次大战的结果,使各国彻底觉悟。由于增进国际了解的重要,更使国际教育合作有所必要。此种国际教育合作工作,倘能由各国教师自由结合的专业团体来协作推动,必能更见成效。中国教育学会既是我国足以代表一般性的全国性的教育专业团体,实应积极推进此种国际教育的合作工作。去年八月间之参加世界教育专业会议,以及一部分会员之参加联合国文教组织的工作,固已足奠定初步的合作基础。今后倘能就此基础再进而积极参加各项活动,并相机宣扬我国往圣先贤的世界大同、天下一家的理想,则不仅可使国际教育文化得以交流,抑且于增进世界和平得有莫大的助益。

吾人深信,组织就是力量,人类的活动惟有通过组织才会孕育和发挥伟大的价值。中国教育学会乃是国内教育界公认重要的专业组织,它已具有辉煌的十五年的历史。我们希望它能就此业已奠定的基础,更进而发扬光大,肩负起时代的使命,表现无限的伟大的力量。兹值第九届年会伊始,仅贡数言,以与我全体会员共勉之。

好教师[1]

学生的一举一动,往往以教师做榜样。所以教师的好坏,便直接影响到学生的好坏。我们做教师的人,既然负起了教育学生的责任,对于自己的行为,就应该以身作则,绝对不能随便。今天我要讲的题目,就是"怎样做个好教师"。关于这一个问题,虽然是老生常谈,没有什么新的贡献,但在不幸事件层见迭出的现社会里,我们要复兴国家,复兴民族,确已成为每一个教师所当必修的功课。现在且把做成好教师的几个重要条件,提在下面,以供诸位的参考。

一、用爱来办教育

宇宙间最伟大的力量就是"爱"。天地爱万物而万物生,父母爱子女而子女长,可见教师能爱学生,也是一样有成就的。但是我们所谓"爱",当然不是"溺爱"或"盲目的爱",而是"挚爱"或"合理的爱"。而且要把爱的种子,散布到每个学生的心坎深处,使他们或她们的将来,也能开出爱的花朵,结成爱的果实。如此由小及大,由近及远,由亲及疏,世世相传,绵绵不替,造成一个永久不灭的爱的世界。到了那时,不但人与人之间,充满了爱的因素,就是人与物或物与物之间,也包围着爱的气氛,共存共荣,无私无怨,还有什么不相容的地方吗? 所以爱是最神圣的一件宝贝。

不过我们在培养爱苗的时候,必须铲除它的仇敌,这一个仇敌,是属于心理上的,它的名字叫做"恨"。因为由恨所产生出来的东西,无非是凶恶、残暴、侵占、报复……而至于毁灭!

教师们! 你们见到了学生的顽皮,有时会"恨"吗? 如果有之,那是万万要不得的。我们应试用"爱的感化"去代替"恨的责罚"。所谓"精诚所至,金石为开",这是本人的第一个信念。

二、应该学不厌教不倦

孔子说:自立立人,自达达人。我们做教师的,如果要教成一个品格好的学生,必先

---

[1] 原载《国民教育辅导月刊》(上海)1948 年 1 月 20 日,第 6 期第 2 页。

自己修养品格;如果要教成一个学问好的学生,又必先自己修养学问,这是一定的道理。因此,我们一方面固然要教不倦,但一方面还应当学不厌。何况时代的巨轮,无时无刻不在发展进步,要是我们故步自封,不去摄取新的知识,不去增加新的经验,那就等于"执夏虫以语冰",则其所收的教育效果,也就可想而知。所以我要勉励诸位,身为教师者,教不倦虽甚重要,但学不厌尤为重要。而且要能做到教不倦的地步,就应该先有学不厌的决心。因为教师的学,好比树的根和蒂,教师的教,又好比树的枝和叶,我们要希望枝荣叶茂,就先该根深蒂固。若"先学矣而后教也",则不但胜任愉快,抑且心安理得。这是本人的第二个信念。

三、要有牺牲的精神

现在做教师的人,都感觉到有两种苦。一是生活的清苦,二是工作的劳苦。但是我们既然做了教师,明明知道教师是苦的,就应该忍耐这个苦。否则,就不配做教师。所以我们做教师的人,应该有牺牲的精神,只知有人,不知有己。如果每一个教师个个能这样,那么中国的教育,一定有生路。这是本人的第三个信念。

四、要有强健的身体

西谚有云:健康是人生之至宝。我们知道,一切事业的成功,都以身体的强健做基础。要是身体不强健,那就纵有雄心,亦成虚愿。何况教育事业更比其他事业来得烦重,所以对于身体的强健,也应该特别注意。除了日常的衣食住行要讲究卫生外,更希望诸位,能利用课余之暇,休假之闲,多多锻炼。因为我们所负的使命,是何等的重大! 我们要为教育而奋斗,要为学生而努力,就得先把自己的身体强健起来。这是本人的第四个信念。

总之,我们要做一个好的教师,恐怕还不止上面所讲的四个要件,好在各位教师都是有实地经验的人,一定能够举一反三,善为体念。至于今天我所以再把这一个问题提请讨论的动机,因为我是中国人,诸位也是中国人,我们当然已能明了中国的现状,我们要挽救狂澜于既倒,单靠有形的政治的力量是不够的,必须配以无形的教育的力量,始克有济。然而我们要改进教育,必先从改进师资着手。所以我的要求是:赶快养成好教师。

我怎样求学[1]

上海国民教育实验区约我们来播讲一个共同的题目,就是"我怎样求学的"。李石曾先生前几天已经讲过一次,今天轮到我作第二次演讲。

石曾先生和我都是六十岁以上的人,生活在过渡时代中间,所受的教育,都不免半新半旧,半中半西,不像现在的青年们能够受到有系统的学校教育,从幼稚园,小学,中学,一直到大学。

石曾先生和我却微微有些不同的地方。我是生在一个相当清寒的家庭,八岁就成了孤儿,随着母亲由浙江飘流到故乡浦东高桥,再由故乡飘流到湖南。在十四岁以前,没有进过正式的学校,不过受了一点旧式的家庭教育。所幸我们家里,世代都是读旧书的。先叔叔彝公藏书不少,父兄们都有读书的习惯,蓬生麻中不扶自直,所以从小就有机会看些旧书。

我从过几个家庭教师。他们的教法,有新有旧。旧的教你背诵章句,甚至教你做八股文。新的教你格物致知,通经致用。不过我那时年纪太小,对于汉代的经学、宋朝的理学,仅仅听到一点皮毛,说不上什么心得。

我的父兄都不赞成我学做八股文,不久八股文也就明令废止了,所以我虽学做八股文,受毒尚不甚深。我在十四五岁考进了湖南常德府中学堂,从此就开始受到学校教育。不久又到日本留学,因为年纪小,记性好,口音正确,日本话说得比较流畅,考试也占到些便宜。但所学的只是些中学课程,并没有得到什么高深学问。后来因为反对日本政府颁布的取缔规则,就同许多留日同学,回到上海,共同创办中国公学。以后在学校里,就是一半当学生,一半当日本教师的翻译。在半工半读的景况下,渐渐知道自己用功。在中国公学里,有许多好的同学相切磋,也有许多好的先生肯尽心指导,所以得益不少。尤其是我们的教务长马君武先生对我的影响最大。他刚从日本西京帝国大学毕业回来,他是学工程的,但是文学也很擅长。英、法、德文都很好,理化、数学尤其出色。凡是校内功课,没有一门他不能教。但他每天非常用功。他同我住在一个宿舍里,他在三楼,我在二楼。他的房间,恰在我的房间上面,相隔只有一层楼板。每天晚上,一吃过晚饭,他就跑上楼去,把房门锁了,拼命用功,总要到深夜十二点左右,才熄灯就寝。我觉得他学问比我好得不知多少倍,尚且如此用功,我怎可以不加倍努力?受到影响的也不止我一人,当

---

[1]　原载《读书通讯》1948 年 5 月 10 日,第 155 期第 15 页。

时中国公学学生读书空气浓厚，多半是马先生以身作则所收效果。

　　过了几年，我自己到湖南去当教员，也想学马先生的样，各种功课都来试教一下，但自己学问不够，不免要闹笑话。辛亥革命以后，我在北京办报，当了新闻记者，自然对于政治、经济各种问题发生兴趣。所以后来到美国留学，在大学里就研究比较宪法、比较政府、外交史、国际法一类的功课。但是研究政治学的人必须研究历史。我在研究历史的时候，看出思想史的重要。每一种政治改革，里面包含一种政治理想。所以我的兴趣，又由政治学移到思想史。但是一种思想的传播，不能不靠教育。因此我后入大学研究院，就专习教育及人类思想进化史。一直到现在，我的兴趣，还在这一方面。很不幸的，就是我归国以后，大部分的时间，却消磨在教育行政中间。不是办地方教育，就是办大学行政事务。许多应该读的书，没有机会多读。许多应该发表的思想，也没有工夫把他写成有系统的著作。希望不久的将来，能够抛开一切行政工作，闭户读书，写几本粗浅的著作，把自己的思想表达出来。俗话说得好，若要好，学到老。我自己很惭愧，一切学问都没有研究得彻底。

施行爱的教育的光华大学[1]

李局长,各位同学:

今天李局长邀了好多位大学校长把自己学校的情形讲给各位听听,使各位将来升学的时候有一个选择的余地。可是很不幸,今天只有我一个人来参加,其余的校长都没有来,这是因为各学校今天有点事情,各位校长留在校内照顾他的学校。但是我的学校用不着我照顾,可以很放心大胆的出来,这是本校与他校不同的地方。

在我介绍我的学校之前,我要说几句话。各位毕业之后,究竟学哪一科一系比较好一点? 刚才李局长说得很多,要选择与自己性情相近的学科。我看选择学科有两个标准:一个是自己的性情,一个是自己的环境。你的兴趣在某方面就学某方面的课程。譬如胡适之先生初到美国的时候,大家劝告他说:我们到外国应该学科学,不要学文学哲学等空的东西。中国以农立国,最好学科学。他也相信这种说法,就去学农科。其实我们的劝告错了,因为有的人能学农科,有的人不能学农科。胡先生学了一年农科,发现他的性情与农科不相近,仅苹果一项有一百几十种,每种有一个名称,他记不住这许多名称,记这种名称没有兴趣。于是他该学文学与哲学,才有今日的成就。所以你们选择学科,也要选与自己性情所近的。近于自然科学,就学理科医科;如果反过来,近于文科的选了理科,那是很可惜的。我看见有些朋友极好文学,有文学的天才,而去学理科,并且得了博士的学位,可是他所做的事情不是本行,还是文学方面的事情,那么这几年研究理科的功夫都白费了,未免太可惜。所以第一个标准你的性情近于哪一方面就学哪一方面课程,不要说某一科好我就去学某科,先要问问自己的性情相近不相近。第二个标准你自己的环境对于某项课程相宜不相宜? 譬如说你的家庭本来是行医的,设有医院,你的性情又近于医学,那么你就去学医,毕业之后就在自己的医院里做事,出路没有问题。如果你家里有很好的商业基础,那么你就去学商科,将来毕业可以在商业上求发展。根据你自己的环境来选择学科,将来毕业之后做事要便当得多。这也是选择学科的一个标准。关于选择学校的问题,我简单的说,要根据自己的性情、自己的环境。

现在我把光华大学的情形简单报告一下。

光华大学有三个学院:文学院,理学院,商学院。

文学院有七系:国文系,外国文学系,教育系,历史系,法律系,社会学系,政治系。现

---

[1]　原载《上海教育》1948 年 6 月 15 日,第 5 卷第 11—12 合期第 8—9 页。

在中国的学生读中国书能够读的通的不多。今天在座的同学之中,有多少人能够读没有圈点的古书呢?恐怕很少。而中国人的思想,中国人的制度,中国人的文化等等,都在中国的古书里面,如果今后没有人专门研究中国文,将来中国固有的文化,就要失掉。我们光华大学国文系的目的就是要养成一班学生能够读中国书,来研究中国固有的文化,不但要了解中国的固有文化,并且要使它发扬光大,与外国的文化沟通起来。我们就在这个目的之下来办国文系,国文根底不好的同学不要进国文系,否则国文程度不够,功课赶不上非常的痛苦。本校在二十多年以前,是从一个教会学校里分出来的,所以外文系的外文同外国学校差不多,外文系的程度还算不错。本校的教育系办得相当的好,一个大学里面要有专家,而几个专家同在一系那是很不容易的,我们光华大学的教育系就有好几位专家,他们对于教育非常有兴趣,人才具备,在中国可以说是比较好的教育系。如果各位愿意学教育,可以到光华大学来。本校的历史系,西洋史没有什么特别好的地方,而中国史比较好。我们有一位吕先生,从光华成立一直到现在都教中国史,中国的二十四史——现在要讲二十五,他从头到尾无一处不熟,你要问他中国历史,等于查一部活的百科全书。本校的法律系在外面相当的有名,因为高等法院的院长以及很好的法官都在本校当教授,课程非常充实,程度提得相当的高,国文、英文不好的人不准进法律系。本校的社会学系不大好,因为是新近成立的,教员太少。

理学院有四系:生物学系,化学系,数理系,土木工程系。这四系的教授都是很有名的。生物系很认真,懒于读书的人不要进生物系。数理系也有几位比较好的教授,不过他们在外面多兼一点课。

商学院有四系:经济系,会计系,银行系,工商管理系。商学院出来的人才很多,无论是上海、南京、汉口、重庆,各地方的银行、公司里面,有很多光华商学院的毕业生。

光华大学的三院,一共有十五系,下半年起也许增加一个国际贸易系,一个商业专科,不过现在教育部还没有核准,能不能开班还不知道。

我现在同各位说一说光华大学的理想。光华大学的理想,凡是投考光华大学的同学先要了解它,如果认为这个理想与个人性情相合就去投考,认为不好就不必去了。什么理想呢?第一,光华大学的教育是爱的教育。先生与学生,同学与同学之间,用亲爱精诚的精神互相合作。现在的教育有两条路,一个是恨,一个是爱。有许多人说,现在的社会非常黑暗,政治是黑暗的,世界也是黑暗的,你恨这些罪恶,赶紧起来去革命,这是种下仇恨的思想。还有一种人认为人类的世界所以能维持下去全靠亲爱精诚互相合作,一个学校,一个家庭都是如此。所以人与人相处应该相爱,不应该仇恨。老老实实说,光华大学是爱的教育,不是恨的教育。如果心里怀着恨的心理,要革命,要流血,要斗争,要清算,那么不必来。第二,要养成客观的态度科学的方法。刚才李局长说过,有些人说到这时候还读什么书。假如不读书不必进我们的学校。我们的学校是指导学生怎样研究学问的,到学校里来就要有很冷静平和的客观态度,然后才能得到真正的学问。如果先戴上太阳眼镜,你所看到的无论是红的黑的都不是真相,都是假的不正确的。我们学校里要养成客观的态度,科学的方法,凡是一件事都要用很冷静的头脑去分析,他的好处在哪里,他的坏处在哪里,用客观的态度分析清楚之后再去做。不要因为一时的感情冲动,不假思索的胡闹。从五四运动起一直到现在,闹了好多次,国家大事还是没有闹好。我们要真正的救国家,要有很深切的思想,对于每个问题要彻底的研究,把症结的所在正确的认识清楚,对症下药,才能挽救过来。单靠一时的冲动,想把国家救过来,那是不可能的。第三,要尊重对方的人格。人的思想不能完全一样,所谓"人心不同各如其面",天下人都成为一个思想那是不可能的,兄弟姊妹的思想也不能一样,统一思想是不可能的。但是个人的思想虽然不同,而彼此要互相尊重。所谓民主政治第一要紧的是什么? 就是要能容纳不同的意见。所谓容纳就是容忍不同的意见让他提出来,我们可以同他讨论辩论,决不因意见的不同而发生仇视,我们要尊重对方的人格,然后才能有结果。

我再简单的说一遍,凡是到光华大学来的同学,希望能互相亲爱,彼此合作,师生合作,同学合作,彼此尊重对方的人格,养成客观的态度。这样的同学我们欢迎的。还有一点要说明的,凡是来光华大学的同学,不必请人写介绍信,我们全凭成绩。试卷是密封,大家不知道这份试卷是谁的,成绩好就能录取,成绩不好不能录取,写介绍信没有用处。

除了以上所说的三个理想之外,我们还有许多理想没有做到。第一,扩充学生宿舍。现在校舍太小,住校的同学不到三分之一,其余的三分之二都是走读,这是一个缺点,但是在现在的复杂环境之下,只能如此。第二,希望每个老师负起责任来指导学生。现在也没有做到。虽然系主任、院长偶尔同同学谈谈,但是还不够。这是因为没有教员宿舍与设备不够的缘故。将来希望我们的理想都能够做到。不过现在没有做到,不能开空头支票。

二、校务治理

1948 年 11 月，朱经农出席联合国文教会议

光华大学民国三十四年九月十二日校董会记录

地址：重庆交通银行二楼

到会校董：翁文灏、缪秋杰、钱永铭、陈光甫（钱代）、朱经农、邓汉祥、徐堪、颜任光、谢霖、徐可骠（谢代）

（一）开会行礼如仪

（二）公推翁文灏校董为临时主席

一、报告事项：

（一）本校校长张寿镛先生于三十四年七月十五日在沪逝世。

（二）本校上海本部自二十六年八月十三日（即八一三之役）中日战事发生之后，上海地方首被日寇占据，詠霓校长深知政府领导抗战已下决心，敌人一日不退，抗战一日不止，一面聘请商学院院长谢霖为校董兼副校长入川筹设分校，二十七年三月一日在成都开学；一面继续留沪施教，使东南学子得有趋从，并由詠霓校长亲自在沪主持。其后南京之伪组织及太平洋之日美战争事先后发生，上海地方全被日寇占据，尤其在伪组织所占区域内之文化事业皆被强迫登记，否则不准继续成立，甚有被没收者。詠霓校长遭斯恶劣环境，其困难情形可以想见。当时校董同人、成都分部全体师生及各地校友认为沪校此种处境是否可以安全渡过，关系整个光华大学前途者至巨，咸抱非常焦虑。旋得詠霓校长托人转辗传来消息，略谓为应付沦陷区内环境起见，已将光华大学名义暂行收藏，借避南京伪组织之勒令登记，同时对外改为两个学社，表示已示非正式学校。一名诚正文学社（即原有之文学院），由蒋维乔教授主持；一名格致理商学社（即原有之理学院商学院），由唐庆增教授主持（按本校之校训为"格致诚正"四字用以分名两个学社）。一面使谢副校长霖代将此项办法专案呈报教育部，旋奉批准备案，并准在该两学社之毕业者仍作为光华大学毕业生给予学位各在案。因此教育部对于上海本校之补助费至今仍蒙继续拨发，未曾间断。现在日寇业已屈膝投降，本校在沪所设两个学社已于八月九日日寇投降之次日恢复"光华大学"原有名称，仍有学生一千余人在校肄业，此为上海本校已随胜利而恢复之情形也。

（三）又成都分部分设入川之初，詠霓校长与谢副校长霖商定斯校战后永久留川之宗旨。廿七年夏，詠霓校长亲自入川，访问各界，视察校务，并有书寄谢副校长霖，略谓"光华大学虽为避难分设入川，然亦正可借此在川留一永久纪念，以谢川人。既有上海光华大学造就东南学子，又有成都光华大学造就西南学子，将来扬子江上下游两部毕业同学合力报效国家社会,东西辉映,岂不懿欤!"谢副校长霖根据此意,一面增聘川籍校董,一面募款兴建校舍。八年以来,后方高等教育界本校在蓉已成一大学单位,此为咏霓校长设立成都分部之宗旨及成都分部今日在后方学术界之地位也。接张星联先生九月三日自上海来函,略称"先君临终之时,对于光华大学之战后复兴念念不忘,吩咐不孝代表求翁咏霓、朱经农二公务赐继续主持",业已遵照遗谕,分别肃函请求并遵遗嘱成立校务委员会,由朱公谨、容启兆、蒋维乔、唐庆增、薛迪符、张星联、张芝联七人为委员,并由朱公谨先生(副校长)为主席,就原有学生并招新生继续上课。现在胜利已临,故已将原有两个学社取消,恢复"光华大学"名义。

(四)谢霖甫校董报告教育部对于上海本校拨付之补助费除三十二年以前者业已先后代领汇交张校长外,至卅四年之补助费,除奉教育部定为十三万元业已由霖于七月间代为领到在保存中。

二、提议事项:

(一)聘请本校现任校长案

议决:聘请校董朱经农先生兼任本大学校长。

(二)本校成都分部如何继续办理案

查现行大学规程规定,大学不得设立分校。依上列报告,咏霓校长与校董会当初分设入川之用意,莫非为避免敌人之摧残文化,借为后方留一高等教育机关,用以报谢川省地方人士之维护。现在胜利已临,上海本校业已恢复"光华大学"名称,所有成都分部似应根据咏霓校长预定计划使其永久留川,酌拟办法两种如下:

甲、现有成都分部请四川地方人士接办,改称"私立成都光华大学",另组校董会,呈请教育部另订立案,从此与上海本部成为兄弟学校。

乙、甲项办法如有困难,则由本会呈请教育部并入国立四川大学,全部财产亦悉赠送。至如何并入及如何请川大为我光华大学永留纪念,仰或尚有其他更善办法切请讨论。

以上所拟办法因尚不知教育部及川省人士意见如何,拟请公推校董先行商洽,再行开会决定。

议决:推邓汉祥(鸣阶)、徐堪(可亭)、谢霖(霖甫)三校董先行接洽,再行议定。

(三)呈请政府褒扬张校长寿镛先生以垂不朽案

抗战八年,咏霓校长始终在沪维持光华大学,未有间断,可谓一代完人。拟由本会呈请教育部转呈国民政府明令褒扬并请准将咏霓校长生平事绩宣付国史馆立传,以垂不朽。

议决:通过。

(四)呈请政府酌拨敌产赔偿本校上海本部损失案

查八一三以来,所有本校在上海大西路原有房屋全被敌炮毁,图书仪器及其他设备亦均被掠不在少数,拟由本会专案呈请教育部转呈国民政府就上海方面没收敌产中酌量拨给予以抵偿。

议决:通过。

（五）上海本部业已恢复"光华大学"名义,并已将原有之两学社取消,拟由本会呈报教育部备案并登报公告案

议决:通过。

（六）由本会致函慰问沪校全体师生案

议决:通过。

（七）上教育部呈及致新校长聘书由校董具名以昭郑重案

议决:通过。

（八）议决本校应与教育部提洽事宜,公推翁咏霓、徐可亭、朱经农三校董为校董会代表接洽一切。

（九）议决请张华联先生为校董会秘书。

主席:翁文灏

附一: 关于聘请朱经农担任校长及在其未到任前由上海校务处理办法给成都分部的函

径启者:

本校校长张寿镛先生于七月十五日在沪逝世,经于九月十二日由校董会议决聘请校董朱经农先生兼任本大学校长,在朱校长未就任前,上海本校暂设校务委员会,公推朱言钧(字公谨)先生为主席,主持一切,记录在卷。除呈报外,用特函达,即希查照并请通告周知为祷。

此致成都分部

私立光华大学校董会启

三十四年九月廿日

附二: 关于私立光华大学上海本部已于胜利后恢复名义继续
办理以及成都分部后续办理办法等给教育部的报告

谨呈者:

敝大学设在上海,当二十六年八月十三日(即八一三之役)日寇来侵,上海地方首被沦陷,敝大学移入租界上课,校长张寿镛深知我政府领导抗战已下决心,敌人一日不退,抗战一日不止,盱衡全局,与校董会商定一面继续留沪施教,使东南学子得有趋从;一面聘请商学院院长兼校董谢霖入川筹设分校,于二十七年三月一日在成都开学,呈奉钧部

指令,定名曰"私立光华大学成都分部",颁给图记,并令设置分部主任办理该分部事宜,当经呈报由谢霖担任成都分部主任在案。二十七年夏张校长寿镛亲自入川视察校务,并经决定,将来抗战完毕,成都分部永久留川,借以答谢川人之维护。于是增聘川籍校董,捐建校舍设备,逐年扩充,并由张校长将此预定计划面陈钧部,极蒙嘉许。张校长遂即返至敝大学上海本部坐镇。

迨三十年冬,太平洋战事发生,上海租界亦被日寇占据,尤其是伪组织强迫文化事业登记一事最难应付。张校长遭斯恶劣环境,其困难情形可以想见。旋为避免勒令登记起见,爰将"光华大学"四字暂行收藏,同时对外改为两个学社,一名诚正文学社(即原有之文学院),一名格致理商学社(即原有之理学院商学院),借避敌伪耳目,曾经据实呈奉钧部核准备案,并奉令饬一切办法仍须遵照部颁专科以上学校规章办理,准许在该两学社之毕业者仍作光华大学毕业生。复蒙钧部对于敝大学上海本部每年专案拨发补助费至今,各在案。敝大学上海本部全体师生无不感激。

至成都分部主任之职,在三十二年冬因谢主任霖辞职,由校董会改请校董向传义暂行执行,亦已呈报有案。现在日寇业已屈膝投降,敝大学上海本部所改设之两个学社已于八月十日取消,同时恢复"私立光华大学"名义,就原有学生一千余人并招新生继续上课。

所不幸者张校长寿镛于本年七月十五日在沪逝世。查张校长主持本大学已二十年,中经"一·二八"及"八一三"两次战事,费尽心血,始得渡过难关,竟于胜利前二十七天而长逝,曷胜痛惜!所有敝大学上海本部校务据函报在新校长未聘定前已暂设校务委员会,就原有教职员中推定朱言钧教授等七人为委员,并以朱言钧为该委员会主席,暂行执行校务。此敝大学上海本部业已实行恢复之实在情形,尚乞鉴詧备案。

再敝大学在抗战后所设之成都分部,现经校董会议决遵照大学规程不准设立分校之规定及敝大学分部原定于战后永久留川之计划,将该分部改称"私立成都光华大学",请由川省地方人士接办,另组校董会,呈请钧部核准另行立案,正由本会与川省地方人士筹议之中,并由本会推定翁文灏、徐堪、朱经农三校董代表本会向钧部陈述情形,请示一切,并请垂察指示,不胜感祷。

谨呈教育部

再本会在复员期内暂设重庆,如蒙赐件,请就近饬交"重庆市国府路二七五号楼下张华联寓内"代收,并以陈明。

具呈人:私立光华大学校董会校董:

翁文灏、钱永铭、徐堪、邓汉祥、颜任光

朱经农、缪秋杰、陈辉德、谢霖、徐可燡

重庆地址:重庆市国府路三七五号楼下张华联君宅内

中华民国三十四年九月十七日

附三：教育部关于光华大学上海本部恢复办理及成都分部拟处理办法报告的批示

令私立光华大学校董会：

　　三十四年九月十七日不列号呈一件，呈报上海本部恢复办理情形并拟将成都分部移由川省人士另组校董会接办祈核示由，呈悉。兹分别核示如下：

　　（一）该校上海本部恢复办理，准予备案，惟原有学生学籍及招生简章应专案报核，并应迅速慎选校长报部备案。

　　（二）该校成都分部如川省人士能筹足基金、充实设备并延聘优良师资，准予另组校董会，遵照规定办理立案手续后接办。惟校名应另拟定，不必用"光华"字样，以免与该校校名相混，仰即遵照。

　　此令。

部长朱家骅

中华民国卅四年十一月一日

（发文高字第五五六二〇号）

附四：关于已选定朱经农担任校长及暂由朱言钧代理请教育部备案的报告

　　案奉钧部卅四年十一月一日高字第 55620 号指令，饬本校迅速慎选校长报部备案等因，奉此，自应遵办。当经本校校董会议决选请本校校董朱经农兼任校长，惟朱校董现任教育部次长，在未到校期间，所有校长职务由本校校董朱言钧暂行代理，奉令前因，理合备文呈报，仰祈鉴核备案为祷。

　　谨呈教育部部长朱

私立光华大学校董会董事长翁文灏

卅五、二、一

光华大学民国三十四年十月十一日校董会记录

日期：三十四年十月十一日午后三时

地点：重庆交通银行二楼

到会校董：翁文灏、徐堪、钱永铭、颜任光、朱经农、谢霖、邓汉祥、康宝志、徐可熛

开会行礼如仪，公推钱新之先生主席

一、报告事件

（一）本校于本年九月十四日为"呈报上海本部已于胜利后恢复光华大学名义继续办理，并经校董会议决将原有之成都分部请由川省地方人士另组校董会接办，又公推翁文灏、徐堪、朱经农三校董向部陈述情形请示一切由"具文上教育部，尚未奉批。

（二）又接上海本校来函报告，大中两部业已分别仍在证券大楼上课，惟因地方秩序未定，学生不多，计大学部三百五十人，中学部二百八十人，大学生每人收费四千贰百元，大学教师薪津每一小时致送一百五十元，中学则皆较少，似此在本学期约短经费百万元以上等语。

（三）又接上海本校来函报告，沪地敌产已由中央着手接收，本校原有大西路房屋毁于敌手，在此复兴之会，若无相当房屋实在不易进行，务恳校董诸公在渝急速恳请政府酌拟敌产以资赔偿。

（四）九月十二日校董会议决，呈请教育部转呈行政院请拨敌产及文化物品以资赔偿本校所受抗战损失一案，该补呈文本会业已递出。

（五）九月十二日校董会议定呈请教育部转呈国民政府褒奖张校长寿镛并奖生平事迹宣付国史馆立传以垂不朽，该项呈文本会业已递出。

二、提议事件

（一）改组校董案。

本校前向教育部呈请一面在沪恢复继续办理，一面将在抗战期内所设立成都分部请函川省地方人士另设校董会改组接办一节，已呈教育部，尚未奉批。又本校前为加厚人力起见，所聘校董人数较多，曾奉部饬减至法定限额具报，各在案。执此两种原因，本校校董会有改组之必要，究应如何符合法令及适合事实之处？又此次校董会改组后应否推举董事长及常务校董，统请公决。

议决：

1. 旧校董会解散。

2. 聘请王费佩翠、朱经农、朱言钧、徐堪、徐可熛、许沅、张星联、翁文灏、康宝志、赵锡

恩、廖世承、邓汉祥、钱永铭、颜任光、谢霖等十五人为校董。

3. 公推翁文灏为董事长,钱永铭、谢霖为常务校董。

4. 聘请王晓籁、甘绩镛、向传义、朱家骅、朱德传、杜镛、李肇甫、徐陈冕、施肇曾、陈辉德、张志方、杨培英、邓锡侯、刘航琛、缪秋杰等十五人为名誉校董。

(二)成都分部未改组独立以前如何管理案。

成都分部对内对外行文及学生毕业证书在抗战八年内仍由张故校长寿镛具名,并未由成都分部主任列名。现张校长去世,已由本会聘朱经农先生接任校长,并在未就任前已由上海本校设立校务委员会,公推朱言钧先生为主席,执行全校事务,业已具文呈报教育部。因此成都分部在川省地方人士尚未实行改组接办以前,仍属于本校之分机构地位,应请酌定暂行管理方法,使符教育法令,方得便于管理。如何,尚祈公决。

议决:在川省地方人士未改组接办以前,暂请向传义先生为成都分部主任。

(三)成都分部应行移归上海本校各事及其文件应否推人接洽办理案。

在抗战前上海本校重要事务多由成都分部代为办理,现在上海本校业已恢复,成都分部亦已改组独立,所有沪蓉两校既往事务文卷究应如何商议划分以及如何接收,似应公推在川校董就近洽办,以资划清界限。如何,祈公决。

议决:公推校董谢霖先生接洽办理,遇必要时得聘员为助。

(四)上海本校三十四年下半年所短经费计法币贰百万元如何筹济案。

此事关系沪校师生能否安心,究应如何筹措,即乞公决。

议决:先筹法币壹百万元汇寄上海本校应用。

(五)筹募复兴上海复校基金案。

此事关系上海本校能否实行恢复及益加发扬光大至为重大,究应如何扩大办理,尚乞公决。

议决:由校董会暨同学会发起扩大募集上海基金,以法币伍千万元为目标。

(六)校长朱经农提议聘请校董廖世承兼任上海本校附属中学校长案。

议决:通过。

散会。

主席:钱永铭

附一: 关于原有校董会解散另经聘定翁文灏等十五人为校董并公推翁文灏为董事长请教育部备案批示的报告

谨呈者:

本校前经呈报上海本校业已恢复继续办理并拟将成都分校请由川省地方人士改组

接办一案,谅蒙钧察。现在本校已将原有校董会解散,依照大学规程改组以利进行,经议决聘请王贲佩翠、朱经农、朱言钧、徐堪、徐可燥、许沅、张星联、翁文灏、康宝志、赵锡恩、廖世承、邓汉祥、钱永铭、颜任光、谢霖等十五人为本校校董,并公推翁文灏为董事长。理合备文呈报,尚乞钧部鉴察备案批示祗遵。

　　谨呈教育部

具呈人:私立光华大学校董会董事长翁文灏

重庆地址:重庆市国府路三七五号楼下张华联收

三十四年十月十一日

附二: 关于向教育部备案暂聘向传义为成都分部主任的报告

谨呈者:

　　本校前于三十二年十月呈报公推校董向传义暂行执行成都分部主任事务,业奉钧部批准在案。嗣因胜利已到,上海本校已仍恢复继续办理,拟将该成都分部请由川省地方人士改组接办,亦已具文呈报有案。现在本校为谋进行便利并遵大学规程校董会人数限额起见,已将原有校董会解散,另聘十五人为校董,另文呈报。而向前校董传义不在续聘之列,经本会议定,在成都分部未由川省地方人士实行改组接办以前,暂请向传义为成都分部主任,记录在卷,理合具文呈报,尚祈鉴察备案批示祗遵。

　　谨呈教育部

具呈人:私立光华大学校董会董事长翁文灏

重庆地址:重庆市国府路三七五号楼下张华联收

三十四年十月十一日

附三: 教育部关于另组校董会及暂聘向传义为成都分部主任报告的批示

令私立光华大学校董会:

　　三十四年十月十一日呈二件,呈报本校原有校董会解散,另聘翁文灏等十五人为校董并公推翁文灏为董事长及暂聘向传义为成都分部主任由,二呈均悉,暂准备查,惟新聘校董详细履历应补报备核,并仰遵照。

　　此令

部长朱家骅

中华民国卅四年十一月十三日

(高字第五七五一二号)

附四：关于请上海杜月笙、王晓籁担任名誉校董的函

月笙、晓籁先生大鉴：

敬启者。敝光华大学现经议决将上海本校在沪恢复继续办理，至抗战期内所设之成都分部则留请川省地方人士另组校董会接办，将来与上海本校成为兄弟学校，业已具文报部。惟上海校舍已被敌人炮毁无遗，复元责任非集群力难期收效。今日校董开会，已将校董会加强组织，并经公推先生担任名誉校董，用特专函奉达，务祈赐予维护，不胜盼祷之至。

顺颂大祺

弟翁文灏、钱永铭、朱经农、谢霖敬启

三十四年十月十一日

附五：关于向成都分传达校董会议决事项的函

敬启者：

本会前经议定，上海本校在沪恢复成立，成都分部请由川省地方人士改组接办，具文呈报在案。十月十一日本会开会议定各事如下：

（一）议决将旧校董会解散，另聘王费佩、朱经农、朱言钧、徐堪、徐可燎、许沅、张星联、翁文灏、康宝志、赵锡恩、廖世承、邓汉祥、钱永铭、颜任光、谢霖等十五人为校董，并公推翁文灏为董事长，钱永铭、谢霖为常务校董，均报部备案。

（二）议决聘请王晓籁、甘绩镛、向传义、朱家骅、朱德传、杜镛、李肇甫、徐陈冕、施肇曾、陈辉德、张志方、杨培英、邓锡侯、刘航琛、缪秋杰等十五人为名誉校董。

（三）议决成都分部在未由川省地方人士实行改组接办以前，暂请向传义先生为成都分部主任，报部备案。

（四）议决上海本校应与成都分部洽商实行划分各事宜，及应向成都分部接收各件，公推校董谢霖接洽办理。

用特函达上开一至三等三项，并希布告周知，统希查照为祷。

此致成都分部

私立光华大学校董会启

三十四年十月十二日

附六：关于请教育部转呈行政院准在上海没收之敌产内拨给
房屋及文化物品以资复兴的报告

谨呈者：

　　本校创立于民国十四年，其时上海租界发生五卅惨案，教会所办之圣约翰大学横阻学生参加爱国运动，因而群情激愤，学生五百五十三人暨全体国籍教师退出该校。当有王省三先生以上海大西路墓地六十余亩捐作校址，公推张咏霓先生为校长，设立光华大学，是为我国收回租界教育权之嚆矢。由于惨淡经营，煞费筹划，始将校舍全部建成，图书仪器逐渐完备。在民国廿一年上海一·二八之役已经损失不少，经竭力补充；又值廿六年八一三日寇进犯，本校地当炮线，始由我军即在本校设司令部，国旗飘辉，旋被敌机敌炮袭击，遂致全部焚毁一平。幸本校早知政府此次长期抗战已有决心，已将学生移至租界上课，然图书仪器则未及悉数搬出，故所受之损失不特校舍一种。现在抗战已告胜利，本校在沪继续办理，业已另文呈报。因念所受损失亦为抵抗日寇侵略而来，若就目下物价估计为数不在十万万元以下。我政府此次在沪没收敌产不在少数，拟恳钧部赐予转呈行政院准就上海没收敌产之内，拨给适当房屋及文化物品发交敝校领收使用。再查上海现有坐落大西路三号原德国学校及坐落胶州路六〇一号原日本第三小学两处敌产均合本校之用，并拟求钧部主持转商饬拨接收，俾资复兴而维教育。均不胜叩祷待命之至。

　　谨呈教育部

具呈人私立光华大学校董会

代表校董：翁文灏、钱永铭、徐堪、朱经农、谢霖

地址：重庆市国府路三七五号收转

三十四年十月十一日

附七：教育部关于所请指拨校舍各节目前未便办理的指令

令私立光华大学校董会：

　　卅四年十月呈一件，为本校上海原有校舍及图书仪器被敌焚毁恳请转呈行政院准就在上海没收之被敌产内拨给房屋及文化物品发领使用以资复兴后与而维教育由，呈悉。敌产处理中央规定统筹，所请一节，目前未便处理。

　　此令！

教育部部长朱家骅

中华民国卅四年十一月初一日

（高字第五五四四七号）

关于请拨敌产校舍事及请辞校长一职致朱公谨的函

公谨先生大鉴:

　　十月廿二日惠书奉悉。光华请拨敌产事,因中央决定设立上海区处理敌伪产业审议委员会(此案今日已正式通过行政院会议)及上海区敌伪产业处理局,并已派定专人办理此事。故不能在渝处分。该委员会主任委员为翁副院长僚属(彭学沛先生),其局长(刘功芸先生)亦为翁先生好友。一切均将请示于翁先生作最后决定。即请翁先生在沪就近商拨为荷。朱部长昨已由渝飞京,不日到沪,亦请翁副院长与之面洽。现在教育部部务由弟代行,故一时无离渝可能。且细查光华近况,觉前途困难,有非弟所能克服者,故已将聘书璧还校董会,并函翁先生辞谢校长之职。另详致张星联之昆仲,不赘。

　　匆复,即请教安。

弟

十月卅日

附一: 朱公谨关于报告请拨敌产校舍进展的函

经农校长先生大鉴:

　　接奉本月十二日手教,敬承一是。并闻尊驾将于下月间莅沪,不胜欢迎之至。关于本校请拨校舍一节,曾与蒋复聪先生等数度接洽,尤以此次翁董事长来沪后进行更见顺利。当时据蒋特派员告以上海欧阳路二二一号至二八五号前日本高级女子中学及女子商业学校两所毗连,虽请拨者甚多,但尚未确定。嗣经翁董事长与蒋、顾(顾毓琇)、李(李煦谋)三君接洽,似已蒙默许,惟须奉到教部明令方可照拨,此事能有如此结果,蒋特派员协助之力为多。现已由翁董事长呈请教育部,拟请先生就近商恳朱骝先部长迅赐批准,俾得早日定案而免夜长梦多。本校亦可从此徐图恢复旧观。知关锦注,谨以奉闻,尚祈誉洽为荷。

　　祗颂勋安。

弟朱公○[1]谨启

民国卅四年十月廿四日

---

[1]　即朱公谨,本书后续出现不注。

附二：关于因部务暂未脱离一时不克莅校等致朱公谨的函

公谨先生大鉴：

接奉齐代电，敬悉壹是。张校长仙逝噩耗传来，同深悲悼。溯念张校长创办光华，煞费苦心，始有今日之声誉。此次校董会推选经农继任校长职务，自惭学疏望浅，蚊负堪虞。惟既荷诸校董委托之重，敢不黾勉从事。第刻下经农部务尚未脱离，一时不克莅校，本学期一切校务敬请吾兄与校务委员会诸公暂为维持。兹悉翁董事长咏霓因公来沪，希就近请示办理。至请以敌逆产拨充校舍一节，除向部方推进外，已另函蒋特派员复聪请予协助并希径向蒋特派员接洽办理为荷。

专此布复，祗请教祺。

弟朱经农上
十月十二日

附三：朱公谨关于祝贺朱经农继任校长及请求教部迅拨校舍的代电

朱校长经农先生勋鉴：

顷悉校董会推请吾公主持本校校务，全体师生靡不欣慰。沪校业已正式上课，谨特肃电促驾至祈早日莅校主持一切。

再教部对于光华复校地址既已确定，拟恳请求教部电饬京沪区教育复员辅导委员会蒋主任复聪，迅将接收敌产或逆产房屋拨给大中学校舍各一所，以利教学，无任盼祷。

弟朱公○齐[1]
（重庆国府路二七五号张华联兄转）

---

[1]　民国卅四年十月八日。

关于 1946 年春季学期校务致朱公谨的复函

公谨先生大鉴：

上周因公赴滇，得书稽复为歉。光华已拨校舍尚有敌俘千余迄未迁出，至为系念。关于请拨欧阳路二二一号校舍事，已分函蒋特派员及顾局长，请其特别帮忙，盼仍向各方直接商洽。至增添机械、电工、化工各系，工厂设备及图书仪器是否敷用，希妥为筹划。目前校中经费尚不甚充裕，学系过多，将来财政必益增困难，尚望详加考虑为荷。余不一一。

专此，敬颂教绥。

弟朱经农启

民国卅四年十二月廿日

附：朱公谨请示下学期校务如何进行的函

经农先生侍右：

顷悦联兄前来述及德旆不久莅校，同人等聆悉之下，曷胜欢忻！何日举行，时在念中。下学期校务如何进行，深祈一一示知，以便遵办。

本校自教育当局拨借欧阳路二二二号前日本女子商业学校敌产，业已接收完毕，派员驻守。惟该校尚有敌战俘一千余名，曾屡向有关方面请求迁让，以便下学期移入新居，至今尚未见让出也。近向上教育部特派员公署呈请，因所拨校舍仍不敷应用，请增拨欧阳路二二一号或其它敌校充作本校校舍事，已各方接洽，允增拨一所云，尚祈随时相助为祷。

下学期招考新生拟即着手进行，惟已增设法律系、电机工程系、机械工程系、化学工程系四学系事须与吾公一商。本校文学院设有政治系，商学院设有经济系，咏公在世之日拟增设法律系，将前两系合并成立法学院，一符体制。爰于民国三十二年遵照大学组织法添设法律系，一切学程均遵照钧部二十九年颁布之学程编制，逐期开班，所延聘教师皆海上洁身自好之退职司法界中人充任，现已粗具相当成绩，入学学生亦颇踊跃。咏公在日，曾备文呈部并转送司法院审核，会敌人检查严密，不克邮递。自胜利莅临，建国首重科学工程，除土木工程系早经部核准办理有年外，又经校务委员会决议添设电机工程、机械工程、化学工程三系，已招收一年级新生数十名。兹拟一并办理呈部立案手续，未识尊意奚如？望祈覆音，不胜盼祷。

　　肃此，即颂教绥。

弟朱公谨顿首

民国卅四年十二月十四日

关于出席新任校长欢迎大会的邀请函

敬启者：

　　本校定一月卅一日下午二时起假座皇后大戏院欢迎新校长教育部次长朱经农先生，出席人数约共一千人，均系本校师生。

　　相应函达，至希誉洽为荷。

　　此致上海市警察局、上海市财政局、上海市社会局

私立光华大学校长室启

中华民国卅五年一月廿八日

附：关于邀请同学参加新校长欢迎大会的函

径启者：

　　朱经农、廖茂如两校长业已抵沪，兹定于一月卅一日下午二时假座西藏路皇后大戏院举行欢迎大会，备有余兴节目。务希诸同学踊跃参加，共襄盛举为要。

　　此致　同学

欢迎大会筹备委员会启

一月廿八日

关于院系改组呈部事宜致朱公谨等的函

公谨、启兆、星联三先生同鉴：

光华大学院系改动问题似可在弟留京期内备文呈部。据非正式接洽结果，文学院改称文法学院可无问题。若将政治、法律、经济三系从文、商两院提出改组一(独立之)法学院亦可办到。至理学院改称理工学院，亦无不可，但须将工科各种设备，开列详册报核。关于此点，弟略感踌躇。因光华工科设备，或难达到部定标准，不知经济部所接收之小型工厂，能拨给一所否？请与翁先生商之。

关于代理校长姓名及招生简章等等，亦须备文报部，庶几有案可稽，以免将来发生问题。至于正式校长，因法令规定，不准兼职，此时尚难呈报。

弟大约须本月廿六、七日方飞回重庆，此项报部文件能于弟留京期间内，呈送京部(南京教育部)，即可由京部进行批答，不必送渝，可免许么多周折。

忙中匆寄短简，不恭恕之。

此请教安。

弟经农顿首

民国卅五年二月十二日

附：朱公谨关于呈部文件的复函

经农先生大鉴：

接奉十二日手教，敬悉一是。承示各节，自当照办。

关于校长姓名，已由校董会呈报中。至添设法学院呈文，业已备就，不日可寄上。招生简章，拟候理工学院解决后，再行呈报，以免指摘。未审尊意以为然否？

校中已于廿日开学，现正在办理收费注册中。新旧学生，可有四百人。

知关厪注，先此布复。

祗请勋绥！

弟朱公谨谨启

民国卅五年二月廿一日

关于请求教育部追认备案法学院的报告

　　窃维法治精神为民主政治之基础,在训政期中,关于法治教育之计划设施频受内忧外患之牵制,未能充分发展。本校于抗战军兴之后,除追随国民政府西迁,于成都设立分校外,于东南文化中心之上海,不忍坐视莘莘学子惨遭沦陷之厄运,爰以诚正、格致两学社继续维持,前曾呈报核准在案。其间因鉴于现实之需要,曾于民国三十二年遵照大学组织法添办法学院,分设法律、政治、经济三学系,除法律一系系当时新设外,其余政治、经济两系业已设立多年呈报有案,乃由文学院、商学院分别划出并入法学院之内,所有添设法律学系课程均遵照钧部二十九年颁布之学程编制,逐期开班授课,并扩充图书馆法律参考书之置备。当时本校曾备文呈请备案,只以其时沪地环境恶劣,敌伪侦探密布,致该项呈文无法寄递。兹者战事胜利,沪市重光,本校复将该法学院各系一切设备再加充实,并延聘法学名家担任教授,以期增进教学效率,理合检同应备文件法律学系设备计划书、课程表及教员履历表各一份,具文呈请鉴核准予追认备案,并按照司法院特许私立法政学校设立规程第二条加缮应备文件各一份,祈为转送司法院审核,实为教便。

　　谨呈教育部

　　附呈应备文件法律学系设备计划书二份、法律学系课程表二份、法律学系教员履历表二份

私立光华大学校长〇〇〇[1]

卅五年二月廿三日

(复字八五号)

法学院之设备计划书

　　本院设立法律、政治、经济三系,政治、经济两系原分属于文学院、商学院,均具有多年之历史,各有其原有之设备。至法律系于民国三十二年间添设,其设备属于课内者,所有各班课程编制悉按照教育部之规定办理(见附件法律学系课程表);其属于课外者,则就本校原有之图书馆扩充法律部门之参考书籍,添购中外法学名著,以广参考。更以上海华洋互市,五方杂处,为民刑诉讼最繁杂之大都市,于此研究法学,较多阅历体验之

---

[1]　即朱经农,本书后续朱〇〇、朱经〇同,不注。

机会。对于法院之组织审判以及司法行政之措施,尽于可能范围内设法给与学生考察研究之便利。并在校内设置示范法庭,资其练习,要以理论实用并重为归。至教授人选,则遴聘法学界及司法界中造诣精深、体用兼赅者担任课务。

法律学系教员简历表

姓　名	字	籍　贯	简　　历
郭云观	闵畴	浙江玉环	美国哥伦比亚大学研究院修毕法学硕士课程,曾任燕京大学副校长兼法律系主任及各大学教授,司法行政部参事,上海高等法院院长
杜保祺	笑凡	福　建	曾任各大学教授,最高法院检察官兼代上海高等法院首席检察官
查良鉴	方季	浙江海宁	美国密西根大学法学博士,曾任东吴大学法律系主任及各大学教授,司法行政部参事,重庆实验地方法院院长,上海地方法院院长
刘世芳		浙江镇海	留学美法德各国法科大学及研究院毕业,曾任各大学教授,上海高等法院推事兼庭长
李　良	次升	云南华宁	北京朝阳大学法学士,司法讲习所第一名毕业,曾任前上海第二特区地方法院推事及各大学教授,上海高等法院推事兼庭长
王孝通	修庵	浙江瑞安	国立北京大学商学士,教育部审定大学教授,历任上海各大学商法教授二十二年
王　健	建人	江苏金坛	东吴大学法学士,曾任震旦大学教授,上海高等法院书记官长

法律学系课程表

		第一学年				
类别	学程名称	第一学期学分	第二学期学分	每周时数	先修学程	备　　注
共同必修	基本国文	三	三	三		
	基本英文	三	三	三		
	论理学	二	二	二		
	中国通史	三	三	三		
	自然科学	四	四	四		生物、物理或化学任择一种
	社会科学	三	三	三		社会学、政治学或经济学任择一种
本系必修	民法总则	三	三	三		
	体　育	○	○			
共计		二一	二一			

第二学年						
类别	学程名称	第一学期学分	第二学期学分	每周时数	先修学程	备　注
共同必修	西洋通史	三	三	三		
	哲学概论	三	三	三		任选一种
	科学概论	三	三	三		
	社会科学	三	三	三		社会学、政治学或经济学任择一种
本系必修	宪　法	二	二	二		
	民法债编	四	四	四	民法总则	
	民法物构	二	二	二	民法总则	
	刑法总则	三	三	三		
	商　法	二	二	二		公司法、票据法
	共　计	二二	二二			

第三学年						
类别	学程名称	第一学期学分	第二学期学分	每周时数	先修学程	备　注
共同必修	社会科学	三	三	三		社会学、政治学或经济学已习二种,今习第三种
本系必修	刑法分则	二	二	二	刑法总则	
	商　法	二	二	二		海外法、保险法
	国际公法	三	三	三		
	法理学	三		三		
	中国法制史		三	三		
	民事诉讼法	四	四	四		
	法院组织法		一	一		
	证据法	三		三		
	共　计	二〇	一八			

第四学年						
类别	学程名称	第一学期学分	第二学期学分	每周时数	先修学程	备　注
本系必修	民法亲属继承	二	二	二	民法总则	
	刑事诉讼法	三	三	三		
	行政法	三	三	三		
	国际私法	二	二	二		
	破产法	二		二		
	劳工法		三	三		
	强制执行法	二		二		
	土地法	三		三		
	诉讼实习	〇	〇	二		
	论　文	一	一			
	共　计	一八	一四			本系学生修满一百五十六学分始得毕业

1948 年 12 月，朱经农代表中国出席联合国文教组织第三届年会，摄于黎巴嫩贝鲁特

关于添设电机工程系并改理学院为理工学院呈教育部备案的报告

　　窃维复兴建国,端赖建设;建设之途,虽属千头万绪,然在全世界电气事业极度发达之时,推进电机工程亦为当务之亟。本校爰拟于理学院中添设电机工程学系,并改称理学院为理工学院,以期适应时代要求,培植电工人才,以供国家建设之需。关于电机工程设备,本校早已稍事购置,一俟复校校舍有着,即可特辟实习场所。本学年先行招收一年级生,从事于基本学程之研习。将来逐期添班,分设电力、电信两门,届时实习场所当亦布置妥当。兹谨将电机工程学系各期拟开学程暨担任教授以及电工设备分别造表备文呈报,仰祈鉴核并恳准予备案,实为教便。

谨呈教育部部长

附呈电机工程学系学程表、教授履历、设备一览各一份

私立光华大学校长朱经○、朱言○代

中华民国卅五年二月廿三日

（复字第八六号）

电机系课程一览

一年级

科　目	上学期		下学期	
	每周时数	学分	每周时数	学分
国　文	3	2	3	2
英　文	4	3	4	3
党　义	1	1	0	0
物理讲授	3	3	3	3
物理实验	3	1	3	1
化学讲授	4	3	4	3
微积分	4	3	4	3
图形几何	6	2	0	0
机械图画	0	0	6	2
锻　铁	3	1	0	0
翻　砂	0	0	3	1
总　数	31	19	30	18

二年级

科　目	上学期		下学期	
	每周时数	学分	每周时数	学分
物理讲授	3	3	3	3
物理实验	3	1	3	1
工程化学	3	3	0	0
化学分析实验	3	1	0	0
微分方程	4	3	0	0
工程数学	0	0	4	3
力　学	3	3	3	3
机械原理	3	3	0	0
机械设备	2	1	0	0
机械计划	3	0	6	2
电工大意	0	0	4	3
木　工	3	1	0	0
金　工	0	0	6	2
总　数	27	19	29	17
选科：德文、法文				

三年级　电力门

科　目	上学期		下学期	
	每周时数	学分	每周时数	学分
热力工程	3	3	3	3
机械实验	3	1	3	1
电工材料	3	2	0	0
水力学	0	0	3	2
电工原理	3	3	3	3
直流电机	3	3	3	3
量电学	2	2	2	2
电路学	3	3	2	2
直流电实验	3	1	3	1
电话电报学	0	0	3	2
总　数	23	18	25	19
选科：工程经济、工业管理、蓄电池、电气铁道、内燃机、电化学、德文、法文				

三年级　电信门

科　目	上学期		下学期	
	每周时数	学分	每周时数	学分
热力学	3	3	0	0
机械实验	0	0	3	1
电工材料	3	2	0	0
电工原理	3	3	3	3
电机工程	3	3	3	3
量电学	2	2	2	2
电路学	3	3	3	3
电话电报学	3	2	0	0
自动电话	0	0	2	2
电机实验	3	1	3	1
电话电报实验	0	0	3	1
总　数	23	19	22	16

选科：工程经济、工业管理、蓄电池、内燃机、德文、法文

四年级　电力门

科　目	上学期		下学期	
	每周时数	学分	每周时数	学分
交流电机	4	4	4	4
电机计划	3	2	3	2
电力传递	4	4	0	0
馈电学	0	0	3	3
交流电实验	3	1	3	1
蒸汽动力厂	3	3	0	0
电力厂	0	0	3	3
无线电工程	3	3	0	0
电信实验	3	1	0	0
毕业论文	0	0	6	4
总　数	23	18	22	17

选科：电光学、变流器、铁道号志、汽车学

四年级　电信门

科　目	上学期		下学期	
	每周时数	学分	每周时数	学分
电机工程	3	3	0	0
电机实验	3	1	0	0
电机计划	3	1	0	0
无线电工程	4	4	4	4
电信电路学	4	4	2	2
高频量电学	0	0	3	3
无线电计划	0	0	3	1
无线电实验	3	1	3	1
电传影学	0	0	3	3
毕业论文	0	0	6	4
总　数	20	14	24	18

选科：电声学、超短波学、电波学、电信收发、铁道号志

电机工程学系教员简历表

姓　名	籍　贯	简　历
史钟奇	江苏宜兴	国立交通大学工学士，德国特莱斯登工业大学工学博士，西门子电机厂、德律风根无线电厂实习，国立交通大学教授，私立沪江大学教授
陆振国	江苏青浦	德国柏林工业大学毕业，机械系特许工程师，兵工署技术司，光华大学、东南及同济医学院教授
王福山	上海市	德国莱比锡大学科学博士，光华大学教授
朱公谨	浙江余姚	德国苟廷根大学数学博士，国立中央、交通、私立大同等大学教授
章启馥	浙江吴兴	光华大学理学士，浙江大学、光华大学讲师

附：教育部关于院系设置报告的批复

私立光华大学：

　　本年二月复字第八五、八六号两呈暨附件均悉。查该校院设置情形前经本部派员这视察，兹一并指示如次：

　　（一）该校教育系准继续设置，但不得招收师范生。

（二）该校理学院生物系前已令停办，数理系亦于三十一年起停止招生，电机、机械、化学工程三学系均未据呈报核准，以上各系统应停办，不得招生。理学院应即充实，不必改称理工学院。

（三）该校法律系准自卅四学年度先行试办，并应遵照卅四年十月六日参字第五〇六二四号训令颁行"修正法律学系必修及选修科目表"之规定办理，嗣后招生简章应先报部核准。

以上各节统仰遵照。

再大学校长必须专任，该校校长在本部朱次长未就任时对外行文只可用代理校长名义，并饬知照。原件存销。

教育部灰[1]印（高字〇〇九二三号）

---

[1]　民国卅五年四月十日。

关于校务及呈部材料办理致张芝联的函[1]

芝联吾兄：

十九日于书奉悉，分条答复如下：

（一）关于各系课程之充实及教师之添聘，甚合弟意，请即放手进行。

（二）薪给标准暂照去年五倍发给亦可。

（三）募捐事宜，自宜从速推行。悦、华两兄返沪，即请召集会议。惟农日内须飞重庆，大约一个月后方能来京，明后日无法来沪，甚歉。

（四）各院系现况须整个报部。呈文中不可专提法学院一点，须将文商及理三院一并叙入。又呈报校长姓名文应与各院系现况文一同送来，且文中暂不宜提及农名。今日商高等司主管人后，将文字略有修改，特寄还，希饬人重缮。理学法改理工学院一点稍后呈报亦可。

附：朱公谨关于各院系现况整个报部及校长具名问题的函

经农先生大鉴：

顷由芝联兄传示大教，敬悉一是。

关于各院系现况整个报部一节，战前并未报过。此次为添设法律系及电机工程系故，于呈文中将文理商三院之有关部份略为叙入，如因复校关系而必须将各院系整个报部者，即祈将应报各点详为指示，以便照办。

再呈报校长姓名一案，依照修正呈文，系单报代理校长而未将大名叙入，则将来对外行文只由弟一人具名，似属未妥。弟意仍请照董事会原呈寄递。

再者，近接谢霖甫先生来信，述及成都分部呈部文件在昔皆由张故校长出名，现在分部已于二月一日结束，向主任传义亦已不能出名行文，对于千数百学生之学籍及本年一月间之毕业证书苦未决定校长，以致无法办理，照谢先生意，亦以由校长具名，再经代理校长副署为宜，未审尊意以为然否？

专此，祗请勋安。

弟朱公谨敬启

中华民国卅五年二月廿五日

---

[1] 原函缺后部分，根据背景分析应在民国卅五年二月二十日之后。

关于文件不宜零星向教育部呈报等致朱公谨的函

公谨先生：

　　惠书敬悉。此间高等司主管人员认为光华大学最好将现况整个报部备案，包括代理校长、校内院系、招生简章等等，不宜将各须事务零星呈报（因彼等对光华现局须先有整个观念，不便零星批答也）。弟明日须飞渝出席二中全会，关于理工学院或先行报部，一面充实内容，俟其来校实地考察；或俟弟到渝，与翁咏霓先生商洽，有无充实内容办法，再定应否改理学院为理工学院。祈斟酌。

　　行色匆匆，不及详谈。

　　此请教安。

弟朱经农顿首

民国卅五年二月廿六晨

公谨先生大鉴：

　　今晨曾上一函，计先此信递到。顷又接到大札及法学院、理工学院两呈，已批交高等司核办，呈报代校长文亦希早寄。弟明晨飞渝出席二中全会，或须一月以后始能重返南京也。

　　此请钧安。

弟朱经农顿首

民国卅五年二月廿六晚

关于向教育部报送教职员及学生人数的代电

教育部朱部长钧鉴：

顷奉钧部本月十六日高字第六三四号代电，饬将现有教职员及学生人数克日电报京部，自当遵办。兹查本校现有教员六十三人，职员一十九人，学生四百十七人，仰祈鉴核。

私立光华大学校长朱经农，朱言钧代叩巧[1]

（复字第一〇九号）

附：教育部关于克日将现有员生数报部的代电

私立光华大学：

该校现有教职员及学生人数应克日分别电报京部，仰即遵照。

教育部铣[2]仰

（高字第六三四号）

---

[1] 民国卅五年三月十八日。
[2] 民国卅五年三月十六日。

关于呈请教育部允准设置法学院的报告

　　案查本校增设法律学系,曾经呈奉钧部本年四月十日高字第九二三号代电核准在案。本校兹为充实学校组织起见,拟遵照大学组织法增设法学院,除法律学系属于法学院外,并将文学院之政治学系及商学院之经济学系一并划归法学院。理合备文呈请,仰祈鉴赐核准,实为教便。

　　谨呈教育部部长朱

私立光华大学代理校长朱言钧

中华民国卅五年五月四日

（复字第一七二号）

附一：教育部关于增设法学院一节应毋庸议的代电

私立光华大学:

　　本年五月四日复字第一七二号呈悉,该校法律系尚在试办期间,所请增设法学院一节,应毋庸议。

　　仰即知照。

教育部印

中华民国卅五年六月廿六日

附二：关于再次向教育部呈请设立法学院的报告

　　案查本校增设法律学系,曾经呈奉钧部本年四月十日高字第九二三号代电核准在案。本校为充实学校组织,遵照大学组织法,增设法学院,除法律学系隶属法学院外,并将文学院中之政治学系及商学院中之经济学系一并划归法学院。至文学院所隶各学系,除政治学系划归法学院外,当有中国文学、外国语文、教育、历史、社会等五学系;商学院所隶各学系,除经济学系划归法学院外,尚有会计、银行、工商管理等三学系。前经于本年五月四日以复字第一七二号呈请鉴核备案在案。惟迄未接奉批示。理合再行备文呈请,仰祈鉴赐照准,实为教便。

　　谨呈教育部部长朱

私立光华大学代理校长朱言钧

中华民国卅五年六月十七日

（复字第二四〇号）

附三：教育部关于不准设立法学院的指令

令私立光华大学：

卅五年六月十七日复字第二四〇号呈一件，为再呈请增设法学院仰祈鉴核备案，呈件均悉。查该校法律系尚在试办期间，所请增设法学院一节，应毋庸议。前已饬知在卷，仰即知照。

此令。

部长朱家骅

中华民国卅五年七月十二日

关于欧阳路校舍蓉校补助费致朱公谨张星联的函

公谨、星联两先生同鉴：

连接两公本月十一日赐书，敬悉一是。兹分条答复如下：

（一）教育部已有公函致敌伪产业处理局，将欧阳路二二一号校舍拨交光华，二二二号校舍借与光华应用。函稿已于本月十日抄寄，计已收到。行政院方面，当托翁先生代催。

（二）谢霖甫及光华留蓉教职员请求复员补助费，拟将援华会所拨二千七百万元之一部或全部汇出去。数目请与新之先生商定，请照所寄来名单予以什计。如能留一部分补助沪校教职员固佳，如不能则全数寄去，亦无不可。复函措词，前函建议数点，可供校中秘书起草时之参考，兹不复述。为求答复一致，并便于保留档案备查起见，以后答复谢先生以【及】蓉校同人之函，一律校中起草并缮发，弟等不另作复，以免分歧。

（三）王宏实先生对履行援华会条件，既感困难，只好照在沪面议办法，由校另拨一年补助费赠与成华，分三个月交付。请即就近与宏实先生接洽。数目亦请与新之先生商定，总以不伤本校元气为原则，并声明此系光华特别帮助成华，与复员经费无关，以免嫌多嫌少。

（四）教部既有公函致敌伪产业处理局，拟请两公即赴该处接洽，早日确定产权。房屋一空，立即迁入，不可迁延，免生意外。

（五）募捐事希从速进行，因光华意外支出太多，如补助成华、发给蓉校教职员复员补助费等等。而公教人员待遇又经改善，光华不能不随之改善待遇。如不速筹大量基金，势将无法支持也。

匆复，即请教安。

弟朱经农匆上
六月十二日

附：朱公谨、张星联关于接收欧阳路校舍等校务的复函

经农先生大鉴：

顷奉十二日大教，敬悉种切。

欧阳路二二二号已于十六日接收，即拟迁入应用，二二一号不日亦可接收。承嘱数

事,自当注意办理。王宏实校长坐索补助费,除援华会款将来悉数汇蓉补助留蓉专任教职员返乡费外,另由本校于捐款中赠送成华二千七百万元,作为添置设备及建筑之用。该款约于六月底或七月初先拨九百万元,其余分二期拨付,希望于七月底前付全。谢霖甫先生处亦已函复,函复附奉。捐款事昨奉钱校董面示办法,先以翁董事长及钱校董具名,函恳中纺公司束总经理云章代向国营纱厂劝募至少五千万元,俾与民营纱厂可捐助之五千万元凑成一亿元之数,并另向四行二局洽商捐款。除此两界之外,再设法向他方劝募。钱校董热心诚恳,在彼主持下募款自大有成效也。余用再告。

专复,祗颂大安!

弟朱公谨、张星联同启

中华民国三十五年六月廿日

关于呈请教育部允准恢复理学院数理生物两系的报告

案查本校理学院原设有数理及生物两学系,嗣以人数过少,生物学系暂行停办,数理学系亦于卅一年起停止招生。兹者抗战已告结束,复兴建国,需材孔殷。前奉钧部高字九二三代电,令充实理学院,且军政部军医署长林可胜先生迭与本校接洽合办特别生物系(即医预科)。本校原有生物、数理两学系设备仍保存完整,堪以应用。本校仰体我政府建国需材,并应青年学子之要求,拟于下学年度起,恢复数理、生物两学系,以宏造就!理合备文呈请,仰祈鉴赐核准,实为教便。

谨呈教育部部长朱

私立光华大学代理校长朱言钧
中华民国卅五年六月十七日
(复字第二四一号)

关于呈请教育部准予添设电机机械化工三系的报告

窃查复兴建国,端赖人材,尤以我国技术人材之缺乏,各校自应广事栽培,以为国用。本校有鉴于斯,爰于本学年起添设电机学系、机械工程学系及化工工程学系,并经呈报钧部在案。嗣奉钧部代电,以事前并未呈报核准,饬将三学系停办。三系学生闻之,不胜惶恐,除要求本校继续办理外,并愿协助充实三系设备,以期符合规定。本校现正展开复校工作,下学期正式迁入新校舍后,对于充实设备自在计划之中,曾拟承购敌伪工厂作为该三系实习场所。本校为适应国家需要暨学子要求,并顾全现实计,谨再备文呈恳钧部准予添设电机、机械、化工三学系,实为教便。

谨呈教育部部长朱

私立光华大学代理校长朱言钧
中华民国卅五年七月三日
(复字第二九四号)

附: 教育部关于数理、生物两系准予恢复办理暨电机等三系停办的指令

令私立光华大学:

卅五年六月十七日复字第二四一号及七月三日复字第二九四号呈二件,为呈请准予恢复理学院数理、生物两学系,并准添设电机、机械、化工三学系由,两呈均悉。该校理学院设备应从速充实,详行具报,数理、生物两学系准恢复办理;电机、机械、化工三学系仍应停办不得招生,原有学生可转入其他私立大学。仰即遵照。

此令。

部长朱家骅
中华民国卅五年七月卅日

关于请校董会拨发 1946 年 8 月份应付款的函

案据会计室签呈:以准总务处事务组函,八月份应付款三千五百另六万七千五百十六元整,亟待支付,请转呈钧会核拨!兹特抄呈应付款清单一份,至祈核拨为祷!

此致校董会

校长朱经〇上

中华民国卅五年八月廿七日

（复字第三九〇号）

附: 会计室关于应付款项清单的函呈送

径启者:

顷接总务处事务组来函称,本月份应付款项计国币三千五百另六万七千五百十六元整,详另单,亟待支付,相应函达,即请转呈校董会核拨为荷。

此致校长室

光华大学会计室启

中华民国卅五年八月廿七日

校具公司	1 000 0000	八月二十七日付
修理铁椅	3 200 000	八月二十八日付
第一标第三期工款	8 220 000	月底付
七月份水电	1 717 516	八月廿七日付
第二标第二期工款	2 940 000	月底付
膳　食	1 400 000	月底付
印　刷	230 000	八月廿九日付
第四标第一期工款	3 360 000	八月廿八日付
铁床(中学部学生用)	4 000 000	月底付
总　计	35 067 516	

关于向校董会呈请备案 1946 年第一学期预算的报告

敬启者：

案查第三次校政会议议决,关于本学期大中学预算一案,照原预算修正通过,并呈校董会备案。兹特将修正预算表一份呈请钧会备案为祷!

此上校董会

校长朱经农上

中华民国卅五年九月五日

（复字第四〇六号）

光华大学暨附属中学预算表[1]

（大中学部）

三十五年度第一学期(自卅五年八月一日至卅六年一月卅一日止)

科 目		支出(元)	收入(元)
经营收入	学 费		358 035 000
	膳宿费		40 600 000
	杂 费		98 360 000
	图书费		8 200 000
	体育费		4 920 000
	实验费		13 536 000
	杂项收入		13 808 000
	医药费		3 280 000
临时收入	代收学生膳费		41 750 000
	代收助学金		2 010 000
经常支出	教务	教员薪俸	149 901 200	
		图 书	11 200 000	
		仪 器	3 000 000	

[1] 表格根据内容进行了调整。

（续表）

科 目			支出（元）	收入（元）
经常支出	教务	实验用品	13 536 000	
		奖励金	10 010 000	
	校产维持费	工 食	10 000 000	
		修 缮	2 000 000	
		水 电	24 500 000	
		校工津贴	28 168 000	
	行政费	职员薪俸	167 471 000	
		邮 电	800 000	
		文 具	5 000 000	
		纸 张	4 000 000	
		印 刷	15 000 000	
	普通开支	体育部开支	4 920 000	
		膳 食	15 000 000	
		广告费	1 200 000	
		医药费	4 388 000	
		校 具	29 060 000	
		杂项设备	11 000 000	
		杂 支	23 000 000	
		童子军设备	2 000 000	
临时支出		特别开支	5 000 000	
		医务人员酬劳	1 108 000	
		代付学生膳费	41 750 000	
		预备费	25 824 900	
不敷				24 338 100
合计			608 837 100	608 837 100

附一：校董会财务委员会关于预算的复函

径启者：

　　由校董会交下九月五日复字四〇六号台函，附本学期大中学预算表一份，敬悉。查该项预算尚属可行，教职员薪津自三十五年九月至三十六年一月照原聘约增加五成一节并可照办，自当转呈校董会备案，并请由校务会议严格执行该项预算。查校董会经营基金账截至九月十日止共垫付本校经费及复校修建费用计壹亿肆千陆百柒拾万零柒百柒拾捌元，又李校董祖永垫借壹千壹百万元，两共计壹亿伍千柒百柒拾万零柒百柒拾捌元（该项数目请由本校会计科查明核实），即希由本学期学杂费收入尽先如数归还。至本学期支出不敷数目在预算范围之内者，当由本会划拨。凡超出预算范围之费用，应请贵校长提交校务会议议决通过后，再由本委员会审核，如属可行，当再筹划款项。

　　以上各节，相应函达，即希台照办理为荷。

　　此致朱校长经农

校董会财务委员会主席委员钱永铭
中华民国卅五年九月十六日
（财字第二号）

附二：钱新之关于成立校董会财务委员会并先以其为主席委员名义执行事务的函

径启者：

　　奉本校翁董事长函聘钱新之、杜月笙、徐寄顾、陈光甫、李祖永、朱经农（校长）、廖茂如（中学校长）、张星联、张华联九人为本校校董会财务委员会委员，以新之为主席委员，除俟翁董事长下次来沪时正式召集会议成立外，兹先以新之主席委员名义执行财务委员会事务。用特函达，即希查照为荷。

　　此致朱校长经农

校董会财务委员会主席委员钱永铭
中华民国卅五年九月十六日
（财字第一号）

关于请校董会拨付添置仪器图书等费用的报告

敬启者：

　　案据各实验室主任及体育组主任等签请添置仪器图书及运动用具等，业经提请经济审核委员会讨论，当经决议："（一）大中学体育设备费酌减为捌百万元；（二）图书设备费除附中拨付壹百万元外，再增加预算三百万元；（三）生物、物理、化学三实验室及附中仪器设备费各壹千万元，土木实验室仪器设备费五百万元，总共五千七百万元，拟请校董会拨付，以便充实设备"等语，记录在卷，相应录案，并附奉添置清单，此请詧核，并祈早日拨下，以资应用为祷！

　　此上翁董事长

　　附清单（仍祈赐还）共四十六页（略）

校长朱经农敬启

中华民国卅五年十一月五日

（复字第五八一号）

附一：体育组主任彭文余请求拨发体育费的签呈

　　查本校大中学自迁入新址以来，各部均在整理之中，惟体育设备尚未顾及，而学生之体育活动尤为目前所必须，故于十月二十下午一时假训导处举行大中学体育教员会议，并依照校政会议之决议大中学体育设备通盘计划原则，决定本校化育设备之建筑分期实施，首期拟建下列各项，但经费无着，无法进行。就学生所缴之体育费，用诸平日球类之购置及对外比赛，已感不足，何况各项设备亦列入于体育费之内，实无再行添置。

　　兹将必建之设备造就预算表一纸，恳请钧座设法拨款添置，无任待命之至。

　　谨呈校长朱

彭文余谨签

十月廿三日

附二：生物学系主任王志稼请求购置仪器药品的签呈

经农校长钧鉴：

　　科学教育首重实验，如仪器设备简陋，非但不能推进学术研究，即教学两方亦无效能可言。本系除原有少量陈旧或简单之仪器及服务器外，必需之物缺少甚多。兹为采购目前急需之仪器、用具、药品、染料等，将各物名目及各种最低数量另纸开呈，一切价目因商情不定、物价波动无常，且此中市上缺售之物不在少数，故无从探悉预算，敬乞委托专商估价从速设法购备，俾可早日应用而利教学为幸。至于需要之图书杂志、标本模型以及其他仪器，俟详查后当再具报申请不误。

端肃，敬请崇安。

生物学系主任王志稼谨上
中华民国卅五年十月二十一日

附三：土木系主任祝永年请求添置测量仪器并增添工程参考用书的签呈

查本系原有测量仪器最近启箱检视为数甚少，一部分且已损坏，不敷应用甚巨。经与董钟林教授洽商之下，最低限度应行添配之测量仪器及用具开列清单（见附表），拟请即予添置，俾不致影响学程之进行。

又关于工程学方面各项图书杂志名著新版层出不穷，请图书馆随时添置充实，以供研究参考。并为便利学生阅览起见，最好另辟工程图书室全日开放，是否可行，一并呈请钧裁示遵。

谨呈朱校长

土木系祝永年谨签
十月廿六日

附四：校董会财务委员会关于同意增拨图书设备费用的函

接准十一月二日大函附清单，关于增加各项预算：（一）大中学体育设备费增加八百万元；（二）图书设备费除附中拨付一百万元外再增加三百万元；（三）生物、物理、化学三实验室及附中仪器设备费各壹千万元，土木实验室仪器设备费五百万元。以上各项总共五千六百万元，已由本校常董会审核通过，俟实际需款时再行函请拨款，相应函复，即希台照为荷。

此致朱校长

三十五年十一月十一日
（财字第四号）

附五：关于请校董会财务委员会尽快拨付图书设备增拨费用的函

案奉本月十一日钧会财字第四号大示"接准十一月二日大函附清单,关于增加各项预算:(一)大中学体育设备费增加八百万元;(二)图书设备费除附中拟付壹百万元外再增加三百万元;(三)生物、物理、化学三实验室及附中仪器设备费各一千万元,土木实验室仪器设备费五百万元。以上各项共为五千六百万元,已由本校常董会审核通过,俟实际需款时再行函请拨款,相应函复,即希复照为荷"等情,查该款五千六百万元现急待应用,至祈准即拟付为祷。

此上校董会财务委员会主席委员钱

校长朱经农谨启

十一月二十日

（复字六三六号）

关于向教育部报送 1945 年秋 1946 年春各院科经费分配明细表的报告

案奉钧部本年十一月九日统字第三〇六五四号代电,并令填报本校三十四年秋季及卅五年春季各院科经费分配明细表各一份,自应遵办,业已依式详填,备文呈请鉴察为祷。

谨呈教育部部长朱

附呈本校各院科经费分配明细表三十四年秋季、卅五年春季各一页

校长朱经〇

中华民国卅五年十二月十三日

（复字第六九七号）

光华大学三十四年八月至三十五年一月份各院科经费分配明细表

项　目		数　额	校本部占用费	各院科占用费			
				计	文	理	商
总　计		7 076 984.20	3 814 731.35	3 262 252.85	1 239 656.08	717 695.63	1 304 901.14
经常费	1. 俸给费	4 105 920.00	1 883 100.00	2 222 820	844 671.60	489 020.40	889 128.00
	2. 办公费	1 524 992.70	762 496.35	762 496.35	289 748.61	167 749.20	304 998.54
	3. 购置费	61 389.00	61 389.00				
	4. 学术研究费						
	5. 特别费	1 384 682.50	1 107 746.00	276 936.50	105 235.67	60 926.03	110 774.80
研究院所经费							
专修科经费							
建筑设备及扩充改良费							
修补临时费							
添班费	1. 经常费部分						
	2. 临时费部分						
其他增拨经费							

光华大学三十五年二月至七月份各院科经费分配明细表

项　目		数　额	校本部占用费	各院科占用费			
				计	文	理	商
总　计		113 341 598.36	57 961 666.82	55 379 931.54	21 044 373.98	12 183 584.94	22 151 972.62
经常费	1. 俸给费	63 238 100.00	29 845 375.00	33 392 725.00	12 689 235.50	7 346 399.50	13 357 090.00
	2. 办公费	18 006 792.00	9 003 396.00	9 003 396.00	3 421 290.48	1 980 747.12	3 601 358.40
	3. 购置费	1 511 100.00	906 660.00	604 440.00	229 687.20	132 976.80	241 776.00
	4. 学术研究费	241 880.00		241 880.00	91 914.40	53 213.60	96 752.00
	5. 特别费	30 343 726.36	18 206 235.82	12 137 490.54	4 612 246.40	2 670 247.92	4 854 996.22
研究院所经费							
专修科经费							
建筑设备及扩充改良费							
修补临时费							
添班费	1. 经常费部分						
	2. 临时费部分						
其他增拨经费							

附一：教育部关于填报专科以上学校各院科经费分配明细表的代电

私立光华大学：

　　兹为调查专科以上学校各院科间经费分配之情形，特制发各院科经费分配明细表一种，共两页，仰就三十四年八月至十二月及三十五年一月至七月实支经费数分别填列，于文到两周内报部汇编为要。

教育部印

中华民国卅五年十一月九日

（统字第三○六五四号）

关于请廖世承调查上海私立大学行政效率及经济支配情形的函

径启者：

　　顷奉校长手谕聘请台端召集容启兆、陈青士、薛迪符、沈延国、张祖培、胡祖荫诸先生于寒假期中调查上海各私立大学行政效率及经济支配情形，以供本校改进之参考，至希俯允为荷。

　　此请茂如先生

校长室启

中华民国卅六年元月十日

（复字第七六一号）

关于向教育部呈送 1946 年度第 2 学期统计报表的报告

　　窃本校卅五年度第二学期应报教职员数报告简表、教职员数统计表、教职员名册、卅五年度下学期离职人员名册、班数报告简表、学生数报告简表、学生健康检查统计表、平均身长体重表,暨卅五年度经费分配明细表兹已查填竣事,理合备文呈报,仰祈鉴核备查!

　　再人事表内尚缺周西屏、包玉墀、徐广德、左任侠四教授,虽经迭催,迄未填送到校,拟俟填来后再行补报,合并陈明。

　　谨呈教育部部长朱

　　附呈[1]:

　　卅五年度第二学期教职员数报告简表(一)教职员数附统计表及名册(二)职员数附统计表及名册各一份。

　　卅五年度第二学期离职人员名册一份。

　　人事登记表一二二份。

　　学生数报告简表(1)院科系年级别(2)籍贯别各一份。

　　班数报告简表一份。

　　学生健康检查统计表及平均身长体重表各一份。

　　卅五年度经费分配明细表岁入岁出各一份。

私立光华大学校长朱经○

中华民国卅六年十月廿八日

(复字第一四六二号)

光华大学三十五学年度第二学期学生数报告简表

1. 院科系及年级别(各院科师范生除外)

院科别	系组别	学生数														
		共　计			一年级			二年级			三年级			四年级		
		计	男	女	计	男	女	计	男	女	计	男	女	计	男	女
总　　计		949	727	222	620	464	156	196	148	48	66	55	11	67	60	7

---

[1]　只列出部分附件。

（续表）

院科别	系组别	学生数														
		共　计			一年级			二年级			三年级			四年级		
		计	男	女	计	男	女	计	男	女	计	男	女	计	男	女
文学院	中国文学系	39	28	11	24	15	9	5	4	1	4	4		6	5	1
	外国语文系	59	33	25	44	25	21	11	6	5	3	3		1	1	
	政治系	118	114	4	39	45	4	38	38		11	11		20	20	
	法律系	57	45	12	34	27	7	14	10	4	4	4		5	4	1
	教育系	65	15	50	38	8	30	24	6	18	2		2	1	1	
	历史系	18	17	1	18	17	1									
	社会系	24	19	5	24	19	5									
理学院	土木工程系	99	98	1	65	65		28	28		3	3		3	2	1
	化学系	31	25	6	25	21	4	5	3	2	1	1				
	生物系	18	14	4	18	14	4									
	数理系	11	10	1	11	10	1									
商学院	经济系	121	94	27	62	41	21	23	20	3	18	16	2	18	17	1
	会计系	118	70	48	73	43	30	25	14	11	13	8	5	7	5	2
	银行系	67	52	15	54	43	11	7	5	2	2	1	1	4	3	1
	工商管理系	104	93	11	81	73	8	16	14	2	5	4	1	2	2	

光华大学三十五学年度第二学期学生数报告简表

2. 籍贯别

省市区	共　计			研究生			大学生			专修科生			专科生			先修班学生		
	小计	男	女	计	男	女	计	男	女	计	男	女	计	男	女	计	男	女
总　计	949	727	222				949	727	222									
江　苏	340	254	86				340	254	86									
浙　江	257	202	55				257	202	55									
安　徽	51	40	11				51	40	11									
江　西	37	28	9				37	28	9									
湖　北	9	8	1				9	8	1									
湖　南	17	13	4				17	13	4									
四　川	12	10	2				12	10	2									

（续表）

省市区	共　计			研究生			大学生			专修科生			专科生			先修班学生		
	小计	男	女	计	男	女	计	男	女	计	男	女	计	男	女	计	男	女
西　康																		
河　北	8	5	3				8	5	3									
山　东	3	2	1				3	2	1									
山　西	3	3					3	3										
河　南	12	10	2				12	10	2									
陕　西																		
甘　肃																		
青　海																		
福　建	38	35	3				38	35	3									
广　东	74	56	18				74	56	18									
广　西	3	2	1				3	2	1									
云　南	1	1					1	1										
贵　州	1	1					1	1										
辽　宁																		
吉　林	1		1				1		1									
黑龙江																		
热　河																		
察哈尔																		
西　藏																		
绥　远																		
宁　夏																		
新　疆																		
蒙　古																		
南　京	13	7	6				13	7	6									
上　海	64	47	17				64	47	17									
北　平	1		1				1		1									
天　津	3	3					3	3										
青　岛	1		1				1		1									
重　庆																		
哈尔滨																		
大　连																		

私立光华大学校学生健康检查统计表卅五学年度下学期

项　　目	人　　数		
	共计	男	女
参加检查总人数	108	93	15
有疾病者 — 总人数	51	42	9
视力(近视)		15	4
听力(耳障碍)			
耳　病			
沙　眼		15	1
其他眼病			1
牙　齿		12	3
扁桃腺			
淋巴腺			
皮　肤			
循环系			
呼吸系			
整形外科			

说明：

1. 整形外科病包括鸡胸、脊柱畸形、膝内翻外翻等。
2. 填列有疾病者之总数时其一人有二种以上之疾病者以一人计。
3. 本表在进行健康检查后一月内报部。

光华大学三十五学年度第二学期经费报告简表

1. 岁入

岁入项目		共　　计	上年八月至本年一月预算数	本年二月至本年七月预算数
总　　计		775 226 000.00	364 226 000.00	411 000 000.00
国省库款及庚款	小　计			
	国库款(一)			
	国库款(二)			
现费收入	小　计	773 216 000.00	362 216 000.00	411 000 000.00
	学　费	559 260 000.00	247 260 000.00	312 000 000.00

（续表）

岁入项目		共　计	上年八月至本年一月预算数	本年二月至本年七月预算数
现费收入	宿　费	58 400 000.00	28 400 000.00	30 000 000.00
	杂　费	139 840 000.00	75 840 000.00	64 000 000.00
	杂项收入	15 716 000.00	10 716 000.00	5 000 000.00
物品售价收入	小　计			
利息或利润收入	小　计			
租金使用或特许费之收入	小　计			
捐献与赠予收入	助学金	2 010 000.00	2 010 000.00	
其他收入				

说明：

1. 国库款(一)系指中央款,国库款(二)系指省款。
2. 现费收入系指学费、宿费、报名费、审查费、杂费等项收入。
3. 物品售价收入系指孳生物品售价、出产物品售价剩余或其他物品售价等项收入。
4. 租金使用或特许费之收入系指租金使用费、特许费等项收入。
5. 利息或利润收入系指利润等项收入。
6. 捐献及赠与收入系指人民捐献及赠与、公共团体捐献及赠与、其他捐献及赠与等项收入。
7. 其他收入系指不属于以上各项之收入。

光华大学三十五学年度第二学期经费报告简表

2. 岁出

岁出项目	共　计	上年八月至本年一月预算数	本年二月至本年七月预算数
总　计	996 381 500.00	398 093 500.00	598 288 000.00
俸给费	667 719 500.00	245 991 500.00	421 728 000.00
办公费	150 126 000.00	65 126 000.00	85 000 000.00
购置费	55 060 000.00	35 060 000.00	20 000 000.00
学术研究费	50 514 000.00	20 114 000.00	30 400 000.00

（续表）

岁出项目	共　计	上年八月至本年一月预算数	本年二月至本年七月预算数
特别费	43 962 000.00	19 802 000.00	24 160 000.00
建设费	14 000 000.00	2 000 000.00	12 000 000.00
增班费			
建设技术人员训练费			
其　他	15 000 000.00	10 000 000.00	5 000 000.00

说明：
1. 俸给费包括俸薪及工饷,并不包括生活补助费。
2. 办公费包括文具邮电消耗印刷租赋设置杂支等。
3. 购置费包括器具服装械弹舟车牲畜等。
4. 学术研究费包括图书仪器研究费实习费调查费体育训育设备费等。
5. 特别费包括特别办公费、工人膳食补助费医药卫生费等。
6. 建设费包括建筑设备及校舍修缮费等。
7. 其他系指不属于俸给办公学术研究等项费用之用途而言。
8. 本表于每学年第二学期开学后六周内呈报。

附一：教育部关于催报三十五学年度第二学期各项统计简表的代电

私立光华大学：

　　查三十五学年度第二学期结束已久,该校各项统计简表早经饬报并于八月二日以统字第四三一六七号代电催报在案,迄未据呈送,对本部汇编统计及计划执行与考核工作影响至巨,用再电催,仰即遵照本部上年十一月四日统字第二九四四七号训令颁发之专科以上学校应报表册格式及本年五月十四日统字第二六三一三号训令随发之专科以上学校应报表册应行修订各点,将三十五学年度第二学期教职员数、学生数、班数、经费数等统计简表,克日编制报部,毋再延宕为要。

教育部印

中华民国卅六年十月十五日

（统字第五五六二一号）

附二：教育部关于批复卅五年度第二学期教职员数简表名册等报告的指令

令私立光华大学：

　　卅六年十月二十八日复字第一四六二号呈一件,为呈报三十五学年度第二学期教职

员数简表名册等祈核备由,呈件均悉。经核:

一、兼任教员人数过多,依照规定,不得超过专任教员人数三分之一,应尽量减少。

二、训导处之管理组应改称生活管理组,体育组与卫生组应合并改称体育卫生组,并应添设课外活动组。

三、办事员职称应酌改为组员。

四、缺送人事登记表各员应从速补送。

五、职员名册所列张康鸿与人事登记表所填之张长赓是否一人,并应查复。

以上各点统仰遵照。件存。

此令。

部长朱家骅

中华民国卅六年十二月初八日

(高字第六六三五八号)

附三: 关于向教育部补送周西屏等登记表及答复前次批复疑问的报告

案奉钧部本年十二月八日高字第六六三五八号指令奉悉。

一、二、三自应遵办;

四、周西屏、徐广德、左任侠三教授登记表兹遵补呈,惟包玉墀教授尚未填送来校,容后再送;

五、职员名册所列张康鸿与张长赓实为一人,因填人事登记表时误将其名号颠倒也。

奉令前因,理合分别呈复,仰祈鉴核示遵。

谨呈教育部部长朱

附呈周西屏、徐广德、左任侠三教授登记表各一份

全衔校长朱〇〇

中华民国卅六年十二月十八日

(复字第一六〇九号)

附四: 教育部关于准予备查本期所呈各项统计简表的指令

令私立光华大学

三十六年十二月十八日复字第一六〇九号呈件,为呈复前奉本部三十六年十二月第六六三五八号指令指示各节自应遵办,兹补送周西屏等三员人事登记表并声明张康鸿即

张长赓由，呈件均悉，准予登记备查。件存。

此令。

部长朱家骅

中华民国卅七年一月十三日

（人字第〇二〇六二号）

关于向教育部呈送本学期教职员学生人数的代电

南京教育部部长朱钧鉴：

　　本校本学期教员一百二十三人，专任职员二十八人，学生一千四百五十七人，理合电呈鉴核。

光华大学校长朱经○阳[1]印

（复字第一五一一号）

附：教育部关于准予备查所报人数的代电

私立光华大学：

　　十一月七日复字第一五一一号代电悉，准予备查，仍仰按时编报各项报告简表送部以备核编统计。

教育部印

中华民国卅六年十一月廿五日

（统字第六三五○九号）

---

[1] 民国卅六年十一月七日。

关于向教育部呈送 1947 年度第 1 学期教职员及学生数等统计的报告

　　查本校卅六年度一学期教职员数、学生数、班级数等统计简表及人事登记表业经遵照规定编制,理合备文一件呈赉,仰祈鉴核备查。

　　再人事登记表内尚缺林我朋、张歆海、何德奎、张干周、林一新等五人,俟填送到校再行补报,合并陈明。

　　谨呈教育部部长朱

　　计呈[1]:

　　教员及职员名册各一份(报告简表及统计表附)

　　人事登记表四十六份(名单附)

　　学生数报告简表(1)(2)各乙份

　　班级数报告简表乙份

　　学生健康检查统计表乙份

　　学生平均身长体重表乙份

　　三十六年度上学期离职人员名册乙份

全衔校长朱经○

中华民国卅七年二月十六日

(光秘〔卅七字〕第八八号)

私立光华大学卅六年度一学期应呈报教职员人事登记表名单

陈淑琼	曹未风	谢震亚	朱有瓛	魏建猷
张芝联	陈仲达	谢仁钊	程德谞	查良鉴
张志让	高其迈	蒋子英	曹骏	萧学忠
赵耀中	盛成舟	徐春霆	徐凤早	马地泰
杨荫溥	孟庭柯	韩述之	李炳焕	张一凡
陈绍元	褚凤仪	倪惠元	宫万育	张兰

---

[1]　只列出部分附件。

（续表）

钮惠人	孟永祈	孔国雄	陈耀堂	余志英
汪泽长	谭璟宪	张汶民	朱华安	凌　澍
陈学儒	刘绍孟	王遵侗	王文衡	周如璇
陈文浩	林我朋√	张歆海√	何德奎√	张干周√
林一新√	有√者人事登记表缺			

光华大学三十六学年度第一学期学生数报告简表

1. 院科系及年级别（各院科师范生除外）

院科别	系组别	学生数													
		共　计			一年级			二年级			三年级			四年级		
		计	男	女	计	男	女	计	男	女	计	男	女	计	男	女
	总　计	1 457	1 113	344	800	627	173	424	309	115	163	120	43	70	57	13
文学院	中国文学系	69	44	25	50	33	17	10	2	8	2	2		7	7	
	外国语文系	78	50	28	45	32	13	23	12	11	9	5	4	1	1	
	政治系	154	148	6	58	53	5	43	43		36	35	1	17	17	
	法律系	95	81	14	50	44	6	26	22	4	12	9	3	7	6	1
	教育系	102	31	71	52	20	32	33	7	26	16	4	12			1
	历史系	54	51	3	50	47	3	4	4							
	社会系	54	33	21	48	29	19	6	4	2						
理学院	土木工程系	127	124	3	67	64	3	41	41		16	16		3	3	
	化学系	56	45	11	35	31	4	16	12	4	4	2	2	1		1
	生物系	47	41	6	42	38	4	5	3	2						
	数理系	51	48	3	49	46	3	2	2							
商学院	经济系	179	143	36	69	53	16	73	58	15	23	20	3	14	12	2
	会计系	155	89	66	65	40	25	55	32	23	27	13	14	8	4	4
	银行系	89	58	31	51	35	16	26	16	10	6	4	2	6	3	3
	工商管理系	147	127	20	69	62	7	61	51	10	12	10	2	5	4	1

光华大学三十六学年度第一学期学生数报告简表

2. 籍贯别

省市区	共　计			研究生			大学生			专修科生			专科生			先修班学生		
	小计	男	女	计	男	女	计	男	女	计	男	女	计	男	女	计	男	女
总　计	1 457	1 113	344				1 457	1 113	344									
江　苏	487	368	119				487	368	119									
浙　江	383	294	89				383	294	89									
安　徽	97	80	17				97	80	17									
江　西	57	45	12				57	45	12									
湖　北	21	15	6				21	15	6									
湖　南	37	28	9				37	28	9									
四　川	18	13	5				18	13	5									
西　康																		
河　北	9	5	4				9	5	4									
山　东	12	10	2				12	10	2									
山　西	3	3					3	3										
河　南	40	27	13				40	27	13									
陕　西																		
甘　肃																		
青　海																		
福　建	41	32	9				41	32	9									
广　东	106	84	22				106	84	22									
广　西	4	3	1				4	3	1									
云　南	6	6					6	6										
贵　州																		
辽　宁	4	4					4	4										
吉　林	1		1				1		1									
黑龙江																		
热　河																		
察哈尔																		
绥　远																		

（续表）

省市区	共　计			研究生			大学生			专修科生			专科生			先修班学生		
	小计	男	女	计	男	女	计	男	女	计	男	女	计	男	女	计	男	女
宁　夏																		
新　疆																		
南　京	19	13	6				19	13	6									
上　海	101	78	23				101	78	23									
北　平	3	1	2				3	1	2									
天　津	5	2	3				5	2	3									
青　岛	1		1				1		1									
重　庆	2	2					2	2										
大　连																		

光华大学三十六学年度第一学期班数报告简表

院科别	系组别	班　数						
		共计	一年级	二年级	三年级	四年级	五年级	六年级
总　计		222	107	56	32	27		
文学院	中国文学系	27	16	8	2	1		
	外国语文系	24	12	6	3	3		
	政治系	16	6	3	5	3		
	法律系	19	5	4	4	4		
	教育系	12	3	5	6	2		
	历史系	11	9	2	2			
	社会系	3	2	1				
理学院	土木工程系	23	7	7	5	4		
	化学系	11	5	3	2	1		
	生物系	9	6	3				
	数理系	16	12	4				
商学院	经济系	14	7	3	2	2		
	会计系	15	8	2	2	3		
	银行系	10	4	2	2	2		
	工商管理系	12	5	3	2	2		

私立光华大学各年龄学生平均身长体重表(卅六学年度上学期)

年龄 (足岁)	男 生			女 生		
	人数	平均身长 (公分)	平均体重 (公斤)	人数	平均身长 (公分)	平均体重 (公斤)
17 岁	14	157.48	52.5	13	154.94	50.5
18 岁	40	165.2	51	39	167.64	52
19 岁	80	165.25	53	82	165.35	54
20 岁	82	167.64	54.2	93	167	54.5
21 岁	53	165.2	56.1	65	165.2	53.2
22 岁	28	162.66	52.4	26	160.02	52.6
23 岁	16	162.64	54.6	21	168	54.9
24 岁	14	167.64	53	9	167.64	52.6
25 岁	2	167.64	52.4	3	165.2	53
26 岁	2	162	50	2	160.02	54
27 岁						
28 岁						
29 岁	2	167	50	2	162	48
31 岁	1	170	75			
32 岁						
33 岁	1	165.2	43			
34 岁						
35 岁						

私立光华大学校学生健康检查统计表(卅六学年度上学期)

项 目		人 数		
		共计	男	女
参加检查总人数		670	335	335
有疾病者	总人数	403	195	208
	视力(近视)		19	18
	听力(耳障碍)			
	耳 病			

（续表）

项　目		人　数		
		共计	男	女
有疾病者	沙　眼		95	120
	其他眼病			
	牙　齿		38	30
	扁桃腺		31	32
	淋巴腺		12	8
	皮　肤			
	循环系			
	呼吸系			
	整形外科			

说明：

1. 整形外科病包括鸡胸、脊柱畸形、膝内翻外翻等。

2. 填列有疾病者之总数时其一人有二种以上之疾病者以一人计。

3. 本表在进行健康检查后一月内报部。

附一：教育部关于催报三十六学年度第一学期各项统计简表的代电

私立光华大学：

查三十六学年度第一学期行将结束，该校各项统计简表尚未据送到部，合行电仰遵照本部上年十一月四日统字第二九四四七号训令颁发之专科以上学校应报表册格式及本年五月十四日统字第二六三一三号训令随发之专科以上学校应报表册应行修订各点，将三十六学年度第一学期教职员数、学生数、班级数等统计简表尅日编制报部，毋延为要。

教育部印

中华民国卅六年十二月廿八日

（统字第六九九〇四号）

附二：教育部关于学生班数简表须重新报送的指令

令私立光华大学

卅七年二月十六日光秘卅七字第八八号呈一件，为呈报卅六年度第一学期教职员数、学生数等统计简表祈鉴核由，呈件均悉。查班数简表应以各学系各年级为标准，如在同一年级因学生特多而设双班者，则该年级应填两班，所呈班数简表不合规定，应即重报。余准备查,件存。

此令。

部长朱家骅

中华民国卅七年三月十六日

（高字第一三九七四号）

附三：关于向教育部重报三十六学年度上期班级数简表的报告

案奉钧部本年三月十六日高字第一三九七四号指令,内开"呈件均悉。查班数简表应以各学系各年级为标准,所呈班数简表不合规定,应即重报。余备查"等因,奉此,遵经重编三十六学年度上学期班数简表一份,理合备文呈请鉴核示遵。

谨呈教育部部长朱

附呈班数简表一份

全衔校长朱○○

中华民国卅七年三月卅一日

（光秘卅七字第二二三号）

光华大学三十六学年度第一学期班数报告简表

院科别	系组别	班　　数						
		共计	一年级	二年级	三年级	四年级	五年级	六年级
总　　计		62	22	18	11	11		
文学院	中国文学系	4	1	1	1	1		
	外国语文系	4	1	1	1	1		
	政治系	5	2	1	1	1		
	法律系	4	1	1	1	1		
	教育系	5	2	1	1	1		
	历史系	2	1	1				
	社会系	2	1	1				
理学院	土木工程系	5	2	1	1	1		
	化学系	4	1	1	1	1		
	生物系	2	1	1				
	数理系	2	1	1				

（续表）

院科别	系组别	班　数						
		共计	一年级	二年级	三年级	四年级	五年级	六年级
商学院	经济系	6	2	2	1	1		
	会计系	6	2	2	1	1		
	银行系	5	2	1	1	1		
	工商管理系	6	2	2	1	1		

关于向教育部呈送法律系课程设置情况的报告

　　案奉钧部本年三月二日法字第一一九七六号训令，为抄发法律教育委员会决议，仰切实注意，并提供有关调整大学法律系课程意见等因，奉此，自应遵办。

　　查《法学绪论》系一年级基本课程，本校素极注意，两年来均聘请徐君福基讲授。徐君系东吴大学学士，法官训练所毕业，成绩第一，历任前上海特区法院推事、重庆实验地方法院庭长，现任上海地方法院庭长，前后十五年以上，并兼任东吴大学民法教授有年，堪称资深学优之教授，请讲《法学绪论》颇属相当。

　　至法律系课程应加调整一案，查本校法律系教授兼系主任郭云观，往年曾应上海法律教育会之请演讲"改良中国法律教育"一题，于调整法律系课程方面似有足参考之处。兹将当时演讲记录重缮一份，附呈备供参考，仰祈鉴核。

　　谨呈教育部部长朱

全衔校长朱〇〇

中华民国卅七年三月十六日

（光秘字第一八二号）

附：教育部关于抄发法律教育委员会决议请提供调整大学法律系课程意见的训令

令私立光华大学：

　　案据本部法律教育委员会呈送该会第五次会议议决：大学或独立学院法律系之"法学绪论"应由资深学优之教授讲授案，及大学法律系课程应加调整以利教学而免纷歧案，请通令各校切实注意并征询意见等情，应准照办。兹将原决议案两件随文抄发，除分令外，仰即切实注意，并将有关调整大学法律系课程之意见于文至后十日内报部为要。

　　此令。

部长朱家骅

中华民国卅七年三月初二日

（法字第一一九七六号）

原决议案两件：

（一）大学或独立学院法律系之"法学绪论"应由资深学优之教授讲授案

议决：请教育部通令各校注意。

（二）大学法律系课程应加调整以利教学而免分歧案

议决：留待调整大学法律系课程时作为参考。

关于呈请教育部同意恢复会计专修科的报告

　　案查本校前成都分部于民国廿八年二月呈准添设会计专修科,嗣又奉令指拨经费,在该分部增设会计专修科两班,各在案。

　　目下各机关及工商界需要会计技术人员至为殷切,本校地点适宜,教室设备尚可酌加利用,爰拟自卅七年度上学期起恢复会计专修科,仍照原定办法,二年毕业,课程则参照各专校章程及适应现时实际需要略加变更,并拟开三班,每班六十人,是否可行? 理合检呈课程表,备文呈请钧部鉴核示遵。

　　谨呈教育部部长朱

　　附课程表一份

全衔校长朱〇〇

中华民国卅七年六月十六日

（光秘字第三七五号）

　　会计专修科学程:

　　第一年

学程名称	上学期学分	下学期学分	全年学分	备　注
国　文	四	四	八	
英　文	三	三	六	
会计学	四		四	
高等会计		四	四	
经济学	三	三	六	
商业通论	三		三	
公司会计		三	三	
贷币银行		三	三	
伦理学	三	〇	三	
三民主义	一	一	二	
珠　算	〇	〇	〇	
体　育	〇	〇	〇	
共　计	二一	二一	四二	

第二年

课程名称	上学期学分	下学期学分	全年学分	备　注
统计学	三	三	六	
银行会计	三	三	三	
成本会计	四		四	
政府会计	三		三	
审计学		三	三	
会计制度		三	三	
所得税会计		二	二	
商　法	四	四	八	
体　育	○	○	○	
共　计	一七	一五	三二	

二年级选修学程

课程名称	上学期学分	下学期学分	全年学分	备　注
法学通论	二	二	四	
财政学	三	三	六	
商用数学	三		三	
公司理财	三		三	
工商组织与管理	三	三	六	
国际汇兑		三		
中外金融市场	三	．		
会计报告分析		三		
保险学		三		
市场学				

本系至少修满八十学分得毕业

关于呈请教育部同意增设国际贸易系的报告

查国际贸易人才在吾国向极缺乏,将来国内外经济改善、国际贸易畅通时,此项人才必更感需要。本埠除上海商学院、暨南及沪江三校外,其他大学及专校均未开设国际贸易系,本校为求适应实际需要计,拟自卅七年度上学期起在商学院增设国际贸易系,先招一年级四十名,并经参照部颁规定拟具课程表,理合备文呈请钧部鉴核示遵。

谨呈教育部部长朱

附呈国际贸易系课程表一份

全衔校长朱经农

中华民国卅七年六月十六日

(光秘字第三七六号)

商学院国际贸易系课程

(说明)

一、本系学生须修满一四八学分,呈缴毕业论文一篇,经审查及格,并于第八学期终通过毕业考试,方准毕业,本系毕业生称商学士。

二、社会科学就政治学、社会学二科目中选习一种。

第一学年

学程名称	上学期学分	下学期学分	全年学分	备　注
三民主义	○	○	○	
基本国文(一)	四	四	八	
基本英文(一)	四	四	八	
商业史	三		三	
经济地理		三	三	
商业数学	三	三	六	
经济学	三	三	六	
会计学	四	四	八	
补习簿记	○	○	○	
体　育	○	○	○	
共　计	二一	二一	四二	

第二学年

学程名称	上学期学分	下学期学分	全年学分	备　注
基本国文(二)	三	三	六	
基本英文(二)	三	三	六	
货币银行	三	三	六	
财政学	三	三	六	
商法(一)	二	二	四	一上为公司法,一下为票据法
商品学	二		二	
伦理学		三	三	
法学通论	二	二	四	
社会科学	三	三	六	
体　育	○	○	○	
共　计	二一	二二	四三	

第三学年

学程名称	上学期学分	下学期学分	全年学分	备　注
高等会计	三	三	六	
商法(二)	二	二	四	二上为保险法,二下为海商法
统计学	三	三	六	
工商管理与组织	三	三	六	
国际贸易原理	三		三	
国际汇兑	三		三	
中外金融市场		三	三	
国际公法	三	三	六	
共　计	二○	一七	三七	

第四学年

学程名称	上学期学分	下学期学分	全年学分	备　注
保险学	三		三	
运输学		三	三	
市场学	三		三	
仓库学		三	三	
国际贸易实践	三		三	
商　约	三		三	
关税论		三	三	
珠　算	○	○	○	
国际商业政策		三	三	
论　文	一	一	二	
共　计	一三	一三	二六	

附：教育部关于允准设置国际贸易学系及会计专修科的代电

私立光华大学三十七年六月十六日光秘字第三七五号、第三七六号两呈及附件均悉，姑准该校自三十七学年度第一学期起设置国际贸易学系及会计专修科，会计专修科本年招生最多不得超过两班，每班以五十名为限。又来呈称自三十七学年度上学期起先招一年级新生，如已于春季招收，不合规定，应予纠正，并仰知照。

教育部印

中华民国卅七年七月十二日

（高字第三八五四二号）

关于向教育部呈送 1948 年度上学期招收新生名额的报告

　　查三十六年度下学期行将终了,理合依照规定将三十七年度上学期招考新生名额造表呈报,仰祈鉴核示遵。

　　再商学院所列国际贸易系及会计专修科均已专案呈请核示,合并陈明。

　　谨呈教育部部长朱

　　附呈三十七年度上学期招考新生名额表一份。

全衔校长朱〇〇

中华民国卅七年六月十六日

(光秘〔卅七〕字第三七七号)

光华大学三十七年度上学期各院系招生名额表

学　院	系　别	人　数
文学院	中国文学系 外国语文系 教育系 历史系 法律系 政治系 社会系	各 40 名
理学院	生物系 数理系 化学系 土木工程系	各 40 名
商学院	经济系 会计系 银行系 工商管理系 国际贸易系	各 40 名
会计专修科	三班每班六十名	

附：教育部关于备案招生名额的代电

私立光华大学：

六月十六日光秘卅七字第三七七号呈件均悉，会计专修科应改招两班，每班四十人外，其余各院系拟招新生人数准予备查，惟招生简章仍应补报备核。

教育部印

中华民国卅七年七月十七日

（高字第三九九二六）

关于请教育部朱家骅部长同意恢复会计专修科及增设国际贸易系的函

骝公部长钧鉴：

　　本校前成都分部于廿八年奉呈准添设会计专修科，嗣又奉令指拨经费，增设会计专修科两班，各在案。目下各机关及工商界需要会计人员至为殷切，爰拟自下学期起恢复会计专修科，仍照原规定办理。又国际贸易人才亦极感需要，拟自下期起于商学院增设国际贸易系，除分别专案呈部核示外，特再函请钧座玉成，迅赐示遵为祷。

　　端肃敬颂崇安！

旧属朱经○拜启

中华民国卅七年六月十七日

附：朱家骅关于已经核准设置国际贸易学系及会计专修科的复函

经农吾兄惠鉴：

　　六月十七日大函诵悉，光华大学请设国际贸易学系及会计专修科业予核准，并已由部饬知学校矣。

　　特复，即颂时祺。

弟朱家骅启

民国卅七年七月八日

关于请章益欧元怀李熙谋为毕业考试监考的函

径启者：

查敝校各院系本期应届毕业学生共三十余人，兹定于六月廿一日起至廿六日止在校举行毕业考试，特此函达，敬请台端惠临监考，无任感荷。

此致章校长友三先生、欧校长愧安先生、李局长振吾先生

校长朱〇〇

中华民国卅七年六月十八日

（光秘〔卅七〕字第三七八号）

附：欧元怀同意来校监考的复函

经农校长吾兄大鉴：

奉贵校本年六月十八日光秘（卅七）字第三七八号公函，为定于六月廿一日起至廿六日止举行毕业考试，嘱前来监考，自应遵命，特函奉复，即希詧照为荷。

祇颂教绥。

弟欧元怀拜启

六月廿一日

关于向教育部呈送校舍图书调查表及 1947 年度第二学期统计的报告

案奉钧部本年四月廿九日统字第二三〇八四号训令,颁发校舍及图书调查表,饬遵式编填,连同三十六年度第二学期各项统计简表一并报核等因,附发校舍场地调查表及图书调查表各一份,奉此。遵经依式分别填就,并连同三十六年度第二学期各项统计简表一并备文呈请钧部鉴核备查。

谨呈教育部部长朱

附呈[1]:

校舍场地调查表及图书调查表各一份

三十六年度第二学期教员数报告简表统计表及名册一份

三十六年度第二学期职员数报告简表统计表及名册一份

三十六年度第二学期学生数报告简表一、二各一份,班数报告简表一份,学生平均身长体重表及健康检查统计表各一份

三十六年度第二学期离职人员名册一份

三十六年度第一、二学期经费报告简表各一份

三十六年度第二学期人事登记表十八份又名单一纸

全衔校长朱经〇

中华民国卅七年六月十九日

(光秘〔卅七〕字第三八〇号)

公私立专科以上学校校舍场地调查表

三十六学年度

学校名称	私立光华大学	校址	上海欧阳路二二一号	设立(立案)时期	民国十四年(十八年)六月
学校沿革	民国十四年,五卅惨案发生,圣约翰大学师生因公愤离校,谋自行设立大学,由王省三先生捐校基,张寿镛先生任校长,于是年六月三日成立。本校历年经营设备已臻完备。抗战军兴,大西路校舍全部被毁,遂辗转愚园路、白克路,三迁汉口路,继续上课,一面呈准于廿七年三月成都分部。迨太平洋战起,租界被占,为避锋起见,遂宣告停办,而暗中分设诚正文学社、格致理商学社,以救济原肄业学生,并呈准在案。抗战胜利后,本校奉命复校,并奉拨现校址,于卅五年秋迁入,同时成都分部还归川人,改名为成华大学,而原有分部学生则作为借读生。				

---

[1]　附件只列出部分表格。

（续表）

学校名称	私立光华大学		校址	上海欧阳路二二一号		设立(立案)时期			民国十四年(十八年)六月	
校舍及场地	学校全面积(市亩)	办公室(间)	教室(间)	学生宿舍(间)	教职员住宅(间)	运动场面积(市亩)	校园面积(市亩)	图书馆(间)	仪器标本及实验室(间)	医药及诊疗室(间)	其他(间)
	31.16	10	15	23	18	3.97	21.80	10	4	1	20

三十七年五月

私立光华大学图书调查表(普通书籍)

类　别	科别	册　数			备　注
		共计	中文	英文	
普通参考书辞典类		320	133	187	中文杂志 120 种
总　类		8 088	8 063	25	西文杂志 91 种
哲　学		406	208	198	
宗　教		620	604	16	
社会科学		2 531	1 147	1 384	
语文学		61	46	15	
自然科学		953	210	743	
应用技术		646	294	352	
美　术		107	39	68	
文　学		1 882	1 137	745	
史　地		2 952	2 256	696	
小　说		894	366	528	
总　计			14 503	4 957	
中西文合计		19 460			

指定参考书

系　别	中文	西文
商学院	57	59
国文系	244	
教育系	70	169

（续表）

系　别	中文	西文
历史系	92	35
法律系	110	27
政治系	72	5
社会系	33	3
英文系		45
生物系	11	28
化学系		52
土木工程系	17	79
数理系	10	55
研究保留	41	
总　计	757	555
中西文合计	1 312	

私立光华大学三十六年度第二学期应呈报教职员人事登记表名单

钟　泰	郑之骧	杨同芳	陈松茂	康时清
邹君扬	杨　钦	王文元	何士芳	张更生
郭秉铺	赵廷钰	王娴贞	邵贻裘	石堉壬
罗鸣皋	戴岂心			
以上十七人除戴岂心一人缺报外,实报计钟泰等十六人				
张干周	林我朋			
以上二名系补报卅六年度第一学期缺报之人事登记表				

光华大学三十六学年度第二学期学生数报告简表

1. 院科系及年级别(各院科师范生除外)

院科别	系组别	学　生　数													
		共　计			一年级			二年级			三年级			四年级		
		计	男	女	计	男	女	计	男	女	计	男	女	计	男	女
总　　计		1 362	1 033	329	689	530	159	439	326	113	169	122	47	65	55	10

（续表）

院科别	系组别	学生数														
		共计			一年级			二年级			三年级			四年级		
		计	男	女	计	男	女	计	男	女	计	男	女	计	男	女
文学院	中国文学系	60	40	20	42	31	11	12	3	9	2	2		4	4	
	外国语文系	74	48	26	36	25	11	29	17	12	8	5	3	1	1	
	政治系	139	133	6	46	41	5	44	44		35	34	1	14	14	
	法律系	86	75	11	40	37	3	26	22	4	13	10	3	7	6	1
	教育系	96	28	68	41	14	27	34	9	25	19	5	14	2		2
	历史系	34	30	4	32	28	4	2	2							
	社会系	46	25	21	42	23	19	4	2	2						
理学院	土木工程系	127	124	3	60	57	3	42	42		23	23		2	2	
	化学系	49	40	9	28	25	3	16	12	4	4	2	2	1	1	
	生物系	30	30		27	27		3	3							
	数理系	34	33	1	31	30	1	3	3							
商学院	经济系	185	144	41	70	53	17	78	60	18	21	16	5	16	15	1
	会计系	152	88	64	68	41	27	50	29	21	24	13	11	10	5	5
	银行系	90	56	34	55	34	21	25	17	8	7	3	4	3	2	1
	工商管理系	160	139	21	71	64	7	71	61	10	13	9	4	5	5	

光华大学三十六学年度第二学期学生数报告简表

2. 籍贯别

省市区	共计			研究生			大学生			专修科生			专科生			先修班学生		
	小计	男	女	计	男	女	计	男	女	计	男	女	计	男	女	计	男	女
	1 362	1 033	329				1 362	1 033	329									
江　苏	465	348	117				465	348	117									
浙　江	350	269	81				350	269	81									
安　徽	90	72	18				90	72	18									
江　西	53	41	12				53	41	12									
湖　北	18	13	5				18	13	5									
湖　南	34	26	8				34	26	8									

（续表）

省市区	共　计			研究生			大学生			专修科生			专科生			先修班学生		
	小计	男	女	计	男	女	计	男	女	计	男	女	计	男	女	计	男	女
四　川	20	13	7				20	13	7									
西　康																		
河　北	8	4	4				8	4	4									
山　东	8	6	2				8	6	2									
山　西	4	4					4	4										
河　南	36	25	11				36	25	11									
陕　西																		
甘　肃																		
青　海																		
福　建	39	29	10				39	29	10									
广　东	104	83	21				104	83	21									
广　西	3	2	1				3	2	1									
云　南	7	7					7	7										
贵　州																		
辽　宁	2	2					2	2										
吉　林	1		1				1		1									
黑龙江																		
热　河																		
察哈尔																		
绥　远																		
宁　夏																		
新　疆																		
南　京	17	11	6				17	11	6									
上　海	91	72	19				91	72	19									
北　平	5	2	3				5	2	3									
天　津	5	2	3				5	2	3									
青　岛	1	1					1	1										
重　庆	1	1					1	1										

光华大学三十六学年度第二学期班级报告简表

院科别	系组别	班 数						
		共计	一年级	二年级	三年级	四年级	五年级	六年级
总　计		84	27	26	18	13		
文学院	中国文学系	6	2	2	1	1		
	外国语文系	6	2	2	1	1		
	政治系	8	2	2	2	2		
	法律系	8	2	2	2	2		
	教育系	7	2	2	2	1		
	历史系	3	2	1				
	社会系	3	2	1				
理学院	土木工程系	7	2	2	2	1		
	化学系	4	1	1	1	1		
	生物系	2	1	1				
	数理系	3	1	2				
商学院	经济系	7	2	2	2	1		
	会计系	7	2	2	2	1		
	银行系	6	2	2	1	1		
	工商管理系	7	2	2	2	1		

光华大学三十六学年度第二学期经费报告简表

1. 岁入

岁入项目		共　计	上年八月至本年一月预算数	本年二月至本年七月预算数
总　　计		$ 11 662 820 000.00	$ 2 591 420 000.00	$ 9 071 400 000.00
国省库款及庚款	小计			
	国库款(一)			
	国库款(二)			
现费收入	小计			
	学费	7 996 200 000.00	1 717 800 000.00	6 278 400 000.00
	宿费	606 000 000.00	156 000 000.00	450 000 000.00

（续表）

岁入项目		共　计	上年八月至本年一月预算数	本年二月至本年七月预算数
物品售价收入	小计			
	杂费	2 880 620 000.00	637 620 000.00	2 243 000 000.00
	杂项收入	180 000 000.00	80 000 000.00	100 000 000.00
租金使用或特许费之收入	小计			
利息或利润收入	小计			
捐献与赠与收入				
其他收入				

光华大学三十六学年度第二学期经费报告简表

2. 岁出

发出项目	共　计	上年八月至本年一月预算数	本年二月至本年七月预算数
总　计	$ 13 226 199 210.00	$ 3 081 599 210.00	$ 10 144 600 000.00
俸给费	8 156 379 210.00	2 011 379 210.00	6 145 000 000.00
办公费	2 159 000 000.00	285 000 000.00	1 874 000 000.00
购置费	409 620 000.00	159 620 000.00	250 000 000.00
学术研究费	1 147 750 000.00	431 150 000.00	716 600 000.00
特别费	813 450 000.00	154 450 000.00	659 000 000.00
建设费	540 000 000.00	40 000 000.00	500 000 000.00
增班费			
建设技术人员训练费			
其　他			

附：教育部关于填写校舍及设备调查表及三十六学年度第二学期各项统计简表的训令

令私立光华大学：

　　本部为明了最近各专科以上学校校舍设备详细情形，经制定校舍场地暨图书调查表各乙种，兹随令颁发，仰即遵式详填报部，以为今后改进各校建筑设备之参考。关于仪器标本部份，因各校管理方法不一，分类不同，应俟订定统一管理办法后，另案调查。

　　又三十六学年度第二学期开学已逾两月，各校应行呈报之职员数、学生数、班数、经费数等统计简表，应速编填报核。

　　以上各项简表及调查表统限于五月底以前编竣送部，以凭核办。除分令外，合行令布遵照。

　　此令。

部长朱家骅

中华民国卅七年四月廿九日由

（统字第二三〇八四号）

关于因学生国立运动取消期末考试致教授校友的函

查本校学期考试原定于六月廿一日开始举行,不料少数学生突于前一夕八时许发起签名,要求改为国立。一部分寄宿生即闯入图书馆开会,决定以罢考为要挟,遂将试场之桌椅堆积,门窗阻塞,并遍贴标语。事先既未向校方做任何报告,临事又多越轨行动,实开本校未有之先例。

然本校向视学生如子弟,仍以宽大为怀,一再剀切训导,冀其悔悟,并姑准延期两天,定于廿三日举行考试。

同时本校朱校长对记者发表如下之谈话:学校经济确实困难,但校方对一切设施于可能范围之内总尽力改善,教职员待遇低微系属事实,但学校经济公开,教职员均能谅解校方之困难。渠本人不反对学校改为国立,但此非一日之间能达到目的之事,应循合理合法之步骤要求,不能遽然以罢课之行动为要挟。况学生于发动该一运动前从未向校方接洽,迫至大考前一夕突决议罢考,实有借词之嫌。并对教部曾令本校改为国立晋元大学为校方拒绝一节,声明绝无其事,均经各报披露。而一部分学生竟坚执非达到国立目的决不应考,并成立请求改为国立运动委员会,推派代表晋京请愿,因此届期举行考试又被阻挠。

本校始终为顾全各生学业起见,不惜再事优容。经校政会议议决,考试准再展期至廿八日举行,予学生以最后之机会,经布告剀切劝谕。

而廿三日各报刊登教部杭次长廿二日发表谈话,称:"自复员以来,鉴于人力物力缺乏,政府决定在短期内不增设国立大学。由于经费艰难,与现有国立学校亟待充实,殊无将私立学校改为公立之可能。以中国土地广阔,大学若全恃国家主办,断难达到教育文化发展之目的,故本部对于私立大学一向采奖助培植政策。且私立大学亦各有其传统特性,更应任其自由发展。政府在经费及其他方面,凡可协助私立学校之处,自当尽量设法。至私校学生企求于国立后即可取得公费,亦属不可能之事。公费制度现已改为奖学金,原未领得公费之学生亦不能因改国立而可有公费。"

但学生毫不警觉,仍继续罢考,并向各方面请求支持,并于廿五日向各报发布消息,谓据晋京请愿团来信证实教部确曾二度训令光华改为国立晋元大学,均为校董会拒绝云云。当经本校声明,绝无其事。且经教部于廿六日发表"上海大夏、光华两校学生要求改为国立。本部未予允准。沪报刊载本部训令光华改为国立晋元大学纯属子虚"披露于各报。廿七日《东南日报》又刊登本校请愿团代表返沪消息,谓"教部部长确有手谕二封向校方建议改国立事,由该部中教司司长吴兆棠予以证实"等语。而学生被惑,情绪愈高,致廿八日之考试,除毕业班外又未能举行。

本校为顾念多数学生免受精神与物质之无谓牺牲计,爰经决定即日放假,俟后再定期通知补考。至于教育部长有手谕向校方建议之谣传,经吴兆棠司长于廿九日发表谈话称"光华大夏两校学生要求改国立事未予允准,且据本人悉亦决不可能。近光华代表返沪谓部长有手谕向校方建议改国立,曾经本人证实绝无其事",足见该学生代表捏造事实,以图淆乱视听。

青年行动如此殊堪痛心,校方对于此事正在商讨以谋合理之解决。诚恐远道不明真相,爰胪举经过详情,备函奉达,即希查照为荷。

此致诸位教授、诸位校友。

光华大学谨启

民国卅七年七月二日

附：教育部关于严厉禁止国立运动的训令

令私立光华大学：

案据该校国立运动委员会呈请改该校为国立等情,查依大学法之规定,国立大学应由本部审察全国各地情形设之。至私立学校之开办、变更及停办应由董事会呈请核准;私立学校规程亦有明文规定。该校少数学生擅组所谓国立运动委员会,于法无据,且胁迫多数同学罢课罢考,滥发宣言,鼓动风潮,并推代表来部请愿,殊属不合。该校应即严厉制止,予以解散,并查明严予惩处,为首分子一律开除学籍。仰切实遵办具报。

此令。

教育部部长朱家骅

中华民国卅七年七月七日

（高字第三七六一一号）

关于向教育部补送 1948 年度上学期招生简章的报告

案奉钧部本年七月十七日高字第三九二六号代电,批复本校卅七年度上学期招考新生一案,饬即补报招生简章等因,理合检同招生简章,备文呈请鉴核备查。

谨呈教育部部长朱

附呈招生简章一份。

全衔校长朱○○

中华民国卅七年七月廿四日

(光秘卅七字第四三八号)

教育部立案私立光华大学招生简章

一、院系编制

本大学设文理商三学院暨会计专修科,兹分别列于下:

文学院:中国文学系、外国语文系、教育系、历史系、法律系、政治系、社会系

理学院:生物系、数理系、化学系、土木工程系

商学院:经济系、会计系、银行系、工商管理系、国际贸易系

专修科:会计专修科(修业期限规定二年)

二、应考资格

凡具有下列资格之一者,得在本大学报名参加入学试验:

甲、在公立或经立案之私立高级中学毕业有毕业证书者,得投考本大学各院系及会计专修科一年级(师范学校毕业生除毕业证书外,应缴服务三年期满证明书)。

乙、失学一年以上并于失学前修满高中二年级课程,缴验原肄业学校成绩单,经审查合格者,得以同等学力投考本大学各院系及会计专修科一年级(曾在职业学校及师范学校肄业,或现在中等学校肄业学生,不得以同等学力资格报考)。

丙、在公立或经立案之私立大学或独立学院肄业有转学证书者,得应本大学转学生试验(专科学校及专修科肄业生或毕业生不得应本大学转学生试验)。

三、报名手续

投考本大学者须在规定期内来校办理下列报名手续:

甲、呈验下列证件(验毕即发还,但录取入学时必须缴校呈部备案)。

（一）考各院系及会计专修科一年级者,应缴验高中毕业证书(师范毕业生应加缴服务证明书);以同等学力资格报考者,应缴验高中肄业成绩单。

（二）考转学者应缴验高中毕业证书及原校正式转学证书。

乙、亲自填具报名单。

丙、缴最近二寸半身相片四张,背面注明姓名(不依规定尺寸者不收所缴照片,不论录取与否概不发还)。

丁、缴纳报名费。

以上各件缴验不齐全者,不得报名。

四、考试科目

甲、笔试

（一）一年级生应试科目:

甲组(文、商学院各系与生物系暨会计专修科):

1.公民　2.国文　3.英文　4.数学(包括代数、平面几何、三角)

5.理化　6.中外历史　7.中外地理

考生物系者除史地并科试验外加试生物一科目。

乙组(数理、化学、土木三系):

1.公民　2.国文　3.英文　4.数学(包括代数、解析几何、三角)

5.物理　6.化学　7.中外史地

（二）转学生应试科目:

甲组(文学院各系及经济系):

1.公民　2.国文　3.英文　4.西洋史　5.中国通史

6.社会科学(政治、经济、社会任选一种)

7.自然科学(物理、化学、生物任选一种)

乙组(理学院各系):

1.公民　2.国文　3.英文　4.微积分　5.物理　6.化学

考土木系者加试力学一科目,考生物学系者加试动物学、植物学二科目。

丙组(会计、银行、工商管理三系):

1.公民　2.国文　3.英文　4.簿记　5.商业数学　6.经济学　7.商业史地

乙、口试,体格检查

五、考试时间:见附表。

六、报名考试日期:登报公告之。

七、报名考试地点:上海虹口欧阳路二二一号本校。

八、录取揭晓:除在本校公布外,另函分别通知各应考生。

九、入学手续:另函通告。

附告:

(一) 本校宿舍榻位有限,如必须寄宿,应在报名单上写明,否则一律作通学论。

(二) 考生可乘一路、十一路电车自外滩至四川北路底下车,经施高塔路转四达路直达本校。

入学考试时间表

时　间			一 8:10—9:50	二 10:10—11:50	三 1:10—2:50	四 3:10—4:50
一年级生	第一日	甲组	文、商学院各系 生物系 会计专修科 → 数学	国文·公民	中外历史 生物(生物系考)	中外地理 史地(生物系考)
		乙组	数理系 化学系 土木系 → 数学	国文·公民	化学	中外史地
	第二日	甲组	文、商学院各系 生物系 会计专修科 → 英文	理化	口试	体格检查时间及 地点另行通知
		乙组	数理系 化学系 土木系 → 英文	物理		
转学生	第一日	甲组	文学院各系 经济系 → 西洋史	国文·公民	自然科学	中国通史
		乙组	理学院各系 → 微积分	国文·公民	化学	力学 (土木系加试)
		丙组	会计系 银行系 工商管理系 → 商业数学	国文·公民	簿记	商业史地
	第二日	甲组	文学院各系 经济系 → 英文	社会科学	口试	体格检查时间及 地点另行通知
		乙组	理学院各系 → 英文	物理		
		丙组	会计系 银行系 工商管理系 → 英文	经济学		

附：教育部关于招生简章准予备案的指令

令私立光华大学：

　　三十七年七月廿四日光秘〔卅七〕字第四三八号呈一件，呈报三十七年度招生简章祈核示由，呈件均悉，准予备案。件存。

　　此令！

中华民国卅七年九月十五日

部长朱家骅

（高字第五〇四〇〇号）

关于呈送教育部 1948 年度第 1 学期教职员学生人数的代电

南京教育部部长朱钧鉴：

　　本校卅七学年度第一学期教员一百三十九人，专任职员二十九人，学生一千七百四十二人，住校教职员五十五人，学生六百六十六人，理合电呈鉴核。

光华大学校长朱经〇西元[1]叩

（光秘〔卅七〕字第五三五号）

附：教育部关于准予备查有关教职员学生人数的电报

私立光华大学：

　　本年十月十三日光秘〔卅七〕字第五三五号代电悉，准予备查，仰即知照。

教育部印

　　中华民国卅七年十月廿八日关于请吕思勉、薛迪靖、王志稼先生参加校政会议的函

敬启者：

　　联合国文教会第三届大会定于本月十七日在黎巴嫩举行，经农奉教育部派任中国代表团首席代表，辞不获已，日内即将启程。兹经第四十三次校政会议议决，在经农出国期间，校务由校政会议委员共同负责。惟时值非常，环境瞬息万变，应付必感困难。为加强校政会议起见，特请台端参加校政会议，共维至计，尚祈俯允为感。

　　又校政会议定每星期二下午五时开会，并请查照。

　　此致吕诚之先生、薛观澄先生、王志稼先生

朱〇〇敬启

中华民国卅七年十一月十二日

---

[1]　民国卅七年十月十三日。

关于向教育部呈送 1947 年度第 2 学期住校员生数及本学期收费情形的报告

　　案奉钧部三十七年九月廿八日高字第五三二六一号代电开："查三十七年下半年度省市私立专科以上学校补助费业经核定……仰即遵办具报为要"等因，奉此。遵将本校上学期住校员生数及本学期所定新旧各生应缴学宿杂等各费详表备文呈报，仰祈鉴核示遵。

　　再三十六学年度第二学期补助费使用计划另行呈送，并以陈明。

　　谨呈教育部部长朱

　　附呈：本校上学期住校员生数表一份、本校本学期所定新旧各生应缴学宿杂等各费详表一份

私立光华大学校长朱经○

中华民国三十七年十月

（光秘〔卅七〕年字第五三四号）

私立光华大学三十六学年度第二学期住校员生人数表

	（甲）教职员	（乙）学生
男	三十六名	五百四十二名
女	十七名	一百十八名
共计	五十三名	六百六十名

私立光华大学三十七学年度第一学期学宿杂费详表

纳费项目	甲新生纳费表	乙旧生纳费表
学费	金圆券七十圆	金圆券七十圆
杂费	金圆券十五圆	金圆券十五圆
图书费	金圆券三圆	金圆券三圆
卫生费	金圆券一圆	金圆券一圆
体育费	金圆券一圆	金圆券一圆
宿费	金圆券二十圆	金圆券二十圆
新生设备费	金圆券十圆	

附一：教育部关于上学期住校员生数及本学期收费情形报告收悉的指令

令私立光华大学

卅七年十月十三日光秘卅七字第五三四号呈一件，为呈送上学期住校员生数及本学期收费情形由，呈件均悉，件存。

此令。

部长朱家骅

中华民国卅七年十一月三日

（高字第六〇三一四号）

附二：教育部关于核发 1948 年下半年度补助费一部分的代电

私立光华大学：

查三十七年下半年年度省市私立专科以上学校补助费业经核定，先拨该校 3900 金圆。此款已呈院准，先饬由财政部国库署径拨，其余补助费应俟该校将上学期住校员生数及本学期所定新旧各生应缴学宿杂等各费详表报部后再凭审查分配。

又本年上半年度补助费使用计划及购置设备详册暨教职员领受学术研究补助费与生活津贴清册等，如尚未报部者，统限于本年十月十日以前一并报部，除分电外，仰即遵办具报为要。

教育部印

中华民国卅七年九月廿八日

（高字第五三二六一号）

三、成都分校结束事务处理

1928 年，朱经农与胡适（右一）、钱端升（右二）等友人在南京

关于借读学生选择毕业学校的建议致谢霖的函

霖甫先生大鉴：

五月十八日惠书奉悉。教育部拨发补助费之训令，系由重庆直接发出。当函托上海光华大学抄寄。成华大学如尚无校规，则一切规章自可暂从光华旧制。如成华另定学则，亦须呈部核定。学生之欲得光华文凭者，光华自可审定其已否达到本校毕业标准；其愿照成华新标准毕业者，则请其领取成华毕业文凭可也。

尊意以为何如？匆复，即请近安

弟朱经农顿首

卅五年五月廿八日

附一：谢霖关于借读学生自应遵照光华规则的函

经农先生大鉴：

敬启者。

奉五月廿八日函示，"成华大学如尚无校校规，则一切规章自可暂从光华旧制。如成华另订学则，亦须呈部核定。学生之欲得光华文凭者，光华自可以审定其已否达到本校毕业标准；其愿照成华新标准毕业者，则请其领取成华毕业文凭可也"等因，查光华大学成都分部学生在今春开学时曾由各人自填志愿书：（1）改作成华生；（2）在成华借读；（3）回沪肄业。其结果为：（1）改作成华生者七十九人；（2）在成华借读者一千零三十五人，又中学生二百七十人；（3）回沪肄业者五十六人。故实际上人数已确定矣。借读生必须从光华大学之规章，现弟所坚持者即此一点。至已改作成华生者，当然听由成华办理。且许各借读生如愿改成华生，随时可听自便。惟已作成华生者，不准再回光华。此种办法，在我光华方面似不能谓对于成华不予种种之便利矣。高明以为何如？

再最近成华已将呈部立案文件办齐，知所有规章完全抄录光华成规，毫无更易，足见成华实行"兄弟学校、萧规曹随"之八个字，故更无两校规则不同之可言。

并以奉达，即颂大祺。

弟谢霖敬启

民国三十五年六月十四日

附二：谢霖关于询问教育部补助光华大学训令详情的函

经农先生大鉴：

敬启者。

接五月十五日大函，敬悉一切。上次弟奉询教部补助费之原因有四：(1)以不迁移之四川大学其外省籍教职员、学生、工友皆给补助费作为还乡之用（名曰国立各级学校迁校办法），光华蓉校师生闻之联名具函请求转呈教部援例发给；(2)光华蓉校同人闻得教部对于光华蓉校已经核给一亿五千万元之消息，于是盼望更殷然，款未见到，不免疑弟有扣留不发之误会；(3)王宏实兄在渝与高等司接洽，由某司长告以款项之数确定一亿五千万元，但内有一部分系发教职员生之还乡费，一部分系给成华大学者（并云因传成华尚未成立，故表面上只能仍给光华），有宏实兄之亲笔函叙述之。迨弟到渝晤宏实兄，伊谓避免纠纷起见，已另有部令说明光华成华各七千五百万元，但又由项次长在援华会方面设法列拨光华三千万元，此系因在一亿五千万元之中由成华分去一半，故以补助云云。以上四者俱属实在原因，尚祈答及，俾明原委。

今读手示，谓部拨光华补助费系由国库署直发上海本校。诚如尊示，上海光华恢复需款至巨，得有此款可补助其一部分，闻之至为欣慰。惟不知教部拨发此款之训令中说明是何款项？ 若曰上海本校补助费，则蓉校员生工之还乡费自不相涉，尽可仍向教部请发。设在令内说明光华迁校补助费，则似应请以一部分拨与蓉校之外省籍员生工为还乡费，其余一部分则归沪校使用。特再专函奉询，仍乞赐予详示。

盖光华成都分部财产赠与成华大学是属一事，而光华蓉校之外省籍员生工要求政府援例发给还乡费又是一事。目下时局如此不宁，吾辈处理此种关系群众之事，似不可不注意。至沪校之待款复兴，弟实深知能得政府补助多多益善，岂有不赞成之理？弟现正在筹募复兴基金，已有捐款陆续交来，凡力所能及者无不为之也。惟拨沪补助款之部令，弟因未能见到，故作上述之推测。务乞惠教，不胜盼祷。

顺颂勋绥。

弟谢霖敬启

民国卅五年五月十八日

附三：谢霖关于解释借读学生必须依照本校规则及其本人暂时不能回沪的函

经农先生再鉴：

敬启者。

尊示光华蓉校学生借读于成华者似依照成华规则一节，不知是否王宏实兄在先生处有此主张。兹将愚见所及详细分别陈之：

（一）光华借读生将来仍为光华毕业生，其学问标准务宜维持光华原状，以免损及光华校誉。又光华课程较他大学结实，例如国文英文均须多读一年，又专门必修课程亦较他校为多，皆为其最著者。

（二）借读生应遵自己学校之规则乃属通例。昔有暨大、大同、中山诸校学生在蓉校借读亦皆各从该校之规则，并不从光华章制。

（三）目下成华尚无校规，王宏实兄已经明文布告，在成华校规未制定前一切规章皆从光华旧制，此举实于成华大有益处，盖可借我规章整饬伊之学生也。因此成华方面尚无规则可言。

（四）成华方面在宏实兄，确愿认真办去，但在他人，则常声言将改章程，且曰一定改松，不知是何意义。故弟坚持光华借读生必须遵守光华规则（由成华大学代为执行）。在目下成华尚无订有规则，此言似无意义。但如日后成华果有较松之章则，届时凡不愿守光华规则者，皆可听其正式转作成华学生。各该学生必系成绩不良之人，借此使其退出本校，不碍光华校誉，岂不甚好？

以上四者似皆合乎情理，高明当以为然。

尊嘱弟早回上海本校共同奋斗一节，光华蓉校在向某管理两年期内，实在腐败不堪，积压呈报之件至数百案，此等事体不能移交成华代办，而上海本校亦无办法。弟手创此校，不忍坐视学生吃亏，故须负责清理完毕，并自垫经费，延约助手，一同办理，大约须七八月间方能完事。届时只将案卷送至沪校即可继续办去，免于隔膜。由是可知，弟现办者仍属光华事件，且非由弟督率似不易得要领。否则日后之沪校困难将不知凡几矣。又此项清理工作现由校友赵善诒兄佐助进行。赵君系苏州人氏，廿五年由上海光华中国文学系毕业，为蒋竹庄先生之得意门生，曾于弟管成都分部事时担任秘书主任之职，现在为副教授。将来蓉校案卷到申，关于借读生事必须至四年后（卅九年）方能完毕，届时似可延请赵君办理，俾资熟手，并仍请其教授国文，并以附达，乞作参考。至弟回申合作一层，自觉六二之年，精力已衰，加以人口较多，所需旅费不易筹措，必须待至今冬小儿燕声（实习印刷）由美回国确定工作地点之后方能计议，辱蒙诸公厚意，感谢无似。

顺颂勋绥。

弟谢霖再上

民国卅五年五月十八日

附四：朱公谨关于补助费用分配及抄送教育部训令致谢霖的函

霖甫先生大鉴：

接奉五月廿一日台示，祗悉一是。弟适有武林之行，致稽裁复，甚以为歉。顷又奉朱校长函示关于教育部补助费一案，实以本校抗战期间损失过巨，复校需款孔殷而尚无着落，不得不以此款稍滋挹注。惟为解除两校困难计，即以援华会拨助光华之二千七百万元转赠成华，并包括光华留蓉旧教职员还乡补助费在内。现成华王校长宏实在沪候领该款，将来款到后拟即交其带去，未知尊意以为何如，即希示复。承嘱抄送部令原文，随函附奉，并请詧照为荷。

专复，敬请大安。

弟朱公谨启

中华民国三十五年五月廿九日

（复字第二一七号）

附五：教育部关于核拨复员补助费的训令

令私立光华大学：

兹核定该校复员补助费共一亿五千万元，除函请财政部拨发外，仰即知照。

此令。

部长朱家骅

中华民国卅五年三月三十日

（渝会字第一八〇五一号）

关于复员补助费致成都分部谢霖的函

霖甫先生大鉴：

奉读五月廿一日大札，敬悉一是。

成都所传私立大学复员费分配办法似不甚正确。教育部仅对国立专科以上学校教职员还乡旅费及补助费有所规定，对于私立大学复员补助费并未规定分配办法。询之金陵大学等校，则云凡还乡之教职员每人发给旅费十五万元，其不随校还都者不发旅费。至于安家费则须随校还乡以后始行酌送。而此项旅费、安家费均由援华会补助费内支出，并非从部颁复员补助费内分配。光华大学外省籍旧教职员之留成华服务者与其他私立大学随校还乡各教职员情形不甚相同，兹拟由光华方面一次拨助成华大学贰千柒百万元，所有光华留蓉之外省籍旧教员补助费即请成华于此数内酌予支送。光华大学成都全部校舍已经赠与成华，而上海校舍又毁于敌军，此次复员需款至巨。教育部所发补助费用以复校不敷尚巨，勉拨此数交与成华，聊表微意而已。

匆复，即请大安。

弟翁○○、朱○○
民国卅五年六月四日

附一：谢霖向翁文灏解释成都分部请求拨发复员费缘由的函

咏霓先生大鉴：

敬启者。弟因事来渝，接奉成都转到五月十日复示，借审弟前函所陈光华大学成都分部原有外省籍教职员要求本校转呈教育部援四川大学成例发给复员费事已代转部一节已邀詧及，惟拜读大函，谓此系成华大学之权限，弟不免于越俎代谋云云，似不免有误会，请为先生言之。

我光华大学成都分部原有外省籍各教职员生对于复员费事早经提议，乞向教部请求发给。初则风闻教部正在接校分配，迟未代办。最近同人及学生得有三个事实：（一）以永久不迁移之四川大学其外省籍之员、生、工，教部已给复员补助费；（二）金陵、燕京、齐鲁、朝阳、武昌中华等若干私立大学皆已得有此项补助费；（三）教职员中有得到教部消息者，谓光华蓉校确定可得一亿五千万元，因此大皆兴奋，先后来函请求转呈教部，从速援例发给。弟以各教职员为我光华蓉校辛苦八年，原应有以为酬，苦无力量支付，已觉万分惭愧。今政府有补助办法,且依教部定章,可享此权利者,限于三十四年九月三日胜利时在职之人。彼时光华蓉校并未改组,故即据情代其转呈,实为本校不可推却之事。同时并有四项消息传来:(一)成华大学王校长赴京之前夕亲语弟曰,光华大学原蓉校之复员补助费部定为一亿五千万元,伊与教部商妥,以一半计七千五百万元归光华蓉校,又一半计七千五百万元归成华,将有部令说明分配办法。但因光华蓉校少得半数,另由杭次长允在美国援华会拨付三千万元,以资贴补;(二)教职员中有直接向教育部请求者,现已得到部批,略谓"私立专科以上学校复员经费本部已有补助由各校自行统筹分配,并已由本部杭次长另在美国援华会款项下酌为设法,特电复查照,并希转达诸先生为荷。教育部"等由;(三)成华大学教务长凌均吉先生云教部拨发之复员补助费为一亿五千万元,光华、成华各半,上海光华大学教部另有补助;(四)弟以事函询朱经农先生,得复谓"该补助款已由国库署直拨上海光华大学(数目未详),所谓以半数拨给成华并无法令根据。至美国援华会三千万元,杭次长对该会有此建议,能否成为事实,尚不可知。王宏实先生以此事来京交涉,已据实告之"。以上皆系光华蓉校教职员请求复员费之经过。现在既已有款拨到,弟意理应遵照部令统筹分配,以其若干汇送光华蓉校三十四年九月三日在职之外省籍员、生、工,作为复员费。又美国援华会之款如有拨到,则应全归蓉校,作为外省籍员生工还乡旅费,以期妥善。风闻校中已有因款迟迟不到作激烈之主张者,值此社会动荡之会,此种关系群众利益之事体似应慎重处置,庶免发生枝节。弟与邓鸣阶兄在此主办结束事宜,不得不将见闻所及详为奉达。

先生主持中枢,于我国家施惠之处,想亦必欲力求普及公允,以安众人之心。千祈赐速复示,以便分别转告,不胜盼祷之至。

顺颂勋绥!

复示请寄成都春熙南路十七号附六号光华大学成都分部结束办事处

弟谢霖敬启
卅五年五月廿一日

附二:谢霖关于成都分部学生拨发复员费的函

咏霓、经农先生大鉴:

敬启者。接奉六月四日函示,关于成都分部旧教职员学生复员费事"拟由光华方面一次拨助成华大学二千七百万元,所有光华留蓉之外省籍旧教职员补助费即请成华于此数目内酌予支送"等由,当已将此函抄录转送成华大学董事长邓晋康先生矣,俟得复音再行奉达。至美国援华会之二千七百万元现已接得该会直接来函,只要成都分部允许该会所定办法即可直接拨蓉,业已由弟函复应允请汇矣。

截至目下为止,在大中两部教职员方面,既有援华会之款二千七百万元,又有沪校分拨之二千七百万元,似已只有依照公立学校标准,是否足敷支配问题当不致再生激烈枝节。

弟从旁看来尊函所述拨助成华之二千七百万元较之王宏实先生与部所商分受半数相差甚远,成华方面对于"拨助"二字未必肯予接受,只看是否肯代分配于教职员耳。

各教职员又为此事上书于杭次长,得复谓"已与经农先生商洽妥当,尚请径与洽办"云云,兹将杭次长来函照抄,附请詧及。

再关于学生之复员费如何办法,尊函并未提及,部批则谓"该分部及附属中学中员生之必需复员者,可径向该校洽请旅费",似此,则(1)已给证明书回至沪校之学生五十余人;(2)现在成华大学之外省籍借读生三十余人;(3)未来回沪肄业生。(1)(3)两项不问省籍,似非就部款内酌予拨给旅费不易完结,否则部已有款给予本校,而该生等不断向部上书请求,在本校面子上岂不难看?弟意拟请定为每人补助八万至十万元,限于实行到沪注册者始予照发,似尚合理。以目下交通状况,实行离川赴沪者人数必不能多,而川省学生更无许多人遽愿到申,岂非借此即可轻易了结?

又复员补助费之解释,闻政府原案专为在抗战期内迁移后方之学校而设,其未迁移之学校均属无有,不知是否确实。拟请经农先生赐就部定分配原案,一为检查如有未曾内迁之校亦分得此款者,乞将各该校名示知,以凭向各方面作为解释材料,亦易取得同情。至成华大学与杭次长商请分受补助费之半数,其主要之理由即曰部拨光华之复员补助费原为发给全体员生作为回至上海本校旅费之用,今有大中学生一千二百七十余人即在成华借读,在成华方面对于此等借读学生之教养责任尚须担至八学期(即四年)之久方能完毕,每学期赔累甚巨(本学期成华校董会拨补四千六百万元,光华借读生有一千二百七十人,而成华学生只有三百人),如此继续八学期,以本校赠与一亿五千万元之财产难于抵补,故请以不回沪之川籍学生应得旅费移由成华分受,以资弥补。此即钟芷修先生致弟函中有云"一千数百光大学生在成华借读,论理自应分得一部分,贵校当局当亦明白此理也",足见部中主张之所在矣。

光华大学成立二十一年,弟与斯校有十四载之关系。夫沪校之经济困难,弟岂不知?又对沪校之须扶助振兴,弟亦与诸公抱同样之热度。成都情形弟似较熟悉,此次复员补助费来自成都分部之苦干八年,惟分配办法未见下问,各教职员学生请弟代为主张。为本校大局计,为本校面子计,弟岂能抹杀事实,指为完全应归沪校所得?即使如此主张,亦不过徒受众人攻击,徒少一个中间说合之人而已!弟以与校关系之深,不敢缄默不言,幸祈谅察,并随即将上述三种学生复员旅费如何办法急速酌示,不胜盼祷。

顺颂大祺

弟谢霖敬启

民国三十五年六月十四日

关于将援华会补助费划拨成都分部致谢霖的函

霖甫先生大鉴：

接奉六月二日大函，祇悉一是。关于教部复员补助费及援华会补助费一案，曾于六月四日略陈梗概，谅邀洞察。兹再奉陈一一。

查教部对于私立大学教职员复员旅费等并无规定，原令已由校抄奉，想荷詧及。本校在抗战期内校舍全毁，损失惨重，此次复员需款至巨。教部所发补助费用以复员不敷尚巨，凡爱护本校者决不置本校艰危于不顾也。兹为聊表微意起见，拟以援华会补助本校之二千七百万元全数拨归成都自行支配，以专任教职员为限，但本校教职员反成向隅。至于各私立大学发给教职员学生补助费，原以实际还乡者为限。

兹将援华会所定条款抄奉，请据实际情形制就表格寄下，以便转递援华会领取款项汇蓉，尚祈转达，共维艰难为祷。

专复，祇颂大安。

弟朱经〇启

中华民国三十五年六月十七日

（复字第二四二号）

附：谢霖关于蓉校外省籍教职员生期待复员补助费的函

经农先生大鉴：

敬启者。

月前在渝上书，想邀詧及。弟五月三十日返蓉，知原光华蓉校外省籍教职员生对于部拨上海之本校复员补助费迄未分拨到来，群情不安。兹致咏霓董事长一函，抄稿附请詧及，并祈先生从速会商决定办法见示，不胜盼祷。

顺颂勋祺。

弟谢霖敬启

民国三十五年六月二日

（综〔卅五〕字第六五八号）

关于援华会拨款由成都分部支配致谢乐康的函

乐康先生转诸位先生公鉴：

接奉五月卅日大函，祗悉种切。抗战期间诸先生困守岗位，为光华服务，为国家储材，感佩无似。承询复员补助费一节，光华共领到一亿五千万元。原令已抄送谢霖甫先生。教部对于私立大学教职员复员旅费等并无规定。光华在抗战期间校舍全毁，损失惨重，此次复员需款至巨。教部所发补助费用以复员不敷尚巨。诸先生爱护光华，素所钦仰，当能共维艰巨也。援华会已有通知，准予拨补二千七百万元。当初据杭次长表示，该款系补助沪校教职员者。兹为聊表微意起见，将该款全数拨归本校成都分部，以充资助专任教职员及学生还乡之用。惟沪校同人反感向隅矣。

专复，祗颂教祺。

弟朱经〇启

中华民国三十五年六月十七日

（复字第二四三号）

附：前私立光华大学成都分部收复区教职员复员委员会关于请求拨款补助的函

经农次长董事先生赐鉴：

敬启者。

同人等于抗战期内先后远道来蓉，在私立光华大学成都分部服务多年，勉效绵薄，为国家作育人才，数载辛勤，稍获成绩，此差堪告慰者也。

至同人等历年来之生活则异常困苦，入不敷出，几于厄等陈蔡。惟以顾念时艰，教育为重，故忍受痛苦而不辞。迫胜利到来，后方各公私立专科以上学校纷纷复员，所需经费闻系由政府拨款补助。同人等离乡日久，思归心切，前曾函陈我公暨大部朱骝先部长、杭立武次长请予指示复员办法并协助返籍，于五月十五日奉大部五月九日渝高字第二四八二六号代电，内开"私立专科以上学校复员经费本部已有补助，由各校自行统筹分配。关于发给返乡旅费及列入本部复员单位一节，碍难照办。惟本部杭次长已另在援华会款项内酌为设法"等因，查援华会之款项虽承杭次长专为同人等设法以作返籍旅费，但际兹物价高昂，该款为数若少，恐决不足以敷用，且安家费等尚不在内。故大部所拨给光华本校之复员补助费，同人等不得不请求分配，且既云由各校自行统筹分配，则虽已告结束之本校成都分部，亦不致向隅耳。

　　嗣据我公近致本校常务董谢霖甫先生函中所示，始悉该项复员补助费系由国库署直接发上海光华本校。至援华会之三千万元，杭次长对该会有此建议，能否成为事实尚不可知，是则同人等之希望顿觉渺茫矣。窃思同人等虽属成都分部之教职员，同为光华服务，必无受歧视之理。事关本身正当权利，不容不争。为此再函奉渎，恳祈我公赐予示知究竟大部拨给光华本校之复员补助费总额有若干。如该款已发往上海，并请费神通知上海光华本校迅将依照部定复员补助费支给标准分配同人等之数额赐予汇蓉。又援华会之款项如已决定，亦乞转请大部径汇此间，以便同人等早日领取，可以成行也。

　　夙仰我公体恤同人等无微不至，所请各节想荷慨允也。临颖不胜迫切待命之至。

　　专肃此，敬颂勋祺。

前私立光华大学成都分部收复区教职员复员委员会主任委员谢乐康

常务委员萧公权、谢元范、鲁光恒、赵善诒

三十五年五月三十日

地址：成都成华大学赵善诒收转

关于划拨援华会补助费及另行补助成华大学再致谢霖的函

霖甫先生大鉴：

　　敬复者。

　　关于援华会补助费及由本校另行拨款补助成华事，再为先生一陈述之：

　　（一）当初据杭次长表示，援华会补助费二千七百万元，确系补助在沪教职员者，曾嘱本校抄送教职员名单在案。嗣为解决留蓉专任教职员及学生还乡旅费起见，决由本校于领到该款后，悉数汇蓉分配，前经奉达。此次尊示所谓该会直接来函云云，查系该会误递所致。尚希将领款手续办妥及寄下以便转递。

　　（二）同时为解决成华困难起见，本校于复校经费万分拮据中，另在所募复兴基金捐款内，赠送成华二千七百万元，作为补助成华设备及添建之用。惟因沪地捐款困难，一时筹集如此巨款颇非易易，已函王宏实校长分期拨付，总希望在七月底前拨清。

　　总之本校于抗战期间损失惨重，而复校需款浩繁，诸如迁移修理补充最低限度设备，以及偿付新校舍房地价等，至少亦需数亿元，而捐款尚无把握，不胜焦虑。

　　溯我光华自创校迄今已有廿一年，师生合作精神未尝稍替。尚祈转告留蓉教职员及学生共济艰危，俾本校得以早日复兴，是所至祷。

　　专复，祗颂大安。

翁文○、朱经○启

中华民国三十五年六月廿日

（复字第二五四号）

附：谢霖关于汇报分配援华会补助及成都分部结束办事处最近情形的函

咏霓、经农先生大鉴：

　　敬启者。

　　日前续奉大函，藉悉一切。适美国援华会之补助费二千七百万元亦已于六月二十四日如数汇到，当照该会指定范围分配于大中两部教职员，其每人所得之数由四十八万元至二十八万元不等。以弟看来，可称圆满。惟教职员则仍盼上海本校仍将教育部款分拨若干来蓉更较润泽，经与邓鸣阶兄商定，在此次分致各位教职员信中，明告沪校无款可来，以绝其望，附上分配办法及分款信各一份，即希詧及。惟回沪学生之旅费问题，仍须请予酌量解决，好在为数无多也。

又王宏实兄已于六月二十九日返蓉，详谈两公与其所商解决办法，出示两公致伊文函，至为钦佩，亦足见斯乃必不可少之途径矣。

蓉校结束办事处现已实行离开成华搬入城内，以期逐渐达到成华大学能与上海本校直接办事之境。届时弟亦可以卸去责任。目下尚有向育仁兄任内积压未办之学生学籍等事报部文件数百件，正在积极清理，又苦无有经费，皆由弟邀毕业校友义务帮助。今日教部督学钟芷修先生因公来蓉，目睹此项情形，亦认为非由光大蓉校自己料理清楚不可也。

至本校学生留蓉在成华大学借读者，在此借读期内必须明知光华章程，方有遵循。爰已编印借读生须知一种，分发学生收执，俾蓉校结束办事处将来实行裁撤之后，各生得资依据，附上一本，并祈詧及是祷。

顺颂勋祺。

弟谢霖敬启

民国三十五年七月一日

关于慎重答复谢霖来信致张芝联等的函

芝联、祖培两兄同鉴：

前寄芝联兄一函，计早达览。近日部中事务略忙，不常通信为歉。

廖先生由京赴沪，想已晤及。芝联兄是否决定本年出国？一切手续想均办妥。兹接谢霖甫先生一信，并无重要问题，但为统一答复，以免纷歧起见，仍将原信随函寄上，希代复留稿。谢先生的信，必须慎重答复，想兄等亦同意也。

成都校董会办理处似应撤销，一切公私函牍，最好集中上海办理。关于此点，不知已否函知谢先生？

新校址布置就绪否？念念。

此请近安

弟经农顿首

民国卅五年八月三日

附：成都分部结束办事处谢霖汇报分部情况的函

经农先生大鉴：

敬启者。光大蓉校今夏毕业生业已揭晓，各人职业亦大半解决，附上名单，即祈詧及。此外尚有不能及格之学生九人，已仍送回成华大学继续借读矣。

再蓉校光华附中自下学期起尚有初、高中男女生二百廿三人，成华因经济困难无法续办，成华校董会来商分别送入三个私立中学寄读，只有予以同意。惟学生中恐尚不免有许多请求，亦只有切实开导。且以附中目下情形而论，真是江河日下，故此项寄读办法尚于学生学业有益处也。

并以奉达，顺颂大祺。

弟谢霖敬启

中华民国卅五年七月廿八日

关于光华大学复员并寄送校董会谈话记录致谢霖的函

霖甫先生道席：

顷辱教言，拜悉。一月以还，因光华复员，兼以馆务，奔波京沪之间，至稽迟奉覆，殊以为歉！

弟受校董会推聘忝长光华，深感责重事艰。蓉校全部赠与川人接办，而沪校又毁于兵燹。此次复员困难重重，大中学校舍，虽勉强有着，而男女生宿舍，则付缺如。中学校舍，尚系暂借一载。至教育部所拨一亿五千万元复员补助费，自证券大楼迁入欧阳路新校址以及修葺添置等费，已逾二亿八千万元之谱，非惟无余，且亏甚巨。幸赖各方捐募，勉图应付，但本学期预算不敷尚巨。其它仪器设备、图书增添，更需巨资，目前毫无头绪，不得不奔走京沪，设法推进。敬希教言时赐，以匡不逮，是所企祷！

再昨日咏霓先生飞沪，即邀集校董举行谈话会，兹将记录抄奉。

耑此布复，并请大安！

弟朱经农顿首
中华民国卅五年十一月七日
（复字第六四六号）

附：民国三十五年十一月五日校董会谈话会记录

日期：三十五年十一月五日下午八时半
地点：上海西康路二百六十一号翁公馆
出席：翁董事长、钱新之先生、徐寄顾先生、朱校长、张星联先生
主席：翁董事长
谈话事项：
（一）朱校长造送卅五年秋季学期收支预算（经常及临时两门）提请审核案。
结果：照原案通过
（二）本校拟添建可容五百学生之宿舍应如何进行筹划案。
结果：请朱校长交由会计室及总务处妥拟建筑计划及筹款办法，送呈钱新之、徐寄顾两先生审核。
（三）谢霖甫先生函请拨发成都光华学生来沪旅费应否照办案。

结果:函复谢霖甫先生,以教部所拨一亿五千万元业已充作修葺之费,尚不敷甚巨,至于援华会贰千柒百万元业已汇蓉,且教部对于私立大学学生无复员费之规定。所请似难照办。

主席:翁文灏

关于成都分部结束办事处提醒留蓉学生暂勿来校的函

径复者：

接奉贵处本年二月八日华大〔卅六〕字第八二号大函，祗悉一一。

本校限于校舍，尤以宿舍额少人多，恒有外埠学生，以未能寄宿校内颇费周章，且沪地居大匪易，至希转达，望暂勿发给证书来此，以免困蹟。

此复成都分部结束办事处主任谢

光华大学校长室启

中华民国卅六年三月六日

（复字第八九二号）

附一：成都分部结束办事处关于严格审查赴申就读学生的函

径启者：

最近成都报载新闻一则，略谓"留沪各大学川籍学生以上海物价高涨，应缴学费数目过巨，联名签请四川省参议会设法救济"等语。当以本校成都分部尚有留蓉借读学生八百余人，近有多人来请发给证书赴申至我校本部续读者，深恐各该学生到沪以后发生进退维谷之苦，届时我校本部亦难虞置。爰已布告各生，凡有须回上海本校续读者，皆须先由家长自申来函说明原因，并由该生本人亲来面谈，以便审查，决不轻易允许，并已函请成华大学查照。用特专函奉达，并检《新中国日报》（三十六年二月四日）一张，一并附上，统祈詧及为祷！

此致校本部

附《新中国日报》报纸一张

光华大学成都分部结束办事处谢霖启

民国三十六年二月八日

（华大〔卅六〕字第八二号）

附二：成都分部结束办事处关于遵照本部意思力劝学生赴申的复函

径复者：

接贵本部本年三月六日复字第八九二号大函，略开"沪校限于校舍，尤以宿舍额少人多，希转告留蓉各生，暂勿发给证明书来此，以免困蹶"等由，查成都分部原有学生最近有来请求准回贵本部肄业者，均经敝处详细审查各该情形，力劝勿遽赴申，均已听从。以后仍当照此办理，但不能在正面阻止之也。

专复，此致校本部。

光华大学成都分部结束办事处谢霖启

民国三十六年三月十四日

（华大〔卅六〕字第二六三号）

关于不得参与成华大学纠纷致谢霖及全体借读生的代电

成都谢霖甫校董先生转光华大学全体借读学生：

此次成华大学发生纠纷，凡我借读同学均应认清客观地位，专心致力学问，不得任意参与，以保两校友谊，而免自误学业，是为至要。

除请谢校董就近训诫外，特此电告。

朱经○蒸[1]印

（复字第一五一九号）

附：谢霖关于汇报制止借读生参加成华大学学潮情形的函

径启者：

此间成华大学学生于十月二十九日在校内发生纠纷，甚至有学生将成华大学事务主任余如南君殴打成伤并捣毁办公室等情，已由余君前往法院检察处投案验伤请求侦究。乃学生中有好事之徒乘机鼓动，指摘学校师资不良、行政腐化，主张请改国立，敛钱组织请愿团，推举代表前往南京向教育部请愿，竟决定自十一月五日起罢课。此中有本校借读生（蓝亚民、王义可、尹效志、刘效渊，为首者系蓝王二人，皆三青年团团员）参加附和，而殴打余主任有本校借读生彭克里在内，其一切举动与三十二年本校成都分部风潮情形大致相同，若别有背景者然。本处为表明本校借读学生在成华内系属客体起见，曾已两次布告，并在新闻纸上登载启事，严饬借读学生对于此次纠纷只应劝解不应参与，以保两校友谊而免荒废学业。兹将本处所出两布告暨报载启事又学生罢课通告随函检送两份，即祈察及，并请朱校长以其一份备文转部备查，以明我校立场。至请愿代表学生中是否仍有本校借读生参加，蓉俟调查明白再行函告。

此致校本部

光华大学成都分部结束办事处谢霖启

民国卅六年十一月五日

（华大〔卅六〕字第一一一三号）

---

[1]　民国卅六年十一月十日。

附：照抄光华大学成都分部结束办事处布告（其一）

今日报载成华大学学生发生纠纷并停课等语，查本校学生尚有三四年级者数百人留在成华大学借读，皆因道远费重，不能回返沪校本部肄业之故。各该借读学生理应各自注重品学，致力学问，庶得如期毕业，与我上海本校毕业校友同在社会有所创造。此乃本校维一要义，亦即诸同学前途发达所在。此次成华校内纠纷，凡我借读同学一律不得参与，以保两校友谊，藉免荒废学业。今日本处派员赴校视察，据报仍各照常上课，当已共体此意。亟再剀切布告，从此诸生更应严守客体地位，万勿轻听浮言，受人愚弄，妄生事端，希各知照。

此布。

中华民国卅六年十月三十日

附：照抄光华大学成都分部结束办事处布告（其一）

十一月二日，据本校留在成华大学借读学生蓝亚民、王义可、尹晓志、刘效渊等四人，又私立成华大学学生张定显、黄抑波等二人，前来面陈此次成华大学校内学生发生纠纷情形，并拟请求改为国立等语，当由本校常务校董驻川负责人谢霖诚以"光华成华系属兄弟学校，凡我留在成华借读各生均应严守客体地位，对于成华校内纠纷，只应劝解，不应参加。目下成华设备大都系由光华接收而来，并于成华成立之后陆续扩增女生宿舍及图书阅览室等不在少数。凡我借读学生，莫不深知昔日光华蓉校固有设备情形，岂能任意指摘？"

又邓晋康先生向本处询问报载学生所称"三十四年亲笔签字允予呈请教部尽先改为国立等语"究竟由何而来。查三十四年尚为光华大学时期，在抗战期内，邓先生曾为光华蓉校董事长，回忆其时，学生有主张改为国立者，在光华成都校董会以事关沪校，本部无权接受此说。迨三十四年十一月间，教部杭次长立武先生莅蓉视察光华蓉校学潮，亲谕学生，"所请改为国立一节，本部不能置议"。就此两端可见一般。

深恐以讹传讹乱观听，合函布告周知，仍希恪守客体界限，免滋误会，不特有损光华校誉，甚至有害个人之前途也。

此布。

中华民国卅六年十一月四日

附：照抄私立光华大学成都分部结束办事处启事[1]

　　启者：十月二十五日成华大学校内学生发生纠纷，甚至有学生将成华大学事务主任打伤并捣毁办公室等情，自应听由成华大学处置。惟据报亦有本校留在成华借读学生与在内等语。查本校成都分部系于三十五年一月底结束，该时肄业学生不能前往上海本校续读者一律留在成华大学借读以便诸生。目下尚有高年级共有百余人，将来借读完毕，仍由光华大学上海本校核给毕业证书。故各借读学生均居客体立场，对于成华校内学生纠纷只应劝解不应参与，以保两校友谊，藉免荒废学业。至成华学生所云请求改为国立一节，更与光华大学无涉。外传光华大学借读生亦有参与此说者，殊属万分费解。十一月二日有本校留在成华借读学生蓝亚民、王义可、尹晓志、刘效渊等四人，与成华学生张定显、黄抑波等二人前来本处面陈此次长成华校内发生纠纷情形，并述及拟请改为国立各节，当经诚以本校借读学生实居客体，只应埋头读书，如期完成学业，不应参加其他，更不应附和罢课之说。又经告以国内私立各大学苦心经营状况，各借读生尤应对于成华学生切实劝济。更进一层言之，成华继光华而成立，志在为川多一高等教育机关。在此时局之下，两校学生更应体谅时艰，共同维护，以期日见进展。而成华大学溯在成立之初，原只需开低中级课程，但自接办以来，四个年级八个学期课程全部开班，无非为我借读学生攻读而设。因此成华大学校董会在接办后四个学期内所贴经费可谓半数用于我借读学生身上，本校备至感谢。近日报纸传说纷纭，深恐不明真相，以讹传讹，特此登报普告社会，并请借读生各位家长先生分别告诫，是所至祷。

光华大学常务校董驻川负责人谢霖启

附：照抄私立成华大学请愿团通知各老师罢课函

敬启者：

　　我们为了要求改善学校环境，为了顾及学业前途，敝团连日晋谒学校当局及董事长，皆毫无答复。所以我们不得不以罢课的行动来表示我们的决心，以期达到我们的目的，自十一月五日午前八钟起开始罢课。希先生本爱护与同情我们的立场，给以适当的援助，一俟复课，当另函呈达。

　　此致　先生鉴

私立光华大学请愿团
卅六年十一月四日

---

[1]　原载成都《中兴日报》，日期为 1947 年 11 月初。

附：照抄成华大学校董会布告

本月一日据本校学生暨光华借读生等前来面陈此次校内发生纠纷情形等语，嗣又经本校教务长兼代校长周太玄先生函请解职各等由，查此次本校学生在校内发生纠纷，甚至将事务主任余如南先生殴打成伤并捣毁办公室，实属有违法纪。现在余主任业已前往法院验伤请究，自应听候法院侦办。本会亦已函请法院切究，以维纪纲。至此次纠纷原因，本会业已推定谢霖甫、杨佑之两教授实地调查，俾明真相，以凭核办。即仰全校学生不得再有越规定行为，自贻伊戚。

又光华留在本校借读学生，均应恪遵部定借读规则暨光华大学成都分部结束办事处指示，黾勉攻读，并以饬知。

除另函慰留周太玄先生请仍照常办公外，特此布告。

董事长邓锡侯

副董事长刘文辉

中华民国卅六年十一月三日

附：照抄成华大学上教育部电

南京教育部：

十月廿九日本校学生在校内发生纠纷，打伤事务主任余如南，捣毁办公室，余已投法院验伤请究。该生等又主张请改国立，声言不日罢课，推人晋京请愿，正予剀切劝导。再光华借读生亦有参与此事者，已有该校制止。特先电陈。

私立成华大学董事长邓锡侯、副董事长刘文辉江[1]

---

[1]　民国卅六年十一月三日。

关于借读学生不得参与成华大学纠纷的布告

据报成华大学学生发生纠纷,并因请改国立罢课请愿,已由成都分部结束办事处叠次谕知本校借读学生,事与本校无涉,诸生应各自保客体地位,不得参加等情。查本校学生留在成华借读,实居客体地位,现有成华学潮,各借读生均应恪遵结束办事处之指示,万勿参与其事,本校方能保护诸生。否则凡有参加该事之人,一概不准回至上海本校肄业。除前电告戒并函知成都分部结束办事处以后遇有请求回沪肄业学生均应先行查明确未参加成华风潮再行给予证函外,为此布告各借读生,一体遵照。

此布。

校长朱经农

中华民国卅六年十一月十三日

注意[1]:

(一)此项布告须用上海校笺或布告纸写。

(二)请照写三份寄下。

(三)年月日上须盖部颁本校钤记(不可盖小方印),又校长名下须盖名章。

(四)另代拟致结束办事处函亦请照写。

附一:关于成华大学纠纷致成都分部的信

径启者:

阅上海报载成华大学学生发生纠纷,并接函告制止本校借读生不准参加成华学潮情形,抄附布告两件、启事一件,均悉。按本校留在成华之借读生确居客体地位,对于成华学生遇事实有劝解责任,岂能任意附和?除前请转电告戒外,兹另附去布告三份,希即贴在成华校内,并函告成华大学接洽。以后凡有请求回沪肄业学生,均请先行查明确未参加成华学潮始予发给证函,否则本校不予收录。尚祈查照办理为祷。

此致成华分部结束办事处

光华大学校长朱经〇启

卅六、十一、十三

---

[1] 此布告及对附件成都分部函告都是分部草拟交由本部转发。

附二：谢霖关于请上海本校签发借读学生不得参与成华大学纠纷布告的函

径启者：

日前函达此间成华大学学生发生事端，并又主张请改国立且已罢课情形，谅已邀察及。目下在成华之校董会正在商议应付方法，惟既有请改国立之语调自属难于应付，看来必须请部派员来蓉处置。霖现坚持借读生不准参予成华风潮之态度，但仍有多人不听制止。因此成华大学对于此等借读学生非常愤恨，至必要时或将饬其回上海本校亦未可知。届时有此肇事之徒到申，岂非于我校本部颇有害处？惟结束办事处无法阻止，筹思至再三，似只有先由校本部出布告以留拒却地步，彼时结束办事处亦易执行。倘荷同意，请将代拟之布告稿急速照写寄来，以便张贴作为警告而资依据。

回忆卅四年冬成都分部决定改为成华之际，学生亦曾请改国立罢课一次，最后由教育部次长杭立武先生偕督学钟道赞（字芷修）先生来蓉面谕，请改国立一节不能置议，若再不靖，只有解散，已将解散令颁到，一场风波始告平息。现在请改国立之说又见复活，设成都校董会不能接受，或教育部不允准，岂非解散之令势必重来一次？外间有传谓可能办到与四川大学合并者，学生主张国立亦系由此而来，究竟是否造谣生事之谈，容俟探察再告。

此致校本部

光华大学成都分部结束办事处谢霖启

民国卅六年十一月八日

（华大〔卅六〕字第一一一七号）

关于所呈部文已请周纶阁司长核复致谢霖的函

霖甫先生大鉴：

连奉蓉结〔卅六〕字第一一六二号及华大〔卅六〕字第一一七六号大函,均敬悉。尊意极是,深表赞同,已将代拟呈部电文缮正先行函高周司长纶阁兄,如无异议,则请其代呈朱部长核示,一俟复到,即将布告文奉上。惟此事与成华颇有关系,请事先代表向邓主席、王校长征求同意,说明如此处理实为成华设想,庶几釜底抽薪,或可稍助其速决学潮。倘两公同意,祈即悉知为祷蓉。

专复,敬颂冬祺。

弟朱经○、朱公○、廖茂○同启
中华民国卅六年十二月十五日
（复字第一五九八号）

关于成华大学借读生拟觅他校借读呈周纶阁司长的函

纶阁先生司长勋鉴：

　　成华大学学潮渐趋复杂,本校前成都分部借读生尚约有六百人,本学期应届毕业者近百人。迩来该生等深恐成华本学期不易复课,连日有人向成都结束办事处请求代筹保全学业办法,或请准其另行觅校借读等情。查该生等均系川籍,不易来沪在本校肄业。此种请求出于至诚,本校自应予以维护。爰拟准其自行觅校借读,由本校尽可能范围予以协助。特将呈部电文奉上,敬祈酌夺。如认为可行,即请转呈部座,并盼复示为祷。

　　端肃,顺颂勋绥。

朱经○、廖世○谨启

中华民国卅六年十二月十五日

附：谢霖代拟上教育部代电稿

教育部钧鉴：

　　私立成华大学发生学潮迄已月余,未见解决。本校尚有前成都分部三四年级学生约六百名,悉系川籍,留在该成华大学借读。此次该校发生学潮,叠经本校及本校驻川常务校董谢霖分别严告借读学生系居客体地位不准参予附和,如不遵从,听由成华处分,亦不准返沪本校肄业,布告在卷。惟近据许多善良学生略称,默察成华学潮状况,万一在本学期不能复课,实与各人学业及经济两面均有重大损失,请求赐筹保全学业办法,或请准许各生自己觅校借读等语。查各该生此等请求确系出于保全自己学业,自应予以维护,且各该生俱系川籍,又均不易回沪本校肄业,只有准其自觅他校借读,并由本校尽可能范围予以协助。为此电呈原委,尚乞俯准备案,并乞示遵。

私立光华大学校长朱经农卯亥删[1]

（复字第一五九八号）

---

[1]　民国卅六年十二月十五日。

附一：谢霖关于成华大学学潮起因分析的函

经农、公谨、茂如先生大鉴：

敬启者。

叠接校本部来函，并附上我公布告，当已张贴并送登各报，借以表明我光华大学系主于客体之地位，借读学生亦不应参加成华大学学潮，并从严约束各借读生。此项办法已得社会之同情，是在我光华方面可称业已告一段落矣。

惟此事之起因不外由于：（一）王宏实校长自改成华大学之后，前一、二学期均因国大代表开会不在成都，以致毕业典礼只有一次在蓉。本学期于九月间即回秀山县原籍竞选，迨学潮发生后始回来。（二）三长之中，训导长系聘中学某校长担任，根本不合教部规定资格；总务长不到校亦不支薪；教务长前为凌均吉先生，并不常驻办公，遇事且与王宏实校长摩擦。此人在弟管理光华时期，曾经分手，其中原因不必多述，总而言之，只能说为热心政治之人已耳。现在周太玄先生确是学者，但中途接手，诸多不谙，不能对伊多所责备。（三）两位院长之中，有商学院长不教书，亦不常到校，院中事务大抵由常驻助教作主。（四）抗战以来，外省籍教师陆续还乡确是事实，然卒未另由省外延人补先；而另一方面因我国实行民主政治，人人皆欲拉拢民众，于是省参议员为民众关系上，有许多人要挂大学教师头衔者；又各机关公务员为增加收入上，有许多人要挂大学教师头衔者；又各中学教员为自己荣誉上，有许多人要挂老师头衔者。王宏实校长本省人也，省参议员也，前任国大代表也，本届竞选立委者也，自无推却之法。于是成华大学教师可称多数自己别有作用，殊与讲学无涉矣。而在学生方面，远则与其他大学比较，近则与从前光华大学蓉校比较，遂不免有学问上之吃亏，又有面子上之不好看。经日久之酝酿，致有今日之风波。

主其事者起初为三青团团员学生王义可，并有中央调查统计局学生蓝亚民以为首创，二生皆光华借读生也。弟当面制止之，伊等似有所持，竟不接受。好在本校借读成华各生犯校规其处置权属于成华，我原可不问。今成华开除之七学生有彭克里、蓝亚民、王义可、李庶熙、刘效渊等五人，系属光华借读学生，并已呈报教部。我光华大学自应依其布告办理，以符部定借读学校与原学校之关系。现自布告发出之后，学生在校之胡闹如故。王宏实校长自回成都以来，从未与学生见面，亦未到校办公。校董会对伊辞职虽已挽留，伊亦尚在接受与不接受之间。因此校中成为无政府状态，竟有学生在校外将重庆行辕驻蓉第二处之便衣警备员围搜手枪送往法院，旋又由该处向法院要回。

就愚见看来，目下成华学生行动似已有别种分子插入，原有为首之人似恐已失指挥权能。目下最困难者即:(第一)邓晋康先生以省府主席而兼成华董事长处置轻重均有顾虑;(第二)为行政院张院长曾有电来川指示,对于学生行动不可压迫,以免别种分子掺入,酿成全国学潮。执此两种原因,处置更非易易。

近日四川教育厅长任觉五先生出来居中调停,任为三青团之主要人。若要取消开除学生之成命,似与校董会意见不易接近。前日校董谈话决定:(一)处置学生之定案不能推翻;(二)学生主张请改国立,在校董会自有权衡,不能转呈;(三)不复课之损失全在学生,暂听其自然。近两天来别无变化,惟有人主张请王宏实校长亲赴南京与张院长及朱部长筹商对策者。以后情形如何变化,容当另函奉告。

回忆十年之内三次风潮,弟皆身历其境。推其主因,莫非起于政治之斗争。我光华借读生明知有数百人陷于水深火热之中,然亦无法拯救,只有坐视其随波浮沉而已。夫国家之纪纲坏到如此,有何言哉!

专此奉达,即颂大祺。

弟谢霖敬启

民国三十六年十二月三日

(蓉结〔卅六〕字第一一六二号)

附二:谢霖关于成华大学学潮情形汇报及请本校布告并上报
教育部请准成华借读学生另觅他校借读的函

经农先生大鉴:

敬启者。

成华大学学潮日来愈演愈见离奇。

被开除之学生盘踞校内,竟将治安机关派在学校附近警备之便衣官佐围捕缴械。该官佐等因奉有不与学生冲突之命令在前,故未抵抗。旋由肇事学生加以审问,将人及械送往法院,仍由该治安机关用公函将人要回。此其一。

学生结队由省参议会请愿改为国立,竟由议长向传义(育仁)先生准许该代表出席议场当众报告。现在议会已将该项请愿交付审查,并已由成华将本案经过情形编印成册分送各参议员阅看(此册另封航邮寄上两本)。不知省参议会如何决议。此其二。

向传义先生及成华教授萧公权先生前日访董事长邓晋康先生,略谓已与肇事学生谈过,彼等仍坚持:(1)改国立,(2)增基金,(3)改良校政,(4)收回处分学生之成命,(5)如强硬复课恐流血等五点。晋公答以我虽为军政当局,但在大学董事长地位上不愿使学生流血,此外只有刚柔二法。(1)不呈请改国立,(2)对于学生之处分不能收回成命,(3)其他俱可协商,是为刚的办法。又晋公自己及王宏实校长离开成华,听其他校董处理,是为柔的办法。

盖三十四年抗战胜利时,想夺斯校者即为向传义先生,且自己想为校长。惟因我将斯校赠与川人接办,川人群觉向不合宜,又有川人谓不能用武人为校长者,致未成事实。至邓晋公则因被众推为董事长,在道义上不能不允,并非有意于斯校。溯三十二年大学潮,亦系出于向氏之蓄意夺取,校内有人响。萧公权先生即响应者之一人。此次向萧同访晋公,可谓重演旧戏。不过当时因传分部处处使用张故校长名义,而学生之毕业证书上亦由张校长出名,并无向姓写在上面,故学生无反感。此其三。

此等事也,实际与我光华大学皆已毫无关系。即成华大学未来之存亡,吾辈亦可不必过问。弟之仍将上述成华现状奉告于左右者,仅在先生得明真相。有人问及此事,容易答复已耳。

惟有须奉商者,即自成华学潮渐趋复杂以来,本校在本学期应届毕业之借读学生近一百人,又有其他借读学生,群加推测,成华在本学期恐已不易复课,甚至不免走到解散地步。因此等恐惧心之驱使,连日有人前来结束办理处请求代筹保全学业办法,或请准其另行觅校借读。弟知此等来者皆系善良学生,本校似有护助义务。经与结束办事处同人再四筹商,佥谓现在借读学生约六百人,皆为川籍,只有听其在川自行另觅借读学校之一途,弟亦认为不二法门。盖本校之借读生有一安置之方,则成华事更可不问。即或有若干学生不愿他去借读者,悉从其便可耳。然恐教育部方面发生异议,为此专函奉商,如荷同意,拟请一面电报教育部备查,一面缮寄布告寄下,以便依照执行。另拟两稿随函附上,统祈裁夺示复,不胜盼祷之至。

顺颂道祺。

公谨、茂如先生处均此不另。

附稿二件

弟谢霖敬启

民国三十六年十二月十日

（华大〔卅六〕字第一一七六号）

附：谢霖代拟布告稿

成华大学学生发生纠纷,迄未复课。近有留在成华之借读学生请求代筹保全学业办法,或准各人自己觅校借读,将来仍由本校给予毕业证书等语。查所请各节尚与部定借读办法并无妨碍,可予准行,并即呈部备案,一面并已函请成都分部结束办事处就地酌量情形予以协助矣。再成华学潮延不解决,将来难免玉石俱焚,尚盼并未参予学潮诸生各以书面具名盖章,自向结束办事处申请登记,以便查明造册报部备查,俾资保护,统仰知照可也。

此布。

校长朱经农

中华民国三十六年十二月

注［1］：

1.此项布告请缮寄四份。

2.布告内须盖本校钤记

---

［1］　此布告由谢霖拟写交由校本部核发。

关于向谢霖转达教育部就借读成华学生再借读他校办法的函

霖甫先生大鉴：

　　惠书拜悉。

　　关于借读生另觅他校借读案，经呈奉教部代电批复，节开"该校原借读私立成华大学各学生，如以特殊情形拟再借读他校者，姑准由该校径向有关各校接洽后再行造册报部备案；惟已经成华呈报开除学生未便再准借读，合电知照"等因，同时并接周司长纶阁函同前由到校（函另抄阅），除由校电转外，特函奉达，务请查照就近处置，并赐示复为祷。

　　耑泐，敬颂大祺，并贺新禧！

弟朱经〇、朱言〇、廖世〇拜启

中华民国卅七年元月七日

（光秘〔卅七〕字第拾二号）

附一：教育部有关借读成华学生再借读他校办法的代电

私立光华大学：

　　本年十二月十五日复字第一五九八号代电悉，该校原借读私立成华大学各生如以特殊情形拟再借读他校者，姑准由该校径向有关各校接洽后再行造册报部备案；惟已经成华呈报开除学生未便再准借读，合电知照。

教育部印

中华民国卅六年十二月卅日

（高文字第七〇八一六号）

附二：周鸿经转达教育部关于借读成华学生再借读他校办法的函

经农、茂如先生大鉴：

　　惠函敬悉。

　　关于专科以上学校学生借读办法业经废止，贵校原借读私立成华大学各生如以特殊情形拟再借读他校者，可由贵校径向有关各校接洽后再行造册报部备案，惟已经成华呈报开除学生似未便再准借读，已由部电知贵校矣。

专复，并颂时祺！

周鸿经谨复

中华民国卅六年十二月廿九日

附三：成都分部结束办事处关于成华学潮最近状况及洽商处理借读应届毕业生办法的函

经农、公谨、茂如先生大鉴：

敬启者。接奉卅七年一月七日光秘（卅七）字第十二号大函，附抄教部周司长来函，又附给本学期应届毕业生李君泽等代电，敬收悉。

关于蓉分部留川借读成华等各生教部允准另觅他校借读一节，已由本处布告借读各生周知矣。教部督学钟道赞先生已到蓉，正与成华大学新董事长刘自乾（名文辉）先生商洽一切。

惟有一趋事应奉告者，即经学生百余人携带铺盖住在省政府会议厅坚请呈部改为国立之后，成华校董诸公皆主张明知国立之事决难办到，不妨在表面上接受学生之请求，出具请改国立之呈文，交由请愿学生自行赴部投递，而刘董事长又应学生之请给与赴京旅费五千万元，以致督学来而请愿学生赴京。虽不免是玩弄青年，但在前董事长邓晋康先生面上殊不好看，以故邓晋公声言即校长亦不再做。又省参议长向传义君主张代学生电部请改国立亦甚离奇，真不料我光华大学分部赠予川省人士之后，竟致发生此等戏剧性、争夺性之种种情事，实在可笑之至。王宏实校长于学潮后返省以来，不到校与众生讲话，出席校董会而不签名，以致校内已成无政府状态。风闻校具已被学生作为木柴烧去不少。外间传说此次之事确有政治上之背景，弟非政界中人，究于川情不熟，无从知其底蕴。弟于成华尚不能硬性言脱离者，不外光华六百名学生尚在成华借读，恐遵责难已耳！好在教部督学已来，必可依据部意商得正当办法，容俟探明奉达。

抑尚有一事须陈述者，本校留在成华借读学生中有八十九人在本学期应届毕业，而成华大学亦有应届毕业之人，日前联合向刘董事长处请求准依论文成绩毕业。刘公派员来弟处征意见，弟当告以此事应分两方面研究，在成华则全校学生此次因学潮而一次小考犹未举行，其书既未读完，何能任意毕业？设予通融，不特有背部章，以后学期考试之前势将以制造学潮为常事，且其他肄业生一千二百余人亦必同样要求升级，岂非甚有伤乎成华校誉？在光华则弟目睹此项情形，不能不向沪校本部报告，究竟是否能邀通过，须听候沪信指示，方能确定。以二十余年之光华大学，恐未必肯将校誉如此牺牲。刘公本无成见，自尚无何决定。弟亦已以此等意见向钟督学言及，钟公自必有以解决。倘或成华竟从学生请求，即就论文成绩作为毕业，我校对于借读应届毕业学生应取如何态度，尚祈酌夺示知，俾有依据。鄙见如果成华竟就论文成绩作为毕业，我校只有将此等人告知成华作为成华毕业学生；又其他尚在肄业中之借读学生约五百，如果亦皆随意升级，本校并一律转作成华学生。将来一经办到，则本校留川借读生事立时可告结束，弟亦随同终止责任，岂不甚快？不知此项建议是否可行，如荷同意，请俟此间有函请示之时，即请照此作复，俾便据与成华商洽。

再最近政府有特种考试税务人员考试不日举行，所有本学期应届毕业学生弟已商得该考试委员会"暂准报考"矣。附抄布告一纸，并祈詧及是祷。

顺颂大祺！

附抄布告一纸

弟谢霖敬启

中华民国卅七年一月二十二日

（华大〔卅七〕字第三十二号）

照抄登报稿（登入三十七年一月十二日成都新民日报）

光华大学留川借读生览：三十七年第一次特种考试税务人员考试高、初两级均分直接税及货物税两组，以一月二十四日为报名截止之期。本校留川借读学生因恐毕业手续一时难于办毕，特已商承成都区考试委员会允许"暂准报名应考"。如有愿应考者，可具报告连同照片及工本费前来成都春熙路南段十七号光华大学成都分部结束办事处请领证明书凭往报名应考。此启。

关于借读成华学生处理办法致成都分部结束办事处的复函

霖甫先生大鉴：

展奉惠书，敬悉一一。

本校应届毕业借读生必须经过正式考试，查明各科成绩，不能就论文成绩作为毕业；其他尚在肄业中之借读生亦不能不经考试随意升级。如成华大学有此办法，则请先生与成华商洽，将该生等转作成华学生，由成华报部核办。

致考试税务人员考试委员会公函已照办航返，即希詧收。

专复，敬颂大祺！

弟朱经○、朱言○、廖世○敬启

中华民国卅七年二月四日

（光秘字第八三号）

附：成都分部结束办事处谢霖关于询问成华借读学生处理办法的函

敬启者：

查成都分部留川成华大学借读学生于卅七年春季应届毕业者，因成华大学发生学潮迄未复课，遂未能结束学业，该生等曾与成华大学之应届毕业生联合向成华大学请求以论文成绩作为毕业成绩，本处未予同意，成华亦遂搁置，究应如何应付，已于致朱校长函中详述并请酌示应付方法，尚未奉复。

适考试院特种考试税务人员考试，经本处商获该考试委员会允许"暂准报考"，乃该会审查成绩之际，认为必需我校本部给与证明方为合格，除已商准赶速补办外，兹代拟就致该会公函稿一通，即乞詧核，迅饬缮就航寄本处，以便转送为祷。

此致校本部

附代拟致特种考试税务人员考试成都区考试委员会公函稿一件

光华大学成都分部结束办事处谢霖启

民国三十七年一月廿四日

（华大〔卅七〕字第六十二号）

关于请谢霖转知成都分部学生暂勿来沪的电文

成都春熙路南段十七号附六号谢霖甫先生：

　　本校宿舍已满额，无可设法，请转回校各生暂勿来沪！

弟朱〇〇

中华民国卅七年二月十七日

（光秘字第九一号）

附一：谢霖关于请示借读学生善后办法的函

经农先生道鉴：

　　敬启者。接奉电告，因宿舍已满，嘱转知各回校生暂勿去沪一节。查此次春季回校学生，截至本日为止，共仅核准王载梁、戴汝舟、郭大琦、胡继鉴、张淑媛、程洛纯、秦述澜等七名，以后自当竭力晓以沪地生活高贵，校内不宽，劝其勿遽远道前往，以免发生困难。

　　惟成华大学虽已开课，除上学期应届毕业生已复课外，其他学生均仍主张请改国立。若有必要毁去斯校者，不知是何内幕？似是，则我光华借读生将恐不免毫无着落，实为意料之所不及。约计除应届毕业生外，尚有借读生五百人之谱，究竟如何善后，乞酌示，或请便与教育部一商是祷！

　　顺颂大祺！

弟谢霖敬启

中华民国卅七年二月二十日

（华大〔卅七〕字第一二一号）

附二：关于成华借读生善后处理的复函

霖甫先生大鉴：

　　奉书敬悉，查成华生可向他校借读，前已征得部中同意，并经专函奉告，刻下设法向成都其他大学借读外，似别无办法。仍请酌夺办理，是所感祷！

　　专复，敬颂春祺！

弟朱经农拜启

中华民国卅七年三月二日

（光秘〔卅七〕字第一四六号）

关于成华大学学潮及校董开会情形的复函

霖甫先生大鉴：

展奉一月卅一日惠书，敬悉种切。先生处事接物计虑备极周详，贤者出处，自是不同，无任钦佩。时事艰虞，益增风雨鸡鸣之感耳。

专复，顺颂春祺。

弟朱经○、朱言○、廖世○敬启
中华民国三十七年二月廿日
（光秘第一○二号）

附：谢霖关于汇报成华大学学潮及校董开会情形的函

经农、公谨、茂如先生大鉴：

敬启者。

成华大学风潮迄未完毕，并已有请愿团代表蓝亚民（已开除之光华借读生）、杨毓灵（已开除之成华生）、何思渥（成华生）、赵光第（成华生）等四人携带成华大学校董会请改国立之呈文，又由新董事长刘自乾先生给予旅费五千万元晋京请愿，现在已到南京，但教育部对于此项呈文迄今尚未批出，以致教部特派之督学钟道赞氏到蓉后，除本学期之应届毕业生前往请求复课外，其他学生均不往见，且声言反对私立到底。其实多数学生均已回家度岁，而在校滋事者人数极少，显系有人在后策动，甚至系属政治上之斗争未可知也。

前数日由成华校董会（钟督学亦参加）商定：（一）准王校长兆荣辞职；（二）公推向传义为副董事长并暂兼代校长；（三）推霖为副校长；（四）订定应届毕业生二月一日复课，其他学生二月十六日复课，均以三月底为上学期结束之期；（五）本学期自四月一日起至八月底结束，不放暑假等五项。弟即席声明副校长一职不能担任，惟关于借读生之事自应站在光华大学成都分部结束办事处方面合作办理。乃成华当局多方劝说，钟督学亦言宜予接受，不必问事。弟仍坚词谢绝。迄至一月三十日，向传义氏业已正式就任兼代校长之职，副校长之有无当然不成问题，而王校长之责任从此解除。

又钟督学亦已于一月廿九日返京复命。至于成华大学未来如何继续办理，皆视向氏之筹画进行。好在教部业已批准各借读生易校借读，已经布告周知矣。一切详情，请面询之更为明了。弟则从此拟为（一）不去成华教书，（二）脱去成华校董之两事。知关锦注，敬以奉达。

昨日报载上海同济大学风潮及吴市长被殴情形，为国家前途计，真不堪设想。岂是我等办教育者能有力量挽救之耶？

顺颂大祺。

弟谢霖敬启

民国卅七年一月卅一日

（华大〔卅七〕字第八一号）

关于教育部准予备查借读成华大学学生复课致成都分部结束办事处的函

径启者：

　　兹奉教育部本年三月卅日高字第一六六一号指令，为本校呈报借读成华大学学生已复课祈鉴核由，内开"呈悉，准予备查。已开除学籍各生，该校仍应造具退学学生名册报部备查，仰即知照。此令"等因，相应录令函达，请烦查照办理见复，以便转呈为荷。

　　此致成都分部结束办事处

光华大学校长室启

中华民国三十七年四月一日

（光秘〔卅七〕字第二二七号）

附一：教育部关于准予备查借读成华大学学生复课的指令

令私立光华大学：

　　三十七年三月十日光秘字第一七二号呈一件，为呈报借读成华大学之本校学生业已复课祈鉴核由，呈悉，准予备查。已开除学籍各生，该校仍应造具退学学生名册报部备查，仰即知照。

　　此令。

部长朱家骅

中华民国卅七年三月卅日

（高字第一六六一号）

附二：谢霖关于成华大学学潮有关情形汇报及送请核发代拟上教育部呈报的函

经农、公谨、茂如先生道鉴：

　　敬启者。

　　接奉大札，辱承奖借，愧惭何似！

　　此次成华学潮实在别有背景，且别有企图。惟学生轻信其说，被其利用如疯狂一般，闹了三个多月。而我光华借读生，如蓝亚民、王义可、李庶熙、彭克里、刘效渊（女性）等五人,或为三民主义青年团员,或兼为光华附中毕业学生(蓝亚民),竟以事不干己之请改国立问题妄事参加,不听约束,殊觉可恨。虽已由成华大学开除学籍,呈报教部,但我借读生六百人之学业及名誉可谓受害非浅。此次蓝生及另一成华开除学生杨毓灵仍为代表赴部请愿,并曰校董会无权将其开除。近得钟督学芷修先生来函,知教部谕蓝、杨两生曰:汝等系已开除学籍之人,无来部求见之资格,遂予摒出之。并谕其他未开除之两生,成华请改国立实办不到,饬速回校读书。而朱部长又有电致刘自乾董事长曰:该校学生何恩渥、赵光第二人(均成华生)来京请愿,滞京日久,实非所宜,特电请令其即日返校。想来刘董事长供给该生等赴京请愿旅费之事已由督学回京报告。青年学生被人玩弄至于此极,岂不可怜!

现在成华请愿团学生仍复坚持请改国立之旧说,又经上书于刘董事长,请其勿办成华。但已由刘董事长出名将教育部不准改为国立之指令正式登报发表(另剪附上),并另布告自十月十六日起实行复课,可谓已称告一段落。然成华学生(一年级及二年级生)至今尚仍未响应复课。

至成华校内情形,其代理校长向育仁先生身为省参议员议长,既无闲暇专办此事,又为武人,当然诸事隔膜,甚至教务长及训导长至今无人负责;四年级十分之九为光华借读生之应届毕业者首先复课,如布告上课钟点、教师缺席以及招待教师等事,皆由该级友会出名办理,岂不可笑?故该校之前途在未确定正式新校长以前,可谓毫无曙光。

弟为不忍坐视我光华借读生再行继续荒废光阴起见,多方策动全体借读生急速复课,使各该生遵照成华大学布告在三月底前先行补修上学期课程,自四月至八月则修本学期课程,不放暑假。截至二月底止,我光华借读生已经遵弟指示组成"借读生同学会",正式登报普召回家度岁各借读生急速来省上课(另剪附上)。然该借读同学会之干事深恐效力薄弱,来商协助之法。弟觉为本校对各借读生表示爱护及为本校对成华大学表示合作起见,均属义不容辞。爰代经农校长拟致借读学生家长书,亦已送登各报(另剪附上)。似此办理,在本校似可谓已经行其心之所安。倘或仍有未遵上课之借读生,自只有使受留级处分,不能有怨言矣。特函详达,即祈赐洽。

另代拟上教育部呈稿并乞誊核缮寄,俾便日后有案可稽。

此外尚有一事亟奉告者。即此次成华学潮,现在已可证明确有背景。该背景人初不料竟未达目的,该方面为图自己转圆面子起见,间接向刘、向二公提出几个复课条件:(1)要恢复开除七生之学籍(开除学籍者成华生二人,光华借读生五人);(2)要校董会依部令宽筹基金;(3)要改良师资;(4)要减轻学生负担。其中(2)(3)(4)等三项弟已严饬我光华借读生不许过问,且实际上成华校董会对于本学期之学费已经议决仿照华西大学,即每人八十万元之数目收取,学生已极满意,担负可谓甚轻。至第(1)条要求恢复开除各生学籍之事,刘、向二公曾询弟有何补救方法。向公且曰可否使其写悔过书了事。

弟当告以开除为首分子系由成华奉遵部令办理，呈报教育部奉批在案，依照部章已无挽救可能；又该被开除之光华借读生五人逾越范围，不听制止，在成华闹出若大学潮，本校对于成华大学万分抱歉，亦属该生等咎由自取；且不在结束办事处实无呈请恢复学籍之权，在上海光华校西本部想亦不愿开此恶例；何况蓝生亚民尚在京沪胡闹之中等语。成华校董中多有赞成弟说为正当者。弟恐或仍有人来谈此事，故亟先将详情上陈，鄙意宜按照部章坚持到底，不再置议，不给转学证，藉维我光华之校誉与风纪，使各知有警惕。如何，仍祈惠教为祷。

顺颂署祺。

附剪报三份，代拟上教育部呈稿一件

弟谢霖敬启

民国三十七年三月一日

（华大〔卅七〕字第一三七号）

附三：谢霖代拟向教育部呈送借读成华大学之本校学生业已复课请备案的报告

查本校留蓉成华大学借读学生前因成华大学发生罢课请改国立风潮亦被胁迫停课甚久，嗣由成华大学奉遵钧部电令，开除为首分子。而本校借读生蓝亚民、王义可、李庶熙、彭克里、刘效渊（女性）等五名亦被同时开除学籍，由成华大学呈报有案。现在成华大学已经登报布告自二月十六日起复课，在三月底以前先行补修上学期（即卅六年度第一学期）课程，又自四月至八月修读本学期（即卅六年度第二学期）课程，不放暑假等由，本校先后据各级借读生报称业已遵照复课，经复查属实，并由本校登报通告各家长，如有未能如期复课之原因者，一律作为留级，以重学业。至有愿意易校借读，或愿转入他校肄业，或愿回沪本校肄业者，均仍予以允许。理合具文呈报，仰祈鉴察备案。

谨呈教育部部长朱

校长朱经农

中华民国卅七年三月十日

（光秘〔卅七〕字第一七二号）

关于教育部电令成华大学即日复课致成都分部结束办事处的函

径启者：

案奉教部本年四月七日高字第一八一五三号指令，本校卅七年三月十九日光秘字第一九五号呈报成华大学学生停课并非本校借读生自废学业请备案并恳赐予维护由，内开"呈悉，已电饬成华大学限令学生即日复课以重学业，仰即知照。此令"等因，奉此，相应函达，即希查照为荷。

此致成都分部结束办事处

校长室启

中华民国三十七年四月十二日

（光秘字第二四二号）

附一：教育部关于已电饬成华大学令学生即日复课的指令

令私立光华大学

卅七年三月十九日光秘字第一九五号呈一件，呈报成华大学学生停课并非本校借读该校学生自废学业，请备案并恳赐予维护由，呈悉。已电饬成华大学即令学生即日复课以重学业，仰即知照。

此令。

中华民国三十七年四月初七日

部长朱家骅

（高字第一八一五三号）

附二：谢霖关于汇报成华大学复课最新情形及请核发呈教育部文稿的函

径启者：

成华大学公布复课之后，我光华借读生组织借读同学会，遵照成华布告实行复课。及成华请愿团多方阻止，并来向霖请求饬知借读生勿遽复课，且登报向霖发出警告。除已由霖告以：（一）成华既已登报公布复课，则光华借读生自可自由复课；（二）本校及霖对复课之借读生必须予以维护；（三）霖对于警告已有启事答复，仍劝诸生乃早回头等语。

兹剪报一纸,随函附上,即祈訾及,并请我校本部取同一态度。

又日前寄上之代拟向教育部呈报借读生复课呈稿,务祈急速缮发,以站本校借读生脚步,并乞示复为祷。

此致校本部

光华大学成都分部结束办事处谢霖启

民国三十七年三月六日

（华大〔卅七〕字第一五〇号）

附三：谢霖代拟上教育部呈文稿

事由:为本校前成都分部留蓉成华大学借读学生均已遵照成华大学布告自二月十六日起复课,现又被该校请愿团多方阻止,有再停课模样,具呈声明并非本校借读生自废学业,请备案并恳赐予维护示遵由

谨呈者:

成华大学学生因请改国立自上年十一月起罢课至三个月之久,该校旋奉钧部指令国立不能照准,严饬定期复课,遂即登报布告自二月十六日复课。所有本校留在成华大学之借读生俱已遵照实行复课,并组织光华借读同学会,普遍通知回里度岁各生如期来蓉。不意该请愿团置部令于不顾,多方阻止教师到校,并以"复课即是流血"等语,威吓已经上课之人,甚至直接阻及借读学生。似此情形,不难再有停课之事。

按本校前以成都分部财产赠与川省人士改组成华大学,曾经约定所有该分部之肆业学生须在成华大学借读至全部毕业为止。故成华学生之请改为国立,殊与借读学生无涉。在该学潮发生之后,本校屡以光华借读生学生系居客体地位,登报告诫,载在成华大学所刊"私立成华大学肇事及处理经过情形"之中可证。虽有光华借读生彭克里、蓝亚民、王义可、李庶熙、刘效渊等五人任意参加学潮,均已由成华大学开除学籍,又借读生尹晓志、邓开铅等二人参予其事,亦已由成华大学各记大过两次,均已由该校呈报有案。故此次又复被请愿团阻止上课,其所有之责任实与借读生毫无关系。为此具文呈报钧部备案,并请赐予维护各该借读学生学业不致中途废弃,不胜感祷之至,仍候指令祗遵。

谨呈教育部

附呈:成华大学请愿团阻止上课启事剪报一纸、成华大学学生肇事及处理经过情形一份

校长朱经农

中华民国三十七年三月十九日

（光秘〔卅七〕字第一九五号）

关于呈请教育部指定学校收容借读成华大学学生的报告

查本校关于前成都分部借读成华大学学生遵令复课情形节,经先后呈报钧部有案。

兹接该分部结束办事处函告,自成华大学遵令布告自二月十六日起复课后,本校借读生即组织"光华大学留蓉成华大学借读同学会"登记愿意复课之借读生姓名,遵令实行复课,并呈奉成华大学核准备案。据该会册报人数已有四百三十余人,以借读生总人数比例计算,已达十分之九以上。惟所谓成华请愿团者,虽经该校布告勒令解散,然仍在校内继续活动,专以阻止非毕业班各组学生复课为其唯一目的,声言系属要求国立之后盾。最近该校布告自三月三十日起补行上期毕业及学期考试,该团见两校复课人数已多,而借读生更有团体组织,不易再行阻止,竟于三月廿六日聚众捣毁光华借读生同学会办公室,并殴打该会负责学生袁嘉伦,附具该同学会报告详情到校(已据分呈,邀免冗叙)。正核办间,又据借读生王植言三月廿七日略报告称"遵照成华大学布告补课以来已届四周,昨日忽来不明姓名之同学百余人冲入舍间对生拳足交加,侮辱尽至,并阻止生以后不得再行复课及补考行为,请求保障,设法完成学业"等情前来。

查成华大学学潮迄未解决,影响本校借读生学业颇巨,自应为之谋一善后办法。惟该借读生等均系川籍,上海生活高昂,既非其力量所能负担,且本校宿舍不宽,更无法收容数百名之巨额。

兹为兼筹并顾计,拟恳钧部赐予令知成都公私立各专科以上学校等收容借读,以全各该生学业,而使本校分部未完之职责藉以结束,伏乞鉴核示遵。

谨呈教育部部长朱

全衔校长朱〇〇
中华民国卅七年四月十三日
(光秘字第二四六号)

附一: 教育部关于同意成华借读学生寄读成都其他专科以上学校的指令

令私立光华大学:

卅七年四月十三日光秘字第二四六号呈一件"呈为本校借读成华大学学生请求赐予指定学校收容借读由",呈悉。该校原借读私立成华大学学生,如欲寄读其他专科以上学校,应由该校径与有关各校商洽,仰即知照。

　　此令。

部长朱家骅

中华民国卅七年五月初一日

（高字第二三四四〇号）

附二: 关于借读生可准转入他校及呈文已照缮发致谢霖的函

霖甫先生大鉴:

　　接奉华大〔卅七〕字第一八一号台函敬悉,借读生万一发生极度困难,可准转入他校,惟本校刻已满额,无法收容,殊不宜来上海,仍请先生酌夺。

　　呈部呈文已照缮发,并闻。

　　敬颂大祺。

弟朱经农、朱言钧、廖世承敬启

中华民国卅七年三月十九日

（光秘〔卅七〕字第一九四号）

附三: 谢霖关于汇报成华复课后被请愿团破坏阻止情形
以及拟呈部备案文稿请审核缮发的函由

经农、公谨、茂如先生大鉴:

　　敬启者。

　　成华大学奉令自二月十六日起复课,全校学生具极乐意。我光华借读生且有借读同学会之组织,其在蓉各生悉已上课,省外学生则皆闻风陆续到来。不料所谓请愿团者破坏上课,手段如登报阻止上课、通信乱骂教师,不一而足。加之向育仁先生忽患肠出血,病状至严重,已经入院诊治,不能问事。于是彼等更加嚣张,竟有再行全部停课之趋势。当然应由请愿分子负其责任。昨日成华大学奉到教育部电令,有严厉之指示,已由成华大学公布,且看执行效力如何。

　　因此在我光华已复课之学生不能不予维护。弟已普告诸生曰"我借读生依照成华大学布告实行复课,并已由借读同学会登报公告,本处业已函请上海校本部呈报教部备案。你们理应勿听彼等阻止,不管教师有无,每天照常走入教室。万一成华竟被解散,亦与我借读学生无涉。届时自当呈部声明,并向成华大学交涉,请依当初接办时之约必须对我借读学生照常开课完成学业,是亦我光华蓉校财产赠与成华之交换条件,又为我借读学生应有之权利"等语,并将此间最近情形另函钟督学(道赞),告之抄录该函副本及教部给成华电令随缄附上即请詧及。

总之我光华借读学生已经复课而又被请愿分子阻止上课,似宜请即呈部备案,以资先站脚步,作为将来保护借读生之基础。代拟呈文稿一件,附请酌核,如果缮发,并祈抄稿寄下,仍乞示复为祷。

顺颂大祺。

附致钟督学函副本、抄教育部给成华大学电令一件、代拟上教育部呈稿一件

光华大学成都分部结束办事处谢霖启

民国卅七年三月十三日

(华大〔卅七〕字第一八一号)

照抄教育部电(中华民国卅七年三月十一日发)

成都私立成华大学呈悉,该校请改国立,未便照准。迭经饬知在校学生应即令复课,如仍用请愿团名义擅行活动,应即从严惩处,毋稍姑息。至来京学生,前已令董事会迅召回校,并不得资助经费。本部整顿学风,早具决心,并经通令饬知,仰切实遵办,以肃纪纲为要。教育部高一三二六三号(寅真)印

关于教育部准予备查退学生名册致成都分部结束办事处的函

径启者：

　　查本校前呈报蓉参加分部成华学潮借读生退学名单请备查一案，经奉教育部本年五月廿四日高字第二八一三九号指令，内开"呈件均悉，准予备查，惟嗣后造报各项学生名册均应编附统计表，件存。此令"等因，相应函达，即希查照为荷。

　　此致成都分部结束办事处

校长室启

中华民国卅七年五月廿六日

（光秘〔卅七〕字第三三八号）

附一：教育部关于准予备查退学生名册的指令

令私立光华大学：

　　三十七年五月六日光秘字第二七五号呈一件，为造具退学生名册呈请备查由，呈件均悉，准予备查。惟嗣后造报各项学生名册均应编附统计表，件存。

　　此令。

部长朱家骅

中华民国卅七年五月廿四日

（高字第二八一三九号）

附二：关于请教育部备查退学生名册的报告

　　查本校留在成华大学之借读生彭克里、蓝亚民、王义可、李庶熙、刘效渊等五名，因参加成华学生罢课请愿改为国立之学潮，于三十六年十一月二十二日由成华大学开除，前经呈奉钧部中华民国三十七年三月三十日高字第一六六一一号指令略开"呈悉。已开除学籍各生该校仍应造具退学生名册报部备查，仰即知照"等因，兹造就三十六年度第一学期借读成华大学退学生名册一份，并检附成华大学校董会三十六年十一月二十二日布告一纸，一并呈请鉴核备查。

　　谨呈教育部部长朱

　　附呈前成都分部三十六年度第一学期借读成华大学退学生名册及成华大学校董会布告一份

光华大学校长朱经农

中华民国卅七年四月廿八日

（光秘〔卅七〕字第二七五号）

关于同意借读生延师补课办法致谢霖的复函

霖甫先生大鉴：

六月五日华大〔卅七〕字第四二四号大函并附成华大学公函及抄件祗悉——，所拟借读生延师补课办法经商准由成华报部，弟极赞成。万一成华将来不能续办，再另商补救办法。

专此奉复，敬颂大祺。

弟朱经〇敬启

中华民国三十七年六月十四日

（光秘〔卅七〕字第三六七号）

附一：谢霖关于成华大学暂不开学情况下建议对借读生延师补课的函

经农先生大鉴：

敬启者。

日前上书，想已邀詧及。成华大学决定暂不开学，从事整理，已由刘董事长（文辉）出名布告，其中对于开学期限仅有"延至八月内可能定期开学"一语。此项布告发出之后，成华学生已多怀疑本校自可不问。惟我光华之借读学生，如果强使回沪母校肄业，或强使静待成华开学，殊均难安。弟以彼等万一径与成华大学董事会发生摩擦岂非不美，故由弟向刘自公商得允准在成华上教育部之文内、又致本校公函内均加了"如借读生别有困难，当与本校另行筹商补救办法，俾期两全"等数语。兹将成华大学董事会致本校公函一件，又抄录成华董事会上教部代电、给学生布告各一份随函附上，即祈察及。该报部文及公函内所谓另商之补救办法，已经由弟与刘自公当面说明，不外"表面上由成华会同本校在蓉延师授课（实际由我自己延师开课），并由学生负担全部经费，将来仍由成华填给借读成绩单"之办法。现正由借读学生开会征求意见，究竟是否必须如此办理，弟纯依学生之意决定。设皆能主张静候成华开学，岂不省事？设使借读诸生决定恳求本校自行延师开课，届时当由成华大学具文报部备查，以完手续。其所以将来报部文内，须说"成华会同本校在蓉延师授课"者，一在成华大学表示与我光华别有关系（即赠送校产之关系），一在弟虑成华万一无期开学，并校长而无久，势必无法取到借读成绩单。届时则我可以根据此次报部原案请示办法，以免临时发生困难，特以说明，并祈詧洽。

惟弟意上次奉商一面将学生姓名移至沪校报部，一面仍在此间读书，每期将该成绩报请作为沪校本部成绩之建议，仍拟请予采用。庶有两条道路可走，以资容易办理。如何，仍乞酌示是祷。

顺颂道祺。

公谨、茂如先生处均此不另。

附成华大学董事会致本校公函、抄成华大学上教育部代电、抄成华大学给学生布告

弟谢霖敬启

中华民国三十七年六月五日

（华大〔卅七〕字第四二四号）

附二：私立成华大学校董事会关于通知学校整理校务办法的函

径启者：

本校学生前为请改国立，奔走呼吁，影响课业，现已于五月下旬将卅六年度第一学期考试办理完毕。瞬值本学期行将届满，振刷校务，一切进行尚须相当时日，只得将续行开学事宜暂从缓议，预计以两月为期，着手整理，一俟就绪，延至八月内可能定期开学。并为兼顾本期缺辍，免受时间延长损失，即于以后停放寒暑假授足课程，以资补救。业已布告全体学生知照在卷。至贵校借读学生，能一律守候固佳，如有迫不及待愿回贵校肄业者，自听其便。又如别有困难，本校仍当与贵校另行筹商补救办法，俾期两全。用特专函奉达，尚祈察照为祷。

此致私立光华大学

董事长刘文辉

中华民国三十七年六月二日

附三：私立成华大学董事会布告（原载民国三十七年六月四日《西方日报》）

本校学生前为请改国立，奔走呼吁，影响本期课业暂告停辍。本会曾奉教育部电饬查明阻挠复课为首分子，开除学籍，当时为顾全学生学业，不忍使前功尽弃，未遽遵令执行，仍由校补行考试，保留成绩，庶几无负本会设立本校作育人才初意，现已于上月下旬试毕。瞬值本期行将届满，振刷校务一切进行尚须相当时日，只得将续行开学事宜暂从缓议，预计以两月为期着手整理。一俟就绪，延至八月内可能示期开学。并为兼顾本期缺辍，免受时间延长损失，即于以后停放寒暑假授足课程，以资补救。所有全体学生务各仰体斯意，自行潜修学业，毋怠毋荒，静候整理。至借读各生，能一律守候固佳，如有迫不

及待愿回母校肄业者,听便。合行布告知照。

此告。

董事长刘文辉

中华民国三十七年六月二日

附四：抄成华大学董事会上教育部代电

教育部钧鉴：

本校学生前为请改国立,奔走呼吁,影响本期课业暂告停辍。曾奉钧部卅七年四月十六日高字第二〇二八一号代电开："四月一日成大字第二三〇五号呈件均悉。查该校一部分学生不顾学业,阻挠复课,行动越轨,殊属非是。应查明为首分子,开除学籍,勿稍姑息,以整嚚风。至学生请愿团,并应切实解散。仰遵办报核"等因,除已由向兼校长传义将学生请愿团布告解散外,当时为顾全学业,不忍使前功尽弃,故未即执行,仍由校补行考试,保留成绩,以示体恤,现已于五月下旬试毕。瞬值本期行将届满,惟振刷校务,一切进行尚须相当时日。只得将续行开学事宜暂从缓议。预计以两月为期,着手整理,一俟就绪,延至八月,可能定期开学。并为兼顾本期缺辍,免受时间延长损失起见,即于以后停放寒暑假,授足课程,以资补救。业经布告本校全体学生,务各仰体斯意,自行潜修学业,毋怠毋荒,静候整理在卷。至光华大学借读各生,能一律守候固佳;如有迫不及待愿回其母校肄业,自应听便;如别有困难,亦当仍由本校与光华大学另行筹商补救办法,俾期两全。合并陈明,理合电呈,统祈鉴察为祷。

私立成华大学董事长刘文辉巳冬[1]

---

[1]　民国卅七年六月二日。

四、经费筹募

1948 年 12 月，朱经农在纽约

关于请北平图书馆袁同礼馆长酌拨美国捐赠图书的函

守和馆长先生道席：

敬启者。

敝校原校舍于抗战时期，被敌全部焚毁，损失之惨为沪上各校冠。图书损失计有中文类约二千部，西文类约九百余部，杂志合订本中文约二百种，西文约一百八十种。顷闻先生为重振我国文教起见，在美捐募大批图书，以备赠送国内各大学之图书曾受战事损失者，不胜感佩。

敝校本学期复校伊始，尚待社会贤达，多予匡助！素仰先生爱护敝校，至祈赐予扶持，将美捐图书酌拨若干，以供敝校员生之参考，是所企祷！

专此，祇请道安。

光华大学校长朱经〇敬启

中华民国卅五年十一月十一日

（复字第六〇八号）

附：袁同礼关于在可能范围内从优分配图书的复函

经农先生大鉴：

接奉复字六〇八号大函，敬念种切。

贵大学复校补充图书一节，极愿赞助，当陈明图书分配委员会，在可能范围内从优分配，先此奉复，诸希亮詧。

顺候台祺，不一。

弟袁同礼顿首

十一、二十

关于补助费专用于购置各系图书呈教育部的报告

案奉钧部本年十月廿一日高字第二六六四四号代电：核准本校本年度补助费四百万元，并令将实际情形拟定使用计划报核等因，奉此，查本校抗战时期于图书一项损失甚巨，拟将钧部核拨之补助费专用以购置各系图书以便教学上参考之用，仰祈鉴核，准即拨给。

是否有当，候示祇遵！

谨呈教育部部长朱

校长朱经〇

中华民国卅五年十二月卅日

（复字第七三二号）

附一：教育部关于通知核发三十五年度补助费的代电

私立光华大学：

查本年度私立专科以上学校补助费业经召开审查委员会审议分配核定该校（院）应支四百万元，款已请国库一次径拨，仰依据情形拟定使用计划报核教育部。

教育部印

中华民国三十五年十月廿一日

（高字第二六六四四号）

附二：教育部关于同意补助费用于购置各系图书仍须造册备核的指令

令私立光华大学：

卅五年十二月卅日复字第七三二号呈一件，为呈复核拨之补助费拟专用以购置各系图书，希准予拨给并候示遵由，呈悉，所请将卅五年度补助费肆百万元专作购置各系图书一节，应予照准，仍须编造添置设备册呈核。该款已催请财部国库署径拨，并仰知照。

此令！

部长朱家骅

中华民国三十六年正月廿四日

（高字第〇三八〇一号）

附三：关于请求中央银行国库局照予支付补助费的报告

窃本校接奉教育部本年一月廿四日高〇三八〇一号指令开：

令私立光华大学卅五年十二月卅日复字七三三号呈一件，为呈复核拨之补助费拟专用以购置各系图书，祈准予拨给并候示遵由，呈悉，所请将卅五年度补助费四百万元专作购置各系图书一节，应予照准，仍须编造添置设备清册呈核。款已催请财政部国库署径拨，并仰知照，此令！

等因，复于同日奉到财政部支付通知书一纸计国币四百万元。

用特备函检同该通知书及贵处所发国库总库印鉴纸一联暨领款收据三联单一纸，送请查收，开立户名，并照予拨付，至纫公谊！

此致中央银行国库局

附上：

国库总库印鉴一联，领款收据三联单；

财政部支付通知书普直字第三五一八号一纸

光华大学校长朱经〇

二月七日

（复字第八二五号）

附四：关于请教育部鉴核补助费购置图书设备清册的报告

案查卅五年十月奉钧部高字第二六六四四号代电，核发本校三十五年度补助费四百万元，饬拟定使用计划报核，遵，经拟定专用以购置各系图书，于上年十二月以复字七三二号呈，奉高字第〇三八〇一号指令核准，各在案。

兹将是项补助费四百万元购置图书设备造具清册，理合备文呈请鉴核备查。

谨呈教育部部长朱

计呈清册乙份

全衔校长朱经〇

中华民国三十六年十月廿四日

（复字第一四四九号）

私立光华大学
领到三十五年度补助费
购置图书设备

中文书籍 79 种	＄ 1 656 630
西文书籍 37 种	＄ 2 344 246
合计	＄ 4 000 876
校长:朱经农印　图书馆主任:郭心晖印 中华民国三十六年五月十五日	

附五：教育部指令

令私立光华大学：

　　卅六年十月廿四日复字第四四九号呈一件,为奉拨卅五年度补助费四百万元购置图书设备造具清册呈请鉴核由,呈件均悉,准予备查,仰即知照,件存。

　　此令！

部长朱家骅

中华民国三十六年十一月十五日

（高字第六一三八九号）

关于请校董会暂借法币一千五百万元的函

谨启者：

　　本校最近需款孔急，兹拟向钧会暂借法币壹千伍百万元正，俟卅五年度下学期开学时于收入学费项下尽先提出奉还，望祈俯允为祷。

　　此上校董会

私立光华大学校长朱经○谨启

中华民国卅六年一月十八日

（复字第八○○号）

关于请教育部将五千万元经常补助费尽早核发的代电

教育部部长朱钧鉴：

　　顷奉大部高字第二二七四一号代电核发本校卅六年度经常补助费五千万元，饬以总数百分之八十为充实设备之用，自应遵办。伏乞将该款早日赐下。

光华大学叩辰江[1]

（复字第一〇六六号）

附一：教育部通知核发三十六年度经常补助费的代电

私立光华大学：

　　兹核定该校（院）卅六年度补助费五千万元，款由财政部国库分四八两月平均径拨。该款用途应以总数百分之八十为充实设备之用，百分之二十补助该校经常费。仰即知照。

教育部印

中华民国三十六年四月廿五日

（高字第二二七四一号）

---

[1]　辰江，即 1947 年 5 月 3 日。

关于向教育部呈送四百万元经常补助费使用计划的代电

教育部部长朱钧鉴：

顷奉大部高字第二二七三九号代电核发本校卅六年度经常补助费四百万元，饬具使用计划呈核等因，本校故拟将该款专用以充实化学设备。

是否有当，伏乞核示祗遵。

光华大学叩辰江[1]

（复字第一○六七号）

附一：教育部关于通知核发三十六年度经常补助费四百万元的代电

私立光华大学：

兹核定该校（院）三十六年度经常补助费四百万元，款由财政部国库一次径拨，仰造具使用计划呈核教育部。

教育部印

中华民国三十六年四月廿五日

（高字第二二七三九号）

附二：教育部关于同意补助费使用计划的代电

私立光华大学：

五月三日两代电均悉，所请将三十六年度经常补助费四百万元用作充实化学设备一节，应予照准；至本年度补助费五千万元，规定由财政部国库署分四八两月径拨，并仰知照。

教育部印

中华民国三十六年五月廿三日

（发文高字第二八二三四号）

---

[1] 辰江，即 1947 年 5 月 3 日。

关于呈请行政院赔偿委员会同意划拨日敌赔偿款的报告

谨呈者：

　　窃本校于抗战期间大西路旧有校舍被我军作为要塞以抗敌军，致全部校舍为敌军炸毁，片瓦无存，损失惨重；迨抗战胜利，蒙教育部拨给欧阳路二二一号房屋充作大学部校舍，二二二号充作中学部校舍本校。本校为勤劳教育，慎始图终，兹拟将该号房屋承购以为永久储才之所，但经费拮据，筹措匪易，情迫事急，谨特沥情呈告，代乞贵会体念本校校舍为抗战所毁，请在日敌赔偿项下提拨款项作为赔偿本校损失之费，俾得自购校舍，祁祁学子，教泽常沾，仰祈鉴察，俯赐成全，实为德便！

　　谨呈行政院赔偿委员会主任委员王

校长朱经○

中华民国卅六年五月廿八日

（复字第一一一一号）

附：行政院赔偿委员会关于答复划拨日敌赔偿款的代电

上海私立光华大学朱校长鉴：

　　本年五月二十八日复字第一一一一号呈悉，向日要求赔偿及调查全国公私抗战损失正在进行中，所请歉难照办。特电复查照。

行政院赔偿委员会（36）二巳灰[1]印

（京〔卅六〕二字第○一一○八号）

---

[1]　巳灰，即 1947 年 6 月 10 日。

关于向上海区燃料管理委员会申请配给燃料的函

径启者：

　　查本校大中学两部现有教职员工及寄宿学生共二千余人，均由本校所设厨房水灶供应膳食、茶水、浴水，对于烟煤、白煤等燃料需要殷切，用特具函向贵会申请配给，望祈准予承购平价烟煤屑、白煤屑各肆拾吨，以救眉急。谅贵会热心教学，定予协助也！

　　此致经济部上海燃料管理委员会

光华大学董事长翁○○启

中华民国卅六年五月廿八日

（复字第一一一四号）

附一：经济部上海区燃料管理委员会关于允准购买四吨白煤的复函

　　兹准贵校复字第一一一四号大函"为嘱配给燃料等由"到会，查近来煤斤缺乏，支配不敷，承嘱配售白煤拾吨、烟煤屑二十吨一节，歉难如数照拨。兹勉拨白煤肆吨，并附送印鉴卡六份，相应函复，即请查照填明送会，开具贵校支票派员来会洽购为荷。

　　此致私立光华大学

　　附印鉴卡六份

经济部上海区燃料管理委员会启

中华民国卅六年六月九日

〔卅六〕燃字第一四七七号

附二：关于请求经济部上海区燃料管理委员会配售焦作白煤块并开示价格的函

　　案准贵会〔卅六〕燃字第一四七七号大函略开：查近来煤斤缺乏，支配不敷，承嘱配售白煤拾吨、烟煤屑二十吨一节，歉难如数照拨，兹勉拨白煤肆吨，附送印鉴卡六份，即请填明送会，并开具支票派员来会洽购等由，查本校厨房水灶燃用煤类时以焦作白煤块最为适用，即请开示该种煤块四吨之价格，以便开具支票派员洽购。

　　诸希查照，是所感荷！

此致经济部上海区燃料管理委员会调配处

光华大学启

中华民国卅六年六月十四日

（复字第一一六六号）

附三：关于请经济部上海区燃料管理委员会准予延期具领拨售白煤的函

　　案准贵会〔卅六〕燃字第一四七七号函，蒙准拨售白煤四吨，本校业经付款领有委字第三二四八号领煤凭单一纸。当时本校因筹备立校廿二周纪念，诸务纷繁，未克如期出清，尚望鉴谅准予展期，俾日内具领，务祈俯允为祷！

　　此致经济部上海区燃料管理委员会

　　附上：委字第三二四八号领煤凭单一纸

校长朱经〇

中华民国卅六年七月三日

（复字第一二三一号）

附四：关于请经济部上海区燃料管理委员会准将出售单交下以便领取白煤的函

径启者：

　　前上一函并附陈委字第三二四八号领煤凭单一纸请领白煤肆吨，已蒙贵会批准。兹派本校张长赓先生领取，希将出售单掷下为荷！

　　此致经济部上海区燃料管理委员会

光华大学校长朱经〇启

中华民国卅六年七月四日

关于请行政院善后救济总署廉售各种建筑材料的函

径启者:

　　查本校于抗战期中全部校舍俱毁诸火,胜利后虽由教部核拨欧阳路二二一号并租借同路二二二号房屋作为复校之基础,惟以一年来学生人数激增,已感不敷应用,当自决定另行添建校舍。顾绌于经费,对市价昂贵之大量建筑材料,殊无力购置,用敢向贵署吁请廉售,望祈核准,是所企祷!

　　此致行政院善后救济总署

　　附申请赠置材料种类及数量表乙份

光华大学校长朱〇〇启

中华民国卅六年五月卅日

(复字第一一一九号)

申请赠置材料种类及数量表

1	竹节钢		60 吨
2	水　泥		8 000 包
3	洋　松		240 000 呎
4	钢　窗		12 000 方呎
5	油毛毡(二号)		400 卷
6	卫生设备	面盆	120 只
		马桶	80 只
		浴缸	40 只

附: 善后救济总署关于答复廉售各种建筑材料的代电

私立光华大学公鉴:

　　五月三十日复字第一一一九啧大函暨附件诵悉。查所请各项器材本署现以分配无余,仅暂予登记,一俟有货到时,再行核办。相应复请查照为荷!

善后救济总署巳[1]沪配二

中华民国卅六年六月廿六日

(浦配字第二六七三四号)

---

[1] 巳,即六月。

关于唐庆永经募复校基金的致谢函

庆永仁弟左右：

去岁赴滇，备承招待，甚感。顷接大函，欣悉一一。足下经募之复校基金国币壹百拾陆万元已由上海银行汇到，当转送校董会。诸君爱校之忱，至堪欣佩；而足下热心经募，尤所感慰。

专复，即候近绥。

朱经〇顿首
中华民国卅六年七月十五日

附：唐庆永关于汇奉募捐款项的函

经农校长先生赐鉴：

去岁钧座莅滇，招待不周，深以为歉。生于上年八月底匆匆奉调来平主持行务，过沪时间匆促，不及叩谒，无任怅憾。

兹由北平上海银行汇奉国币壹百壹拾陆万元，此款系生在昆明时为母校同学会募捐之复校基金，均朱萍秋同学所经手。当时以奉调离匆匆，未及结束，捐册亦尚存昆明。兹特补奉，尚请赐收为祷。

匆此，敬请钧安。

生唐庆永敬上
六月二十六日

关于请台湾糖业公司捐资援助建筑宿舍的函

径启者：

　　本校复校以还，学生人数大增，原有宿舍不敷应用，爰经校董会议决从新建筑宿舍，预定经费叁拾亿元以上。素仰贵公司对于教育同具热忱，拟请慨予捐助，共襄厥成，庶几广厦万间，群生沐惠，盛名千载，薄海咸钦。倘荷允诺，即希见复，无任感企！

　　此致台糖公司公鉴

校长朱经〇拜启

中华民国卅六年九月四日

附一：台湾糖业公司关于同意捐款一千万元的函

径启者：

　　本月四日函敬悉，贵校增建校舍，本公司自乐予赞助。兹捐款国币壹千万元，相应函复，即希派员携据莅本处秘书室洽领为荷！

　　此致光华大学

台湾糖业公司总公司办事处启

中华民国卅五年九月十三日

（台糖沪〔卅六〕秘字第一五一六号）

附二：关于派人前来洽领捐款的函

径启者：

　　本月十三日函祗悉，荷承贵公司慨允捐款壹千万元，盛意隆情，至为感谢！兹特派员携据趋前洽领，至祈詧照赐发为荷！

　　此致台湾糖业公司总公司办事处

光华大学校长朱〇〇

中华民国卅六年九月十五日

（复字第一三四四号）

关于请上海区燃料管理委员会将八九两月用煤如数配售的函

案查前准贵会〔卅六〕燃字第一四七七号函复,准予按月配售白煤块四吨并已将七月份如数领讫各在卷。

兹本校已于本月十日开学,亟需是项煤块应用,为特函请准照成例将八、九两月份共计八吨如数配售,并祈开示价格,以便开具支票派员来洽购,至纫公谊。

此致经济部上海区燃料管理委员会调配处

校长朱经○

中华民国卅六年九月十日

（复字第一三二五号）

附一: 经济部上海区燃料管理委员会关于准予配供九月份用煤的复函

兹准贵校了第一三二五号公函,为嘱配拨燃煤等由;准此。

贵校九月份用煤,兹准配供白煤二吨,每吨一百八十六万元整。相应函复,即希查照派员来会依照手续洽领为荷!

此致私立光华大学

主任委员张希为

副主任委员张善杨

中华民国卅六年九月廿三日

（〔卅六〕燃字第二九一九号）

附二: 关于派员前往洽领九月份配煤的函

兹准贵会〔卅六〕燃字第二九一九号公函,为准配本校九月份白煤二吨,嘱派员洽领等电;准此。兹派张长赓君携同价款趋前洽领,相应函请查照赐发为荷!

此致经济部上海区燃料管理委员会

校长朱经○

中华民国卅六年九月廿四日

（复字第一三六六号）

关于抄阅教育部核发追加补助的代电并请就近先行洽领的函

　　兹奉教育部代电核发卅六年度追加补助费本校为五亿元，谨抄原电呈阅，敬祈钧座就近先向国库局接洽，望早日汇下。张华联先生亦托友人陈宁吉先生日内晋京与该局秘书取得联络，特此奉告。

　　谨呈朱校长钧鉴

校长室呈

中华民国卅六年九月十三日

附：教育部关于通知核发卅六年度追加补助费仰造报使用计划备核的代电

私立光华大学：

　　本部因各校经费不敷，经呈准追加卅六年度省私立专科以上学校补助费。兹核定该校（院）补助费五亿元，款由财政部国库署径拨。该特用途应以总额百分之五十充实设备之用，百分之五十补助该校经常费及教员学术研究补助费。仰即造报使用计划备核。

教育部印

中华民国卅六年九月二日

（高字第四七六○七号）

关于中央银行承捐五千万元的感谢函

敬启者:

荷承贵行慨捐法币五千万元,具见热心教育,惠利学子,感谢之余,弥殷钦佩!兹特具函请领,敬祈詧照赐拨。

专布谢忱,祗颂公绥!

此致中央银行

光华大学校长朱〇〇

中华民国卅六年九月十五日

(复字第一三四二号)

关于请求中国银行为重建校舍慨赐多捐的函

径启者：

　　查本校重建校舍须款，前经函请各界捐助，并先后荷承四联总处慨允捐款，中央银行慨捐五千万元。夙仰贵行热心公益，向不后人，爰敢再函奉渎，敬祈慨赐多捐以为首倡，岂惟惠利学子，实为教育前途幸甚！

　　专此，祗颂公绥。

　　此致中国银行

董事长翁〇〇

校长朱〇〇

中华民国卅六年九月十七日

（复字第一三五三号）

附一：中国银行关于认捐一千万元的复函

径复者：

　　迭准八月廿三日及九月十七日复字第一三五三号台函，以贵校重建校舍募集基金商请捐助一节，事关扶持教育，自当赞助。兹由敝行认捐国币壹千万元，如数开具第九九一四三八号支票一纸，随函送奉，至祈察收掣据见覆为荷！

　　此致光华大学翁董事长咏霓、朱校长经农

　　附支票一纸

中国银行总管理处启

中华民国卅六年十一月廿七日

（沪秘字第二三八四号）

附二：关于感谢中国银行捐助建筑费的函

　　顷接大函，承捐建筑费壹千万元，连同支票壹纸，祗领之下，具见贵行热心教育，惠利学子不浅，至为感佩！

专此布谢，即希詧照为荷！

此致中国银行总管理处

光华大学校董会敬启

中华民国卅六年十月廿八日

关于南京市财政局陈祖平先生承募捐款的答谢函

衡夫吾兄校友左右：

　　接读华函并附还捐册存根两本,藉悉壹是! 台端关怀母校,募集捐款壹千万元,具见热忱,至为嘉佩,除由校查收给据外,特此布谢!

　　顺颂近祉

朱经〇启

中华民国卅六年十月三日

（复字第一四一一号）

附：陈祖平关于奉缴募捐款项及捐册的函

经师尊鉴：

　　前承垂谕募集母校建筑基金一节,遵经分别募得国币壹千万元,除于九月廿四日由南京市民银行汇上至祈核收外,合将捐册存根二本随函奉缴,并请赐复为祷!

　　端肃,敬请诲安!

　　附缴捐册存根二册:五四七一至五四八〇号、五四八一至五四九〇号各一册

受业陈祖平谨上

十月二日

关于请上海社会局准予将配给青年食堂柴米油盐按月作一次发给的函

径启者：

查本校青年食堂，业经饬遵规定组织成立，现有全膳学生共计五百五十五人，名册已送达市立社会服务处。兹为求领取柴、米、油、盐简化手续起见，拟请准予按每月支配定量，作一次发给，相应函达，请烦查照转知该服处照办，并赐复，至纫公谊。

此致上海市政府社会局

校长朱经〇

中华民国卅六年十月廿日

（复字第一四三三号）

附：上海市社会局关于同意配给青年食堂物品按月作一次发给的复函

案准贵校函以配给青年食堂柴米油盐嘱按月照定量一次发给并转知服务处等由，准此，除转知上海社会服务处外，相应复请查照为荷。

此致私立光华大学

局长吴开先

中华民国卅六年十月廿三日

（秘一〔卅六〕字第三一八七一号）

关于教育部追加 1946 年度补助费分配情形的报告

案查本年二月奉钧部高字第一〇一七〇号代电开"本部因私立专科以上学校经费不敷,业经呈院核准追加上年度补助费云云,并仰知照"等因,奉此,兹将遵办情形分列如下:

(一)总数百分之四十补助教职员生活,计国币一百二十万元加入本校消费合作社作为全体教职员之股本(分配数详清单);(二)总数百分之六十补助实验室充作实验经费,计国币一百八十万元,购置平板仪七[器]件三副,每副国币八十万元,计国币二百四十万元,尚差六十万元,由本校补足。以上两项合计国币 300 万元,奉电前因,理合造具清册,检同单据,备文呈请鉴核备查。

谨呈教育部部长朱

计附呈教职员清册乙份、科学仪器馆单据乙纸

光华大学校长朱〇〇

中华民国卅六年十月廿四日

(复字第一四五〇号)

附一: 教育部关于通知追加 1946 年度补助费的代电

私立光华大学:

本部因私立专科以上学校经费不敷,业经呈院核准追加上年度补助费。兹核发该校卅五年度追加补助费三百万元,款另汇,收到填具卅六年度领据报核。至该款用途,应以总数百分之四十为补助教职员生活,百分之六十为充实设备之用。并仰知照。

教育部印

中华民国卅六年二月廿四日

(高字第一〇一七〇号)

附二: 教育部关于核准补助费分配办法的指令

令私立光华大学:

卅六年十月廿四日复字第[一]四五〇号呈一件:为呈复奉发卅五年度追加补助费三

百万元分配情形请鉴核由，呈件均悉，准予备查，仰即知照。件存。

　　此令

教育部部长朱家骅

中华民国卅六年十一月十一日

（高字第六一二六三号）

关于感谢交通银行再赠捐五百万元的函

　　兹准贵行本年十一月廿九日大函并附五百万元支票壹纸，敬已领悉。荷承高谊，一再捐助，具见热心教育，惠利学生匪浅，无任纫感！

　　耑泐布谢，敬祈詧照为荷！

　　此致交通银行总管理处

光华大学校董会敬启

中华民国卅六年十二月二日

（复字第一五七四号）

附：交通银行关于同意再赠捐五百万元的函

径启者：

　　接准九月廿六日大函，以贵校重建校舍需款浩大，嘱于原捐五百万元之外续再增捐等由，洽悉辱荷垂商，自当勉尽绵薄。兹续捐五百万元，开奉敝行第♯D127319 号支票一纸，随函附上，即请察入赐据为荷！

　　此致光华大学

交通银行总管理处启

中华民国卅六年十一月二九日

（交事字第二三四号）

关于感谢耀华玻璃有限公司捐助玻璃的函

　　兹由张华联先生交到大函洽悉，荷承慨捐本校二米厘玻璃叁拾箱，深佩热心教育，无任感谢。兹派本校总务处张长赓君前往洽领，至希惠予查照为荷！

　　此致耀华玻璃公司张经理

校长朱〇〇

中华民国卅六年十二月五日

（复字第一五八二号）

附一：耀华玻璃有限公司关于答应捐赠玻璃给张华联的复函

华联吾兄惠鉴：

　　前奉华翰，敬悉一是。光华大学增建校舍，本公司可予捐赠二米厘玻璃叁拾箱，需用时请派员至汉口路50号二楼本经理处洽取提单为荷！

　　专此奉复，顺颂时绥！

弟张训坚敬启

十一月廿八日

（耀沪总〔卅六〕发字第二三五八号）

附二：张华联关于感谢耀华玻璃有限公司捐赠玻璃致张训坚的函

训坚先生惠鉴：

　　顷奉环云，敬悉光华大学增建校舍荷承慨捐二米厘玻璃叁拾箱，具见热心教育，无任感佩！

　　除通知该校总务处派员洽领外，耑泐布谢，祗颂冬祺！

弟张华联敬启

中华民国卅六年十二月二日

关于请资源委员会矿务局赐拨各种矿物以资研究的函

径启者：

　　本校化学系学生拟分析各矿物，特此函请贵局(所)赐给铁矿 Limonite、锰矿 Pyrolu-site、铬矿 Chromite、锑矿 Stibnite、铜矿 Malachite、硫铁矿 Pyrite、磷矿 Apatite、石灰石 Limestone、白云石 Dolomite、长石 Feldspar 各一公斤，并请将其产地及主要成分注明，俾资参考，至纫公谊。

　　此致资源委员会矿务局(地质研究所)

校长朱经○

中华民国卅六年十二月五日

（复字第一五八四号）

附一：资源委员会矿产测勘处关于铁锰等矿俟采集完成后可以有偿转让的函

　　接准贵校三十六年十二月八日复字第一五八四号函，嘱赐给铁锰铬锑铜磷等矿物以资化学系研究等由，准此。查上项各种矿物本处所存皆系较佳之标本分析用之材料，刻正在采集中，俟有成数当可价让。又本处名称系资源委员会矿产测勘处，即请查照为荷。

　　此致私立光华大学

处长谢家荣

中华民国三十六年十二月十三日

（〔卅六〕京矿字第三五六三号）

附二：国立中央研究院地质研究所

径启者：

　　前奉贵校复字第一五八四号大函，敬悉一是。兹按开列矿物名称检出标本九种，已托便人带存上海岳阳路 320 号本院驻沪办事处(陈主任遯帆)，即请派人前往洽取为荷。

　　此致光华大学

地质研究所启

中华民国卅七年四月二日

（〔卅七〕京研字第廿四号）

附三：关于介绍陈新章前往地质研究所驻沪办事处洽领矿物标本的函

　　兹接贵所四月二日 37 京研字第廿四号公函，略开"兹按开列矿物名称检出标本九种，已托便人带存上海岳阳路 320 号本院驻沪办事处，即请派人前往洽取"等由，准此派本校陈新章君趋前洽领，即希查照惠予照发为荷。

　　此致国立中央研究院地质研究所驻沪办事处陈主任遯帆

光华大学启

中华民国卅七年四月廿六日

（光秘〔卅七〕字第二七一号）

关于孙伯群捐款的答谢函

伯群先生大鉴：

　　兹由秉农山先生转来先生慨捐法币壹千万元支票一纸，并指定此款利息作为本校生物系优秀奖金，具见热心教育，奖掖后生之厚意，无任感佩！

　　专此布谢，敬颂台祺！

光华大学校长朱○○拜启

中华民国卅七年元月卅日

（光秘〔卅七〕字第七五号）

关于请求中国文化基金委员会同意大西路土地证抵借一万美金的函

径启者：

本校原有上海大西路校舍，于抗战初期全部被敌军焚毁，片瓦无存，图书仪器亦失去十之七八，其损失惨重实为上海各大学之冠，至今无法恢复。查国立各大学均有政府补助，教会各大学亦有教会及美国援华会补助，惟私立大学则属例外。光华大学所遭遇之困难较他校为尤甚。现虽勉负艰巨，力求逐步发展，而图书仪器以政府统制外汇无法购买。顷闻贵会有拨款借与中国各大学恢复设备之议，爰拟将本校大西路土地证作为抵押，向贵会洽借美金壹万元，俾资补充图书仪器，相应附奉理学院各系所需仪器单函达，敬希詧照，惠予照办，至纫公谊。

此致中国文化基金委员会干事长任

私立光华大学董事长翁文○

校长朱○○

中华民国三十七年二月六日

（光秘〔卅七〕字第八五号）

附一：中国文化基金委员会总干事任鸿隽关于以大西路土地证抵借美金的复函

咏霓、经农先生勋鉴：

奉二月六日台缄，略以贵校原有上海大西路校舍，在抗战初期即全部被毁，而图书仪器亦失去十之七八，损失极为惨重，胜利后因缺少政府及其他方面之补助，且以政府统制外汇，图书设备无法购买，拟将大西路土地证作抵，向敝会洽借美金一万元，作为补充图书仪器之用，并附下理学院所需仪器清单一份，均敬诵悉。

查贵校此项计划，弟个人极表同情，惟本年度敝董事年会通过借款与各大学恢复设备之议，原有指定之范围。此次贵校所请求，不在本届议决案范围之内，除将尊案列卷于下次开执行委员会时提请考虑外，特先缄复，即希詧照为幸。

专此，祗颂道安！

弟任鸿隽敬启

卅七年二月十七日

附二：关于请翁文灏查照借款一事便中予以帮助的函

咏霓先生道席：

　　前闻中华教育文化基金董事会有借款与各大学恢复设备之议，本校爰以台衔联名备函，并以大西路土地证作抵，向该会洽借美金壹万元作为补充图书仪器之用，原函副本前已递呈。兹接该会干事长任叔永先生函复已将此案列卷于下次开执行委员会时提请考虑等语，特将原函及执行委员会委员名单一并抄奉，敬祈詧照，并请便中与执行委员诸公一洽，以备开会时加以注意为祷。

　　端泐，敬颂道绥！

弟朱经农拜启

中华民国卅七年二月廿日

（光秘〔卅七〕字第一〇四号）

　　附抄函及名单各一纸：

　　执行委员会委员：孙科、蒋廷黻、杨亚德、蒋梦麟（当然委员）、周怡春（当然委员）、任鸿隽（当然委员）

附三：中华教育文化基金董事会关于无法辅助光华大学的函

　　前奉光秘卅七字第八五号来缄，拟以大西路地产作抵，向本会借用美币一万元，作充补图书设备之用一节，当经于二月十七日先行缄复在案。

　　查贵校此项请求业于四月廿六日日本会执行委员会在京举行会议时提出考虑，金以本会辅助大学补充理科设备专案，经董事会年会规定，以至多国立大学四所为限，贵校不在辅助范围之内，所请碍难照办，殊以为歉。

　　特此奉达，即希亮詧为荷。

　　此致私立光华大学

中华教育文化基金董事会启

三十七年五月一日

关于请张华联劝募纪念奖学金的函

华联吾兄大鉴：

本校清寒学生现以生活暴涨无力继续求学甚多,爰拟向各界劝募纪念奖学金以资救济。纪念奖学金者既可纪念其先德,又可补助学子俾成其学业,诚一举两得,意义至为深长。因思各界贤达定多同情,特恳吾兄负责劝募,以襄厥成。其数目暂定每名五百万,多则益善,其名目办法可由捐资者指定。

专此函达,敬祈俯赐担任,毋任企感!

顺颂春祺!

弟朱经农敬启

中华民国卅七年二月廿三日

（光秘字一一三号）

附一：张华联关于送交募捐纪念奖学金的函

经农校长先生赐鉴：

前奉二月廿三日大札,以光华大学清寒学生无力继续求学,拟向各界劝募以资救济,嘱为负责劝募,敢不竭尽绵薄,以襄厥成?

兹已募得拾壹名,计国币伍仟伍百万元,并以前领之募捐册出具收据,用特开具支票一纸及捐助人名单一纸暨捐册附陈察阅。此后仍当陆续劝募,倘有成绩,容再续呈。

专此布复,敬颂筹安!

晚张华联敬启

三七、三、九

附：

捐助者	地 址	名 数	金 额
中国国货银行	河南路	二	一千万元
新华公司	北京路一百号	二	一千万元
九丰公司	河南路昌兴里 43 号	二	一千万元
顾兰荪先生	圆明园路慎昌洋行	二	一千万元

（续表）

捐助者	地　址	名　数	金　额
崇德公司	五洲大楼	一	五百万元
凯利公司 大中火柴公司	二马路 219 号	二	一千万元

附二：关于感谢张华联募捐纪念奖学金的函

华联先生大鉴：

　　接奉惠书及捐款等均敬收悉，除照名单另函致谢外，嵩此布谢！

　　顺颂大祺！

朱○○敬启

中华民国卅七年三月廿六日

关于王守恒赠送硝酸等化工器材的答谢函

守垣同学左右：

　　荷承台端慨赠硝酸、硫酸、盐酸各二坛，教学所资，惠利后学匪浅，足征关爱母校之厚。感佩同深，专此布谢，并颂春祺。

朱经农启

中华民国卅七年三月廿二日

附：王守恒关于赠送硝酸等化学器材致容启兆的函

启兆吾师赐鉴：

　　不座春风，旋经伏腊，仰瞻道范，倍切依驰。

　　比闻母校于朱校长领导下重复旧规，光华日月以欣以慰。承嘱捐献化工器材，生关爱母校，理当效劳。兹特亲检敝公司存储纯品硝酸、硫酸、盐酸各二坛，以助母校化学系实验之需。微物不堪云献，聊尽绵薄于万一耳，至祈笑纳是幸。

　　肃此，恭请道安。

生王守恒顿首拜上

卅七、三、十六日

关于请社会各界赞助学院论文比赛的函

敬启者：

查近来各机关需用商业人材甚多，但颇有以国文英文程度未达标准表示遗憾者。本校为弥补此项缺陷，以应各方实际需要起见，对商学院各系之国英课程向来特加注重，本学期内并拟举行国英论文比赛各一次，选优分别给奖，藉资鼓励。素仰尊处对文化事业极具热心，对本校此项提高国英水准原则想表同情，用特函达，敬希赞助，慨赐奖金奖品，并以尊处名义发给，以示提倡，无任企感。

此致[1]

光华大学校长朱○○敬启

中华民国卅七年五月十八日

（光秘〔卅七〕字第三二二号）

附一： 新华信托储蓄银行捐赠一千万元的函

经农校长我兄大鉴：

接奉台函，藉悉贵校为提高学生国英文水准，拟举办论文比赛，择优给奖，藉资鼓励一节，法良意美，具见我兄热忱教育为佩！承索奖金，自当遵命。兹送上敝行本票壹千万元，藉尽绵力，尚希督收为何！

专此，顺颂教绥。

弟王志莘、孙瑞璜谨启

中华民国卅七年五月廿二日

附二： 上海市银行募赠一千万元的函

经公校长道席：

前奉赐书拜悉，承嘱代募奖学金事，兹遵向敝行募得壹千万元，附上本票乙纸，敬乞

---

[1]　此函分别发给商务印书馆（请赠送书籍或书券）、上海证券交易所、新华信托储蓄银行、上海市银行以及中国通商银行。

誊收为荷。

此复，祗颂诲安。

后学朱慎微拜上
中华民国卅七年五月廿八日

附三：关于答谢捐赠商学院国英论文比赛奖金的函

敬启者：

荷承慨赠本校商学院国英论文比赛奖金法币一千万元整，具见热心奖掖后学，无任感佩，耑此布谢，并附收据一纸，即希誊照为荷。

此致新华商业储蓄银行王总经理志莘、孙副总经理瑞璜[1]

光华大学校长朱经农启
中华民国卅七年五月廿九日
（光秘〔卅七〕字第三四一号）

---

[1]　此函还发送给证券交易所和上海市银行。

关于赵家璧赠送出版物的答谢函

家璧校友大鉴：

　　顷接惠书祇悉，荷承捐赠贵公司出版物全套，至感雅意。除交图书馆陈列外，专此布谢，顺颂夏祺。

朱经〇启

中华民国卅七年六月七日

附：赵家璧捐赠出版物祝贺新图书馆罗成的函

经农校长先生赐鉴：

　　本届六三校庆，欣奉母校图书馆新址落成，兹特将生所主持之晨光出版公司一年来全部出版物捐赠全套，计共二十八部三十一册，即希晒纳，并恳拨交图书馆陈列，以供众览，藉申贺意。

　　专此，即颂教安。

受业赵家璧鞠躬

中华民国卅七年六月五日

关于请陆小曼捐赠徐志摩藏书的函

敝校新建清永图书馆甫告落成，拟向收藏名家广征书籍，藉资充实内容，顷闻徐志摩先生旧藏书籍甚富，窃以徐先生过去曾任敝校教授，化雨春风，早具渊源，用特备函，并奉托校友赵家璧君趋洽，拟请将珍藏名籍捐赠敝校图书馆，不独永垂纪念，实嘉惠后学无穷也。倘荷慨允，无任感幸！

专此奉恳，敬颂阖安。

朱经○敬启

中华民国卅七年六月七日

关于请上海商业储蓄银行按照新办法结算欠款的函

径启者：

前准贵行本年五月廿一日大函及清单，以敝校于民国廿六年六月一日曾向贵行等八银行押借国币六万七千五百元，嘱即早日理楚，以资结束等由，准此，本应照办。只以敝校于抗战期间大西路原校舍为国军驻作据点，及西移后遂被敌人全部焚毁，片瓦无存，损失惨重为各学校冠。迨抗战胜利，奉令复校，并奉拨借敌产房屋权充今校舍，然仍须缴付使用费，担负殊重，而筹款为难，不独一时无力恢复校舍，即勉力维持现状亦感拮据，因而是项借款未能早日筹还，良用疚歉。

兹决遵照贵行依银行业规定战前存放款偿付办法计算，至本年一月卅一日止，结欠二亿二千九百四十万〇二千七百八十六元，如数奉还，至一月卅一日以后利息则请免予计算。

素仰贵行维护教育事业同具热心，用特函恳体念敝校情形特殊，惠然慨允，并希代恳其他七行一并赐覆，无任感祷！

此致上海商业储蓄银行

校长朱〇〇

中华民国卅七年七月十六日

（光秘字第四二三号）

附一：上海商业储蓄银行关于同意减少还款数额的函

径启者：

前奉贵校七月十六日大函聆悉，敝行等于战前合做之押款国币六万七千五百元一款，因贵校在抗战期间损失惨重，复校后又以开支浩大维持困难，拟按照银行业规定战前存放款清偿条件办法计算，至本年一月廿六日止，结欠二亿二千九百四十万〇二千七百八十六元，如数还清以后，利息则予免计云云。

敝行分别致函其他各承借行，兹已得覆，佥以贵校所称各节既属实情，自当同意，勉予通融。

用特函覆，即请准照贵校所商办法，将款即日掷下，以资结束为祷！

此致光华大学

上海商业储蓄银行启

中华民国三十七年八月十四日

附二：关于缴还欠款致上海商业储蓄银行的函

径复者：

顷奉贵行本年八月十四日放字惠缄，承准将敝校战前押款案照银行业规定战前存放款清偿办法计算，曷胜感荷。

兹将该款二亿二千九百四十万〇二千七百八十六元专人送上，即请查詧，并希将该项押款之地契乙纸惠交来人，以清手续为祷！

此致上海商业储蓄银行

光华大学

中华民国卅七年八月廿一日

（光秘〔卅七〕字第四六八号）

附三：上海商业储蓄银行关于清偿欠款的函

径启者：

查贵校于民国廿六年六月一日曾以甲种建筑公债及土地执业证等向大陆、金城、盐业、通商、四明、永亨、浙江实业及敝行等八行押借国币六万七千五百元，嗣因战事爆发，致上项公债迄未依约抽签还本，除于廿八年三月廿一日及廿九年二月廿八日根据临时减息办法收到债息共计二千七百元外，至今本息未见清偿。兹按照《银行业战前存款放款清偿条例》规定办法，曾与贵校薛迪符先生催商归还，迄今多日，未荷照理。兹结至本年五月底止，合计本息法币五亿四千六百三十万〇三千一百廿三元整，开奉清单一纸，务希查洽，即予早日理楚，以资结束，并盼示复为祷！

此致光华大学

上海商业储蓄银行启

中华民国三十七年五月廿一日

附四：关于请上海商业储蓄银行同意将借款捐作建筑基金的函

径启者：

接准贵行本年五月廿一日大函及清单，以敝校于民国廿六年六月一日曾向贵行等八银行押借国币六万七千五百元，除已于廿八、廿九年共付债息二千七百元外，按照《银行业战前存款清偿条例》规定办法，结至本年五月底止，合计本息法币五亿四千六百三十万〇三千一百廿三元整，嘱即早日理楚，以资结束等由，准此，自应照办。只以敝校于抗战中大西路原校舍为国军驻作据点，及西移后遂被敌人全部焚毁，片瓦无存，损失惨重为各大学冠。迨抗战胜利，奉令复校，并奉拨借敌产房屋权充今校舍，然仍须缴付使用费，担负殊重，而筹款为难，不独一时无力恢复校舍，即勉力维持现状亦感拮据，因而是项贷款遂亦无法筹还，良用疚歉。

　　素仰贵行等维护教育事业同具热心，拟恳俯念敝校情形特殊，准将该款慨予捐作建筑基金，匪惟敝校拜赐不尽，实造福学子无量也！

　　准函前由，相应复请詧照，并祈示复为祷！

　　此致上海商业储蓄银行董事长陈

校长朱〇〇

中华民国三十七年五月廿四日

（光秘〔卅七〕字第三三一号）

关于请唐培经促成教育部垫发复员青年军学生学费的函

培经先生勋右：

 敬启者。查本校复员青年军学生张从轩等十三名，皆家境清寒，无力缴纳学杂宿各费，渠等在抗战期间驰驱疆场，不无微功，倘坐视不问，势遭失学，甚且流入歧途，本校经费拮据，爱莫能助，关于该生等学费一项，拟请吾兄主持，准由教部垫发，俾该生等安心向学，学校困难，亦可解除。

 兹检具本校复员青年军清寒学生表册一份，尚祈赐予矜全为祷。

 专布，敬颂公绥。

弟朱〇〇顿首

中华民国卅七年九月十六日

附一：唐培经关于教育部补助复员青年军学生学费办法的复函

经农校长先生道右：

 展奉九月十六日惠函，敬奉壹是。关于复员青年军学生学费事，经饬主管科，查以由本部分发之青年军学生当可补助学宿杂费等，拟请由校备文申请。

 又所附名单有周达经、潘景山、巫文芳、吕振潮、郝兆卓五名份卅五年由本部分发，其余请开示经部分发年月及文号等。

 用特复请詧照，专颂道绥。

晚唐培经上

九月廿四日

附二：关于请唐培经协助核发复员青年军学杂费的函

培经先生勋右：

 展诵九月廿四日大函，敬悉种切。关于复员青年军学生申请补助学杂费事，承蒙赞助，无任公感。兹将钧部分发复员青年军学生郝兆焯等六名遵嘱造具名单备文呈部核办外，其余张从轩等八名或由复旦转学来校，或在廿五、六学年度自行投考录取，该生等均曾驰驱疆场，为国效力，且皆家境清寒，务恳鼎力赞助，赐予救济，俾得安心求学，是所至祷。

　　用再奉渎，顺请勋绥。

弟朱经〇拜启

中华民国卅七年十月二日

关于向教育部呈送 1947 学年度第二学期补助费分配情形的报告

案查本年三月廿七日奉钧部高字第一六五四一号代电开"查该校三十七年度经常补助费……，仰即知照"等因，奉此。谨将遵办情形分列如下：

（一）总数百分之六十充实理学院设备，购置化学实验用品，合计国币壹亿捌千肆百伍拾肆万伍仟元；

（二）百分之四十补助教职员生活津贴及学术研究费，于七月份加发白米，共计七十三石五斗，以每石国币叁千万元，合计国币贰亿贰千零伍拾万元。

以上两项不敷之数，由本校补足，理合检同单据、清册，备文呈请鉴核备查。

谨呈教育部部长朱

私立光华大学校长朱经〇

中华民国卅七年十月十九日

（光秘〔卅七〕字第五四八号）

附一：教育部关于准予补助费分配办法的代电

私立光华大学：

本年十月十九日光秘卅七字第五四八号，呈件均悉，准予备查，仰即知照，件存。

教育部戌江[1]印

（高字第六〇二三七号）

附二：教育部关于核发三十七年度补助费的代电

私立光华大学：

查核校（院）三十七年度经常补助费经核定叁亿元，款由财政部国库署一次径拨。至该款用途应以总额百分之五十充实设备，百分之五十补助经常费及教员学术研究费暨职员生活津贴，并限于本学期内编造使用计划及购置设备详册暨教职员领受学术研究费暨

---

[1] 民国卅七年十一月三日。

生活津贴清册报部备核，仰即知照。

教育部印

中华民国卅七年三月廿七日

（高字第一六五四一号）

五、教职员管理

1949 年，朱经农与胡适（右二）在赵元任（右一）的加州寓所

关于请校董复议校长人选的函

咏霓、新之、可庭、鸣阶、霖甫、任光诸位校董同鉴：

辱承不弃,推选经农为光华大学校长,深感厚意。惟经农才力薄弱,不得不临事而惧。基于下列诸原因,实不敢冒昧受聘。

（一）校址未定,校舍未建,在沪上复校问题尚多,有非经农能力所能解决者。

（二）物价动荡,法币贬值。国立学校教职员不得不照原俸一百零一倍支薪,外加生活补助费、学术研究费及食米一石,每人每月由学校担负之经费近九万元。光华大学若照此标准致送教授薪津,则力有所不逮;若不照此标准支薪,则校内名教授皆将舍光华他就,学校水准将无法维持,学校精神亦无法振作,有违当年设学初意。经农对光华经济状况太不明瞭,自觉全无把握。

（三）私立大学校长有一必须具备之条件,即自身生活问题,不致累及学校,且有能力为学校筹款。经农经济能力去此条件太远,实不宜担任私立大学校长。

（四）法令规定,大学校长不准兼职。经农若辞现职,则衣食住行,事事发生问题。未为学校服务,即增学校重累,于公于私,均有妨碍,实不相宜。

近接张星联先生由沪来函,建议两点：

（一）组织校务委员会暂维现状。

（二）俟政府还都,局面安定后,再选正式校长。

以上两点经农认为非常恰当,一方可得充分时间,物色适当校长;一方又可使已成立之校务委员会发挥其权能,进行复校工作。倘于此时在渝产生一校长,则沪上校务委员会行动将受牵制,而在渝之校长对沪上情形又甚隔膜,不能提出适当之主张,实有百害而无一利,故函请复议,诸希鉴谅。

敬请道安！

朱经农手上

民国三十四年九月十五日

附：照抄张星联先生自沪来函

经农先生勋鉴：

三月中星因先君卧病离渝回沪省亲,于五月中始行抵舍,未及两月,先君遽而弃养,距和平重见尚不及一月耳！先君在病中及临终对家务并无嘱咐，而于光华之战后复兴则念念不忘，曾嘱星代求翁校董及先生，务恳主持，使此灿烂艰难之学府得以复兴而光大，今竟成遗言矣。光华同人当兹和平实现，爰遵遗嘱，一面先成立校务委员会，以朱副校长公谨为主席，容启兆、蒋竹庄、薛迪符、唐庆增等（原为教务长、院长）及星并舍弟芝联等为委员，先行复校招生上课，一面函请教部准予在沪地之敌产逆产中约拨校舍。盖自八一三之后，沪校大西路校舍全部被敌焚毁，为抗战中沪上各大学牺牲最大者。而在抗战期内，光华不屈不挠，从未与敌伪有任何合作或委曲求全之事。垂以先君二十年来对光华之竭尽心力，因敢详陈于先生之前，素仰先生关怀光华，备承维护，不揣冒渎，特此函恳转陈朱部长赐予成全，先君在地下自亦顶礼感祷也！除由光华正式呈请教部并朱部长并函陈翁校董，及在沪就近面陈顾局长毓秀转陈外，耑此奉陈，伏乞垂察。

　　至推选校长，因多数校董尚在内地，只能俟政府还都后再行举行校董会选出，并请鉴察，祗请勋安！

晚张制星联拜叩

卅四年九月三日

关于聘请廖世承为附中校长的函

　　兹敦聘台端为本校附属中学校校长，至希俯允担任为荷。
　　此致廖世承先生

私立光华大学校长朱经○

卅四年十月十六日

关于聘请张祖培为副总务长的函

　　兹聘请台端为本校副总务长,任期自民国卅五年二月一日起至七月三十一日止,至希俯允担任为荷。

　　此致张祖培先生

私立光华大学校长朱经农

朱公谨代

中华民国卅五年二月一日

关于向校董会转呈全体职员请求增加薪津的函

敬启者：

　　案据本校全体职员会呈，以生活艰难，恳请自三月份起，将薪津加发两倍，以资维持。当经提交校务会议讨论，佥谓本校职员薪津确甚微薄，似此物价高涨无已，同人生活自甚艰苦，并议决转请校董会设法增加等语，记录在卷。

　　相应录案，并检同职员原呈一件，函请詧核并赐复为荷！

　　此致校董会董事长翁

光华大学校长朱○○
中华民国卅五年三月十四日
（复字第一○五号）

关于请廖世承早日返回任职的代电

蓝田(南岳)国立师范学院廖院长茂如先生鉴：

　　务盼于七月初返沪就任本校副校长兼附中校长，盼电告行期。

弟朱经农

卅五年六月十四日

关于请教务长陈青士即日莅校的函

青士先生大鉴：

敬启者。荷承俯允屈就本校教务长之职，至为感幸。兹奉上聘书乙件，至祈詧收，并请即日莅校，共商下学期教务上兴革事宜为盼！

专此，祗颂日祉！

弟朱经农启

中华民国卅五年七月二日

（复字第二八七号）

关于聘请沈延发为本校工程顾问的函

兹聘请台端为本校工程顾问，至祈俯允担任为荷。

此致沈延发先生

私立光华大学校长朱经○

中华民国卅五年七月十五日

（复字第三一四号）

关于聘请陆翔千为体育副主任的函

　　兹聘请陆翔千先生为本校体育副主任，每月致送车马费拾贰万元，至祈俯允担任为荷。

　　此致陆翔千先生

私立光华大学校长朱经〇

中华民国卅五年九月卅日

（复字第四五五号）

关于聘请秉志担任名誉教授的函

敬启者：

　　兹敦聘台端为本校理学院生物学系名誉教授，至祈俯允担任为荷！

　　此致秉农山先生

光华大学校长〇〇〇

中华民国三十五年十月八日

（复字第四八四号）

附：秉志关于同意担任担任名誉教授的复函

敬复者：

　　顷奉尊函，约志为贵校生物学系名誉教授，曷胜荣幸。兹谨遵台命，接受尊约，以后当为贵校效力。

　　此致朱经农先生

秉志谨启

十月十五

关于聘请谢循初担任教育学系兼职教授的函

兹聘请台端为本校文学院教育学系兼任教授，担任普通心理学，薪水自十一月份致送，至祈俯允担任为荷。

此请谢循初先生

私立光华大学校长朱经农

中华民国卅五年十月卅日

附：张耀翔关于推荐谢循初继任课程致陈青士的函

青士兄：

弟因暨大快要开学，课务加多，拟辞去光大三小时，于一周前曾向贵定兄提过并推荐循初兄担任，希予俞允，并祈代向朱校长、蒋院长解释，以免误会，至感。

顺颂教祺。

弟耀翔上

十月卅日

如同意循初兄继任，希即发聘书，谢住霞飞坊九十五号，人在上海。又及。

关于向校董会转呈教职员请求加薪五成的函

谨呈者：

本校各教职员以迩来生活指数频加，殊难维持生活，佥向校中请求于十二月份起设法加薪五成等情，按诸情形，尚属真实，似应予以救济，以维彼等生活而使安心服务。嗣经提交第八次校政委员会议决，备函向钧会申请，并推请张总务长趋前陈述详情，记录在卷。

为特敬呈鉴核，俯赐救济，是所企祷！

此上校董会

校长朱经〇

中华民国卅五年十二月七日

（复字第六八〇号）

附：校董会财务委员会关于从下年度一月份加薪五成的复函

准三十五年十二月七日来函为："本校各教职员以迩来生活指数频加，殊难维持生活，佥向校中请求于十二月份起设法加薪五成等情，按诸情形，尚属真实，似应予以救济，以维彼等生活而使安心服务。嗣经提交第八次校政委员会议决，备函向钧部申请，并推请张总务长趋前陈述详情，记录在卷。为特敬呈鉴核，俯赐救济，是所企祷"等语，均经洽悉。各教职员生活清苦，凤所同情，惟是校中经费亦极为拮据，且本学期收支预算所限，无米之炊，至感为难。既据函称，几经设法，勉于三十六年一月份加发薪五成，以后须视下学期收入情形，再行酌定。

专此函复，尚希婉达是荷。

此复朱校长经农

光华大学校董会财务委员会主席委员钱永铭

民国三十六年一月九日

（财字第五号）

关于聘请翁朝庆担任土木工程学系教授的函

　　兹聘请台端为本校理学院土木工程学系教授，担任道路工程一学程，自民国三五年十二月至卅六年一月，至希俯允担任为荷。

　　此请翁朝庆先生

私立光华大学校长朱经〇

中华民国卅五年十二月十三日

关于发布聘任教职员办法的通知

径启者：

　　兹奉校长手谕，规定聘任教职员办法如后：

　　一、凡教职员系聘任全年者，下学期自当继续，不另发聘书。

　　二、凡教职员系聘任半年且服务良者，由系主任、院长或组主任签字，经教务长或训导长、总务长、会计主任、校长决定后，交校长室续发聘书。

　　三、凡各院处室拟新聘教职员者，须将姓名资历等函送校长室提交聘任委员会，经通过后送发聘书。

　　以上规定相应录转，希即查照为荷。

　　此致三院院长、各系主任、三处处长、会计室主任

校长室启

中华民国卅六年一月十日

（复字第七六四号）

关于请张歆海在海外继续为复校筹募的函

歆海先生左右：

久疏音问，比想道履迪吉为颂。本校复兴基金承吾公海外奔走筹募，曷胜感祷。兹邮奉本校概况、复校计划暨校舍照片各三份，望祈詧收是荷。光华复校诸事待兴，端赖鼎力遥助，则复兴可期，尚请不吝赐音为祷。

专此布恳，顺请大安。

弟朱经农顿首
中华民国卅六年二月

关于请张歆海代表出席美国政治与社会科学 51 届年会的函

歆海校董先生道席：

　　本校顷接美国政治与社会科[学]社邀请推派代表一至三人出席该社五十一届年会，兹拟恳请台端代表出席，如蒙俯允，无任感祷。附上该社请柬一纸，即请詧收为荷。

　　专此奉恳，顺颂大安。

弟朱经○顿首启

中华民国卅六年三月十七日

关于补送万云骏等著作证件以备教育部资格审查的报告

　　案查本校教员资格送审一案,前奉钧部卅五年十二月廿一日学字第四〇三二四号指令并附应补证件著作清单,饬各员补呈各件;又奉钧部本年二月初七日学字第〇六九九六号训令,饬转知教员唐庆增补呈专门著作,当先后分别饬遵。

　　兹据教员万云骏补送专门著作一本,唐庆增补送专门著作二本,许啸天补送服务证件十份,理合备文转呈,仰祈鉴赐审查。

　　至于其他各员应补各件,俟送到再行转呈,合并陈明。

　　谨呈教育部部长朱

　　附呈万云骏著《西笑语业》一本,唐庆增著《中国经济思想史》(上卷)、《唐庆增经济论文集》各一本,许啸天服务证件十份

校长朱经〇

中华民国卅六年四月十七日

(复字第一〇二四号)

附一: 教育部关于补呈著作及证件的指令

令私立光华大学:

　　卅六年四月十七日复字第一〇二四号呈一件,呈送教员万云骏等证件著作请审查资格由,呈件均悉。查万云骏、唐庆增等二员资格准予汇交审查,许啸天一员尚应补缴所任大学特约讲座及青年军政治教官之服务证件,以凭核办。证件先行验还,著作暂存,仰即转知。

　　此令。

　　附还许啸天证件十一件

部长朱家骅

中华民国卅六年六月十七日

(学字第三三六九三号)

附二：教育部关于转知教员唐庆增补呈专门著作的训令

令私立光华大学

　　查核校教员资格审查案内唐庆增乙员，前缴著作未合规定标准，应另补专门著作，以凭核准。原件发还，仰即转知。

　　此令。

　　附还著作二册

部长朱家骅

中华民国卅六年二月初七日

（学字第〇六九九六号）

关于同意岑有常因病辞去商学院院长的函

有常先生有道：

　　顷奉教言，拜悉——。

　　本校复员期内，承先生力疾从公，多予襄助，感激莫名！不幸贵恙时发，理应得休养机会，来函拟辞商学院院长职，本非同人所愿，为便于先生调养计，勉如所请，敬祝早日康复，并希教益时赐，藉匡不逮。

　　专此布复，祗候康健！

　　　　　　　　　　　　　　　　　　　　　　　弟朱经农顿首

　　　　　　　　　　　　　　　　　　　　　　　中华民国卅六年七月四日

　　　　　　　　　　　　　　　　　　　　　　　（复字第一二三六号）

关于教育部发给何德奎赴美护照的请示[1]

窃本校于抗战期间旧有大西路校舍全部被毁，损失惨重。复校以还，二年于兹，虽尽力擘划，以格于经费，未能速效。兹拟派本校商学院院长何德奎先生赴美国筹募基金，伏乞钧长准予发给赴美护照，实为德便！

谨呈教育部部长朱

校长朱经〇

中华民国卅六年七月十日

（复发字第一二四四号）

附：关于向教育部部长朱家骅呈请发给何德奎出国护照的函

骝公部长钧鉴：

连日在京承教，至为钦慰。光华大学商学院院长何德奎先生拟出国考察，顺便为学校募捐，已由校备文呈部请求核发出国护照。前日在会场中面呈钧座，敬求特准发给护照，不胜感祷之至。其所需往返旅费之外汇，业经自行备妥，无须再向政府请购美金。至于募捐一节，广东国民大学及北平燕京大学已有前例，美国方面亦已预告接洽，不致发生问题。

即令钧安！

中华民国卅六年七月十五日

---

[1] 1947年8月8日教育部指令"如能自备外汇准以修名义出国"。教育部指令何德奎拿去办手续，未见归档。

关于请教育部朱家骅部长帮助办理徐僖留学证书的函

骝公部长钧鉴：

未亲尘教，倍切瞻依。

兹恳者，本校化学系讲师徐僖先生现得中华文化教育基金董事会国外科学研究补助金赴美国 Lehigh 大学进修研究塑质化学，并获有入学许可证，兹恳核发留学证书，并祈嘱主管人员尽速办理，俾九月能赶到该校注册上课也。

肃此，祗请钧安。

职朱经农谨上

中华民国卅六年八月七日

附：关于请韩介轩发给徐僖留学证书的函

介轩吾兄处长大鉴：

暌违雅度，时切神驰。兹有恳者，本校化学系讲师徐僖君已得中华文化教育基金董事会国外科学研究补助金赴美 Lehigh 大学进修并领有入学许可证，务请发给留学证书一份，并希早日赐下，无任感盼。

专此拜恳，祗请大绥。

弟朱经农谨启

中华民国卅六年八月七日

关于无法延揽丁观海任教致王隽英的函

隽英女弟青鉴：

　　展诵来书，备悉种切。观海仁弟好学力行，甚愿延揽，但土木系教员悉仍其旧，课程并无增添，有违之处，尚乞谅察。

　　专复，顺颂暑安。

朱经○启

中华民国卅六年八月十四日

附：王隽英为丁观海询问工作机会的函

经农校长吾师：

　　久未侯晤，近况迪吉为颂为祷。

　　兹有恳者，外子丁观海系光华校友，在交通大学毕业后赴美深造，得土木工程师学位，曾先后任教交通大学、重庆大学等校十余年，现任教山东大学，以地方不靖，拟于暑期后南来。丁启长于应用及理论力学、结构学、钢筋混凝土及其他土木系课程，母校如需添聘该项教授，祈予惠助玉成，无任感荷。

　　专此，敬请教绥。

受业王隽英敬启

七、一

（赐示：南京中央党部抚恤委员会转）

关于奉令呈缴副教授万云骏照片印花的报告

　　案奉钧部本年十一月学字五八九九二号训令,为核准本校教员万云骏为副教授资格,饬转该员须缴照片一张印花五元等因,奉此,遵将该员照片印花备文呈请鉴核示遵。

　　谨呈教育部部长朱

　　计附呈万云骏照片一张印花五元

光华大学校长朱经〇

中华民国卅六年十一月廿四日

(复字第一五四八号)

附一：教育部关于副教授万云骏合格证书准予验印颁发的指令

令私立光华大学:

　　卅六年十一月二十四日复字第[一]五四八号呈一件,奉令呈缴副教授万云骏照片印花请鉴核由,呈件均悉。副教授万云骏合格证书准予验印颁发,仰即转给照片印花贴用。

　　此令。

部长朱家骅

中华民国卅六年十二月廿五日

(学字第六九七九八号)

附二：教育部关于呈缴副教授万云骏照片印花的训令

令私立光华大学:

　　查核校教员资格送审案内业经核定万云骏一员合于副教授资格,该员须俟照片一张印花五元补到后再行发给合格证书,前缴著作先行随文发还,仰即转知。

　　此令。

部长朱家骅

中华民国卅六年十一月初三日

(学字第五八九九二号)

关于请杨荫溥代理商学院院长的函

兹聘请台端代理本校商学院院长(卅七年二月至七月),至祈俯允担任为荷。

此致杨石湖先生

私立光华大学校长朱〇〇

中华民国卅七年元月廿七日

关于请廖世承照原薪支领的函

茂如先生副校长大鉴：

奉书敬悉。所请支半薪，具见廉让公贞，至为钦佩。惟本校事务诸多借重，酬劳原已微薄，拟请照原支领，幸毋客气为盼。

专复，顺颂道绥。

弟朱○○敬启

中华民国卅七年二月廿七日

附：廖世承关于减半支取副校长职薪的函

经公校长道鉴：

本学期弟副校长职薪拟支半数，以示公允。为便利行政计，已冒昧先行函知会计室，敬祈惠予核准为感。

专此，敬颂道安。

弟廖世承拜启

二、廿六

关于容启兆率中国足球队出征世界运动会致中华全国体育协进会的复函

　　接奉贵会公函,为聘本校容启兆先生为中国足球队领队前往参加第十四届世界运动会请准给假公假等由,自应照办,相应函复,即希查照为荷。

此致中华全国体育协进会

校长朱○○

中华民国卅七年五月八日

(光秘字第二九四号)

附: 中华全国体育协进会关于请准给予容启兆公假的函

敬启者:

　　查第十四届世界运动会已定于本年七月二十九日在英京举行,我国已报名参加足球、篮球等项。查贵校容启兆先生经验丰富,领导有方,被聘为中国足球队领队,定于四月廿二日出发,途经港、菲等地,作友谊观摩比赛而后抵达英京。用特函请贵校自四月廿二日起至九月底止,准予容先生公假,敬祈惠允为荷。

此致光华大学

中华全国体育协进会理事长张伯苓

总干事董守义

中华民国卅七年四月十八日

(奥字第二七九号)

关于请容启兆回国主持训导工作的函

启兆先生惠鉴：

沪江揖别，忽已三月，吾兄率领中华健儿参加世运，远涉重洋，贤劳可想，为国争光，深以佩仰。

校中自公驾出国后，可称安然。不意在学期考试前夕，骤然发生风波。一部分学生借口下学期无力负担学费，请求政府改为国立，以罢考为要挟，张贴布告，发表宣言，捏造事实，漠视校规，并推派代表晋京请愿，举动越轨，显有作用。经弟等一再劝谕，将考试两度延期，而学生仍不听从，不得已乃宣布放假。旋奉教部电令惩处主动分子，经校政会议议决将杨鸿源等八生开除学籍，赵天佑等十四生停学一年或半年，蓝开桢等七生记过，分别惩处，迄今仍有少数受处分同学滞留校中。

此次学潮事前不免疏于防范，如先生在校主持，此事决不致扩大。因思下学期开始时恐仍有纠纷，训导方面殊应防患未然。沈延国兄经此番风波，态度消极，曾两度坚辞训导职务。弟虽属加慰留，而延国兄迄今滞留苏州不返。下年度开学转瞬即届，训导事宜重要，不可一日无人，深盼台驾早日返国主持一切，如能于开学前莅校，尤为企盼也。

专此奉达，敬颂旅绥。

弟朱经〇拜启[1]

附奉告家长书及处理学生通告各乙份

---

[1]　原稿没有具体时间，应为 1948 年 7 月初。

关于推荐叶玉华致同济大学丁月波校长的函

月波先生校长大鉴：

　　兹有叶玉华先生，北京大学毕业，曾任北京大学、暨南大学两校国文系讲师，大夏大学及本校历史系副教授，江苏教育厅特约编审等职，顷闻贵校下期正需用是项人才，用特函介，敬希延聘，定能胜任愉快也。

　　专泐，顺颂教绥。

弟朱〇〇拜启

中华民国三十七年七月十二日

附：叶玉华关于请求介绍工作的函

经农校长钧鉴：

　　久未恭聆训诲，至切心仪。去年离平来沪，携适之先生函晋谒崇阶，忽忽又一年矣。谬荷奖掖，多方汲引，云天高谊，铭感无既。后以时机延误，仅得在暨南大学授课三小时而已。昨晤郭绍虞先生，谈同济大学将增设历史系，又原有国文系仅二年级，暑后亦增扩为三年级，正需用人。用敢冒昧陈词，恳祈吾公便中赐函，向丁文渊校长处介绍，俾得有教读之机会。

　　前途实多利赖，私衷感戴，宁有涯涘？近方病痢，日内当再趋谒，拜领诲示。婞肃披沥下情，不尽殷拳，敬致钧安。

晚学叶玉华敬肃

六、廿一

关于请薛迪符勿要辞职的函

迪符我兄大鉴：

　　顷奉手书,祗悉一一。

　　吾兄爱校至深,任职以来,贡献卓巨。方今复校伊始,赖倚益殷,今遽萌退志,是固君子谦德,实农及全体同人所不愿闻者也。用特函请打消辞意,聘书一纸仍祈瞀收,是所企祷。

　　祗候大安！

朱经○顿首

中华民国卅七年七月十九日

（复字第一二五一号）

附一：薛迪符关于请求辞职的函

经农校长先生钧鉴：

　　日前接奉聘书,至为感愧。窃以过去一年,生以外间职务关系,到校时间极少,对于所任工作,未遑兼顾,下学期起应请另行派员接替,以重校务,原聘书附还。诸希鉴原赐准为叨。

　　专此,敬请钧安！

生薛迪符谨启

七月十三日

附二：光华同学会关于请求学校坚决挽留薛迪符的函

校长先生钧鉴：

　　侧闻薛迪符先生函请辞职,本会以为薛先生在母校任职有年,贡献殊多,为奖励其实劳计,似不能容其辞职。况际此我校正当复兴之时,似更不能容其辞职。

　　想钧长早已洞鉴斯情,正在设法坚留之中,祈恕赘言为幸！

　　肃此,敬请钧安！

光华同学会谨启

七月十六日

关于无法聘任卢勋致李熙谋的函

振五先生勋右：

　　八月二十三日惠书敬悉。承介卢勋先生，以敝校本期经济系各教授业已聘定，一时未能延揽，至深歉疚。尚祈谅詧为荷。

　　专复，敬颂公绥。

弟朱○○顿首

中华民国卅七年八月三十日

附：李熙谋关于介绍卢勋任职的函

经农先生我兄惠鉴：

　　兹有敝友卢勋先生，为人诚恳，擅长经济财政等学，亟欲谋事。贵校如需此项人材，敢为绍介，附寄履历乙纸，至希察阅。如荷延揽，当能胜任愉快。

　　此颂公绥。

弟李熙谋顿首

八月廿三日

关于聘请翁朝庆担任学校建筑校舍顾问的函

径启者：

　　本校为扩充校舍，拟添建学生宿舍一所，素仰台端学有专长，对于建筑工程经验宏富。兹为谋建筑上坚固完备起见，用特聘请先生担任顾问，指导一切，务祈俯允，无任感幸。

　　此致翁朝庆先生

校长朱经〇谨启

中华民国卅七年十月十六日

关于聘请查镇林代理工务主任的函

敬启者：

　　本校添建校舍，为使工程完美起见，拟聘请专家督导。素仰台端对于建筑工程经验丰富，特为函聘担任代理工务主任，至希惠允，无任感幸。

　　此致查镇林先生

光华大学校长朱经〇

中华民国卅七年十月廿八日

关于请廖茂如朱公谨容启兆担任校政会议常务委员的函

敬启者：

　　兹经第四十三次校政会议议决，在经农出国期间，校务由校政会议诸委员共同负责。惟时值非常，环境瞬息万变，为加强校政会议起见，除加聘吕诚之、薛观澄、王志稼三先生参加校政会议外，并请台端为该会常务委员，尚希俯允是幸。

　　此致廖茂如、朱公谨、容启兆先生

朱〇〇敬启
中华民国三十七年十一月十二日

附一：朱公谨向朱经农请辞校政会议常务委员的函

经农先生道右：

　　顷奉教言，承属担任常务委员一席，弟俗务缠身，无法兼顾，特此恳辞，尚祈另推贤能，是所盼祷。

　　专此奉复，即颂教绥。

　　校政会诸公均此不另。

宗弟公谨启
中华民国三十七年十一月十三日

附二：廖世承请朱公谨继续担任校政会议常务委员的函

公谨先生道席：

　　敬启者。

　　十一月十三日大书拜悉一一。朱校长奉派出国之顷，适值风雨如晦之秋，校政措施诸待策筹，仍恳先生赐念时艰，惠允共济，实所企感者也。

　　专此奉达，诸请察照，敬颂筹祺。

弟廖世承拜启
中华民国三十七年十一月廿四日

关于请淞沪警备司令部保释俞硕遗的函

兹据本校国文助教俞硕遗之父俞慧殊函称，伊子于九月十九日诣威海卫路学生日报社访友，突然被捕，请求许为保释等情。查该助教俞硕遗人极忠厚，沉默寡言，素对文学研究颇为用功。此次被捕情形如何，拟请迅赐问清，准予保释，以先久羁囹圄之苦，是所盼感。

专此函达，敬祈詧照。

此致淞沪警备司令部宣司令

校长朱○○

中华民国三十六年十一月廿四日

（复字第一五五○号）

附一：关于已去函警备司令部查询俞硕遗去向致俞慧殊的函

查前接来函报告令郎硕遗君被捕情形，当即去函上海市警察局请其查明准予保释。兹接该局复函，谓从未拘捕俞硕遗其人。除再函警备司令部查询外，特此函达，即希查照。

此致俞慧殊先生

光华大学校长室启

附二：俞慧殊关于说明俞硕遗被捕情况的函

经农校长先生道席：

项接尊示，敬承一是。硕儿事备荷关注，感激无斁。硕儿被逮系由中统局主持，事在九月十九日。同时搜索富通印刷公司，而该公司在前学生日报社之二楼。硕儿适在该社访问其同学蔡君也。

谨此奉陈，祇叩诲安。

教晚俞慧殊拜启

十一月廿七日

附三：关于请上海市警察局查明保释俞硕遗的函

兹据本校国文助教俞硕遗之父俞慧殊函称，伊子于九月十九日因诣威海卫路学生日报社访友突然被捕，请求许为保释等情。查该助教俞硕遗人极忠厚，沉默寡言，素对文学研究颇为用功。此次被捕情形如何，拟请迅赐问清，准予保释，以免久羁图圄之苦，是所盼感。

专此函达，敬希詧照。

此致上海市警察局俞局长

校长朱经农

中华民国卅六年十一月十三日

（复字第一五二五号）

附四：关于请吴国桢查明保释俞硕遗的函

国桢先生市长赐鉴：

查本校国文助教俞硕遗君，人极忠厚，查其素行以无不检之处。兹据乃父函告该助教于九月十九日因诣威海卫路学生日报社访友被逮等情，究竟被逮情形如何，无从悬揣。拟请先生迅赐转饬讯明交保开释，俾得早脱缧线，无任盼感。

岚此奉恳，顺颂勋祺。

弟朱经〇拜启

中华民国三十六年十一月十三日

（复字第一五二六号）

附五：上海市警察局关于并未逮捕俞硕遗的函

上海市警察局公函

案准贵校卅六年十一月十三日复字第一五二五号函，为助教俞硕遗被捕事请问清保释等由，准。查本局从未拘捕俞硕遗其人。相应函复，即希查照为荷。

此致光华大学

局长俞叔平

中华民国卅六年十一月廿日

（市警刑〔卅六〕字第一四一九三号）

附六：俞慧殊关于请求调查保释俞硕遗的函

经农校长先生道席：

敬启者。

小儿硕遗于九月十九日因诣威海卫路学生日报社旧址访友被逮。私念硕儿在贵校毕业，复荷委充国文系助教，其习性行动想为师座所洞悉。又念此儿秉性木讷，不善应对。此次致祸之由，岂其在此？更念禁锢？至是节序几更，每闻风声瑟瑟，辄为绕室彷徨，舐犊之私不能自已。用谨肃函奉白，敬乞赐予调查，许为保释，不胜感激主臣之至。

专肃，敬致诲安，并惟察照，不一一。

俞慧殊拜启
十一月三日

关于朱经农辞职廖世承代理校长呈教育部备案的报告

教育部代部长陈钧鉴：

　　本校校长朱经农于卅七年冬奉派出国参加联合国文教会议，并考察欧美近年教育实施，朱校长近在美国专事著述，一时不克返国，经已函准本校校董会辞去校长职务，自本学期起，由校董会改聘廖世承为代理校长。世承遵于卅八年三月一日起代理校长职务，理合电呈察核赐准备案，实感公便。

私立光华大学代理校长廖〇〇

光秘卅八寅(东)[1]叩

附：关于朱经农辞职廖世承代理校长的通告

径启者：

　　本校校长朱经农先生，去岁十一月奉部派参加在黎巴嫩举行之联合国文教会第三次大会，赴美后即向校董会提出辞呈，最近在美西雅图专心著述，一时不克返国，再度函请辞职，已经校董会照准。自本学期起，改聘廖世承副校长为代理校长，自卅八年三月一日起正式视事。

　　相应通告，即希查照为荷。

　　此致

光华大学校长室启

二月廿八日[2]

---

[1] 寅(东)，三月一日，此处指 1949 年 3 月 1 日。
[2] 1949 年 2 月 28 日。

六、学生管理

1949 年,摄于美国国会图书馆

关于请大同大学接收电机及化工两系学生的函

敬启者:

　　敝校所设电机、化工两系顷奉教育部令饬停办,并将该系学生设法转入其他私立大学,自应遵办。所有该两系学生均拟转入贵校肄业,曾已面洽,荷蒙俯允,至以为感。

　　兹特抄奉转学学生名单一份,函请詧洽,准予收容为荷。

　　此致大同大学

光华大学校长朱经农启

中华民国卅五年八月十六日

(复字第三六〇号)

附: 大同大学关于接收停办院系学生的复函

敬启者:

　　查贵校转来电机、化工两系学生成绩单与敝校规定升级及格学分相差甚巨,十六人中除七人可合升级标准(敝校工学院一年级升二年级规定须及格二十八学分)尚须补读学分外,其余九人无从遵命照办。兹附还蒋卫源等九人成绩单九份,至祈台詧,并请转知吴寿录等七人即来敝校办理转学手续为荷。

　　此致光华大学

私立大同大学注册处

九月六日

关于请之江大学接收机械系学生的函

敬启者：

　　敝校所设机械系顷奉教育部令饬停办，并将该系学生设法转入其他私立大学，自应遵办。所有该两系学生均拟转入贵校肄业，曾已面洽，荷蒙俯允，至以为感。

　　兹特抄奉转学学生名单一份，函请誉洽，准予收容为荷。

　　此致之江大学李校长培恩

光华大学校长朱经农启

中华民国卅五年八月十六日

（复字第三六〇号）

附一：之江大学关于接收停办机械系学生的复函

敬复者：

　　顷接贵校复字第三六〇号大函并附转学生名单一份嘱予收容等由，准查各该生等学年成绩尚付阙如，应请钞示以便考虑，相应函复，即希誉照为荷。

　　此致光华大学

之江大学校长李培恩启

八、十九

附二：关于抄送转学生成绩单给致之江大学的函

敬启者：

　　接奉大函，承嘱抄送转学生成绩单一节，业已照办，相应检同成绩单十七份，函请台誉。前送转学生名单中有汪彼得一名，查系土木系学生，当时误为抄入。再关于转学呈报教育部方面可无问题，请勿顾虑为荷！

　　此致之江大学李校长培恩

光华大学校长朱经农启

中华民国卅五年八月廿三日

（复字第三七七号）

关于苏北籍学生伙食费致苏北难民救济会上海办事处的函

径复者：

接准十月廿九日台函,祇悉,贵会热心教育,救济苏北流亡学生伙食费,再行发给十一月份一个月。业已遵照办理,相应检奉本校苏北籍学生登记请领伙食费缮具发放清册三份,函请核发,并祈查照为荷!

此致学生临时救济委员会

光华大学校长朱经○启

中华民国卅五年十一月九日

（复字第六二○号）

附一：苏北难民救济会议上海办事处学生临时救济委员会关于核发伙食费的复函

径复者：

顷接大函,并附发放清册三份到会,准此。

兹订于本月廿日派员前往核发。届时各该生携带学生证名章具领,相应函复,即希查照转知为荷。

此致光华大学、光华大学附中

苏北难民救济会议上海办事处学生临时救济委员会

十一、十五

附二：苏北难民救济会议上海办事处学生临时救济委员会关于增发十一月份伙食费的函

径启者：

查各校苏北籍流亡学生暑期伙食费补助费原定由八月份起至十月份止,共救济三个月,刻已办理完竣。兹为顾念该籍流亡学生实际困难起见,本会特商准苏北难民救济会议上海办事处,再行继续救济一月（即十一月份）,至具领手续仍照以前同样办理,惟请领发放清册三份希于十一月十五日以前（用十行稿纸缮造）函送本会,以便定期核发。

相应函达,即请查照办理为荷。

此致光华大学

苏北难民救济会议上海办事处学生临时救济委员会

十月二十九日

关于学生请领英文成绩单收费的通知

径启者：

　　兹规定学生请领英文成绩单除第一份免费外，凡需要一份以上者每份须收回纸张费贰千元。至于请领英文成绩单份数多寡应由教务处通知会计室，除分函外，即希查照为荷。

　　此致总务处、训导处、教务处、会计室

校长室启

中华民国卅五年十一月十一日

（复字第六一三号）

关于 1946 年第 1 学期学生数调查表呈教育部的报告

谨呈者：

　　兹奉本校成都分部结束办事处十一月九日转奉钧部本年十月十五日总字第二五六〇三号代电,令将本校学生人数调查表填报呈部,自当遵办,业已依式照填,理合备文呈报,仰祈鉴核为祷!

　　谨呈教育部部长朱

　　附呈本校学生人数调查表一式二份

校长朱经〇

中华民国卅五年十一月廿二日

（复字第六三七号）

光华大学学生人数调查表

项　　别	人数	备　　注
全公费		
半公费		
分发青年军复学生	8	
贷金改全公费生	7	内汪廷蔚、刘明菊两生现在成华大学借读； 内马尚健、王汇川、王毓华、贺煜成、许慧智五生现在本校继续肄业
建教训练班学生		
完全自费生	972	
总　　计	987	

（卅五年度第一学期）

本月份中等熟米每市斗伍千捌百元。

校长朱经农

中华民国三十五年十一月廿二日填报

附注：

（一）本表一式三份,一份存校,二份报部

（二）表列人数应以实有人数为准，以凭垫发以费生膳费

（三）本表用最迅速方法直接寄交教育部总务司

附一：成都分部结束办事处关于转呈教育部填报学生人数通知的函

径启者：

兹奉教育部三十五年十月总字第二五六〇三号代电，饬填公费学生调查表等因，查成都分部原已奉准之战区学生截至本学期止尚有马尚健等五名已至上海本校肄业，又汪廷蔚等二名留在成华大学借读，此等学生均已于本年九月间具文填表呈部，并已以华大卅五字第六六五九号函将该呈件副本抄请察照在卷，所有上开教部代电除抄录存查外，兹将原电附请查照为荷。

此致上海校本部

附教育部总字第二五六〇三号代电一件

光华大学成都分部结束办事处谢霖启

中华民国三十五年十一月九日

（华大〔卅五〕字第六六八八号）

附二：教育部关于通知检发学生人数调查表的代电

私立光华大学：

奉行政院令饬编具本学期各校实有公费生人数表呈核等因，兹检发调查表三份，仰于文到三日内详实填报，以凭核办。学生人数务以详实为准，以后各月份垫发膳费数即以此表为凭。除分行外，合亟电仰遵照。

教育部印

中华民国三十五年十月十五日

（总字第二五六〇三号）

关于向教育部补报 1946 年年贷金学生人数表及粮价表的报告

教育部钧鉴：

敝校本年九月一日华大〔卅五〕字第六三五六号呈,请发给三十五年八月起在校肄业战区学生贷金一案,奉钧部三十五年十一月二十一日总字第三二九二〇号代电开"九月一日华大〔卅五〕字第九三五六号呈件均悉。查该校本年一月份起所有请领学生膳费清册及粮价表均未报部,致无凭清结核算。成都与上海膳费标准不同,应分地报送粮价表。一至九月份膳费仍应将该校各月人数表及沪蓉两地粮价表报部再行清发,仰即知照。件存"等因,兹遵将自本年一月至九月之学生人数表及粮价按月造册呈报,即请察核,所有敝校成都分部垫发之款,共计拐拾五万九千六百一十元,除请扣去汇发各款外,其余仍乞钧部汇交敝成都分部结束办事处,以兹归垫清讫至自十月份起之贷金,请以在沪学生五名应领之款直接改汇上海本校转发。又留蓉借读学生两名应领之款仍请汇交成都分部结束办事处(地址:春熙南段十七号附六号)转发。再此项留蓉学生两名均在本学期应届毕业,其应领之贷金请予发至三十六年一月为止。并以附陈。

私立光华大学叩

中华民国卅五年十二月十八日

(华大〔卅五〕字第六八〇八号)

附呈:

(1) 战区学生请领膳食贷金人数清册四份

(2) 三十五年一至九月份战区学生请领贷金异动表十八份

私立光华大学成都分部三十五年八月份战区贷金学生请领贷金异动表

(一) 人数总计及每人应给膳食补助金及贷金数目

种类	上月份人数	本月份增加人数	本月份减少人数	增减相抵后连同上月份共计人数	每月应给膳食补助金及贷金数
甲	15	0	8	7(在沪五人,留蓉二人)	在沪二万一千四百二十元留蓉九千六百八十元

附注:

(1) 上海粮价每市石五万四千元;成都粮价每市石一万六千元(平价米已取消)。

（2）在沪肄业学生五名,每名米二市斗三市升,计为一万二千四百二十元,副食费九千元,每名合计二万一千四百二十元,五名总共十万零七十一百元;留蓉借读生两名,每名米二市斗三市升,计为三千六百八十元,副食费六千元,每名合计九千六百八十元,两名总共一万九千三百六十元。

（3）本月份共发十二万六千四百六十元。

（4）本月份止共垫七十三万三千一百五十元。

（二）学生异动清册

姓　名	异动原因（增减）	籍　贯	年龄	性别	科(系)别	年级	甲乙种	备　注
鲁尔谷	减	湖南长沙	二七	男	会计	四	甲	毕业离校
余迭良	减	湖北汉口	二三	男	政经	三	甲	休学
席裕骥	减	江苏吴县	二五	男	会计	四	甲	休学
余家范	减	湖北汉口	二四	女	政经	三	甲	休学
赵莲玉	减	河北宛平	二四	女	政经	三	甲	休学
熊学长	减	湖北鄂城	二〇	男	高中	三	甲	休学
崔学文	减	湖北公安	二〇	男	高中	三	甲	休学
林学炳	减	江苏江浦	二〇	男	高中	三	甲	毕业离校

私立光华大学成都分部三十五年九月份战区贷金学生请领贷金异动表

（一）人数总计及每人给膳食补助金及贷金数目

种类	上月份人数	本月份增加人数	本月份减少人数	增减相抵后连同上月份共计人数	每月应给膳食补助金及贷金数
甲	7	0	0	7(在沪五人,留蓉二人)	在沪二万一千四百二十元留蓉九千六百八十元

附注:同八月份。

关于三名青年军的公费及膳食费再呈教育部的报告

案查钧部分发青年军复员学生核给公费一案,曾于本年十一月廿二日开送分发本校青年军复员学生请领公费顾毅雄等八人、又成都分部复员学生请领公费马尚健等五人名册,呈请钧部核发在案。兹又有青年军曾英雄、易乃庆、潘振德三名来校,谨再造具各项清册,呈请钧核,仰祈准将该曾英雄等三名每人学杂费卅四万元、宿费十万元,连前报青年军八名及成都分部复员学生五名,总共柒百〇四万元并各该生膳食贷金一并如数拨给,实为教便。

谨呈教育部部长朱

光华大学校长朱经〇
中华民国卅五年十二月廿三日
（复字第七二〇号）

附：教育部关于通知补发 1946 年一至九月份膳费的代电

私立光华大学:

卅五年十二月十八、廿三日华〔卅五〕复字第六八〇八、七二〇号两呈件均悉,该校三十五年一至九月份学生膳费,兹经核定如附单,计应补发五一六七九〇元,款另汇,应于收款后补呈铨领。至十至十二月份膳费,应侯粮价表到部再核发。该校成都分部学生膳费应由该校自行汇寄。青年军复学学生学杂等费,侯行政院核示办法再行饬知。仰即知照,件存。

教育部印
中华民国卅六年正月廿一日
（总字第〇五一一五号）

附：核拨私立光华大学学生膳费清单

民国 35 年

月份	粮价	副食费	每名膳费	人数	全月膳费合计	垫发数	补发数	附注
1	300	3 000	3 690	21	77 490	缓		
2	600	3 000	4 380	15	65 700	2 560 32 000		公利社本息

（续表）

月份	粮价	副食费	每名膳费	人数	全月膳费合计	垫发数	补发数	附注
3	600	4 500	5 880	15	88 200	缓		
4	600	4 500	5 880	15	88 200	100 000		
5	600	4 500	5 880	15	88 200	100 000		
6	600	4 500	5 880	15	88 200	100 000		
7	600	4 500	5 880	15	88 200	100 000		
8	蓉 1 600 沪 5 400	4 500 5 500	8 180 17 920	2 16	16 360 286 720	200 000		
9	蓉 1 600 沪 5 400	9 000 15 000	12 680 27 420	2 16	25 360 438 720	200 000		
总　计					1 351 350	834 560	516 790	

光华大学学生减免学费条例

一、资格：凡本校学生适合下列资格之一者，皆得由该生家长请求学校免交学费之全部或一部分，但以得其他奖金之学生（包括校内外）如欲请求免费时，得由学校斟酌情形办理。

1. 本校教职员之子女（凡本校教职员之在校弟侄，除其父兄已故经济责任须由该员负担者外，不得援引下列甲乙两项之规定请求免费）

甲、现任教职员，服务在五年以下者，得申请免缴子女一人学费之半数，满五年者免缴子女一人学费之全部；五年以上未满十年者，除免其子女一人全部学费外，得再请求学校免缴另一子女学费至半数；满十年者免缴子女二人学费之全部。

乙、已离校之教职员，曾在本校服务满五年者，得请求免缴子女一人学费之半数；满十年者免缴子女一人学费之全部；满十五年者除免其子女一人全部学费外，得再请求学校免缴另一子女学费之半数；满二十年者免缴子女二人学费至全部。

2. 凡曾在本校肄业一学期之学生，其家境确系清寒、各科成绩均已及格而未犯校规者，得申请免减学费之一部或全部。

二、申请手续：凡申请求免减学费之学生，须先向学校索取免减费申请书，依式填就，经家长签名盖章后送交学校审定之。

三、申请日期：申请免费手续须于每学期注册前一星期办理。

四、附则：

1. 各项助学金，本校当局认为有相当理由时，得酌量保留或取消之。

2. 本校每学期预算内指定的款为助学金之用，核准助学金之原则以全数金额分配适尽为止。

3. 凡经核准减免学费之学生，均有襄助本校各处室工作之义务，暂定减免学费全部之学生每学期应工作八十小时，余类推。

4. 本条例由校政会议通过施行，修改时同。

民国三十六年一月

关于呈请教育部核发抗战功勋子女陈靖一陈靖姝学杂费的报告

案准本校学生陈靖一、陈靖姝家长陈吴婉侠呈称"窃氏夫陈安宝生前任第二十九军军长,于民念八年六月在江西抗战阵亡,蒙国防部联合勤务总司令部抚恤处上年八月廿一日发出叙字第七○○四○号通知:除发给特恤生活费用贰佰万元外,关于子女免费入学一节业经转奉国民政府分电教育部遵照办理,等因奉此,查民夫所遗子女三人,长子陈靖一、次女陈靖姝,于本年度夏季蒙贵校录取入学后曾具文呈请教育部恳请免缴全部学杂费用,经奉上年十月十八日高字第二五九六○号批示'呈悉,查抗战功勋子女求学免费条例第一条规定,抗战功勋子女考入各级公立学校时,其家境贫寒不能负担费用者得请求免费待遇;具呈人子女系考入私立光华大学,请求免费一节,姑准依照该条例第六条之规定,检同申请书、学生本人照片及恤金给予证件,呈由考取学校报部核办,仰即知照。此批'等因,自应遵办;除具文检同照片证件等呈复教育部鉴核外,理合遵批检同申请书、学生本人照片及恤金给予证件等,呈请贵校鉴转教育部,实为德便"等情,据此,查该陈吴婉侠所称确属实情,理应备文连同交来恤亡给予令照片及抚恤处通知照片暨陈安宝子女照片并抗战功勋子女就学免费申请书一并转呈钧部核准,将该两生三十五年度学杂费每名三十四万元共陆拾捌万元拨下为祷。

谨呈教育部部长朱

附转呈:恤亡给与令照片一张、抚恤处通知照片一张、学生本人陈靖一陈靖姝各一张、抗战功勋子女就学免费申请书一页

光华大学校长朱经○

中华民国卅六年一月廿日

（复字第八○三号）

附一：陈吴婉侠关于请求光华大学转呈教育部为子女请免学费的函

窃氏夫陈安宝生前任第二十九军军长,不幸于民国二十八年六月在江西抗战阵亡,并蒙国防部联合勤务司令部抚恤处本年八月二十一日发出叙字第七○○四○号通知,除发给特恤生活费用贰佰万元外,关于子女免费入学一节业经转奉国民政府分电教育部遵照办理等因,奉此,查民夫陈安宝所遗子女三人,长子陈靖一、次女陈靖姝于本年夏季蒙贵校考试录取入学后,曾具文呈请教育部恳请免缴全部费用,经奉教育部本年十月十八

日发高字第二五九六〇号批字内开"呈悉,查抗战功勋子女求学免费条例第一条规定,抗战功勋子女考入各级公立学校时,其家境贫寒不能负担费用者,得请求免费待遇。该具呈人子女系考入私立光华大学,请求免费一节姑准依照该条例第六条之规定,检同申请书、学生本人照片及恤金给予证件,呈由考取学校报部核办,仰即知照。此批",自应遵办,除具文检同照片证件等呈复教育部鉴核外,理合遵批检同申请书、学生本人照片及恤金给予证件等呈请贵校鉴转教育部,实为德便。

谨呈光华大学

附件:恤亡给予令照片一张、抚恤处通知照片一张、学生本人照片各二张

具呈人陈吴婉侠

住址:上海天津路乾记弄 21 号

中华民国三十五年十二月十一日

抗战功勋子女就学免费申请书

申请人姓名	性　别	年　龄	籍　贯	住　址
陈吴婉侠	女	四六	浙江省黄岩县	上海天津路乾记弄 21 号
就学子女姓名	性　别	年　龄	籍　贯	住　址
陈靖姝	女	十九	浙江省黄岩县	上海天津路乾记弄 21 号
陈靖一	男	廿一	浙江省黄岩县	同　上
学校名称	校长姓名	科　别	肄业年级	学校地址
光华大学	朱经农	商学院会计系 商学院银行系	一	上海虹口欧阳路二二一号
抗战阵亡人员姓名	职　别	阵亡地点	阵亡年月	备　考
陈安宝	陆军第二十九军军长	江西南昌运塘	廿八年五月六日	
与申请人之关系	母女、母子			

具申请人陈吴婉侠

卅五年十二月十一日

附二: 教育部关于抗战功勋子女学杂费应由学校减免、膳费等由部拨发的代电

私立光华大学:

三十六年一月六日复字第八〇三号呈件均悉。查抗战功勋子女就学免费规定以考

入公立学校者为限，该校学生陈靖一、陈靖姝两名姑准自卅六年一月起依照抗战功勋子女就学免费条例第二条第一项办法办理，惟学杂等费应由校予以减免，其膳费准予由校列入公费生名册报部请领，并另由部发给各该生本年书籍、制服补助费每名国币拾万元，合计国币贰拾万元，应于款到后分别转发，并填具印收，报部备查。

　　电仰知照，证件发还。

　　附发还抚恤令照片及通知照片各一张

教育部印

中华民国卅六年二月十八日

（发文高字第○九五一八号）

关于向青树奖学金委员会递交学生申请表的函

径复者：

　　接准贵会本年二月八日大函，嘱为保送本校品学兼优学生等由，自应照办。兹选送家境确属清寒学生林觉乐、严西成、倪宝华三名，附上国文作文、肄业成绩单暨青树奖学金申请登记表各一份，即请查收惠予核助为荷。

　　此致青树奖学金委员会

华大学校长朱经○

光中华民国卅六年二月十七日

（复字第八四八号）

附一：青树奖学金委员会关于委托甄选受奖学生的通知

敬启者：

　　青树奖学金（即前树恩贷学金、青树贷学金）为章荣初先生纪念其先人清儒公而设立，历经四载，受惠之大学生凡四百余名。奖学金额除足付肄业学校学杂书籍实验等费外，并补助生活及医药费用。迩来物价飞腾，学费激增，一般品学兼优而家境清寒之学子，将因无力筹措学费而辍学者必不乏人。章先生有鉴于此，为抢救一般学行兼优而无力求学之清寒学生起见，决于下学期扩充奖学金额 50 名。惟以寒假期间短促，考选手续不及办理，爰拟委请各大学征选保送。素仰贵校办理完善，声誉昭著，用特检附征选新生暂行办法一种，函恳惠予参照前项办法，就中甄选合格之学生四名，并请将各该生历年成绩单连同申请书等，于二月十七日前一并赐寄虹口塘沽路一七〇号敝会临时办事处，俾便审核以利进行，事关助学，即烦查照见复为荷。

　　此致光华大学校长

青树奖学金委员会敬启

中华民国三十六年二月八日

第八届青树奖学金甄选新生暂行办法

一、年级：大学一二三年级。

二、学额：五十名（各校名额由本会核定）。

三、资格：凡申请学生必须具有下列四项之资格：

甲、家境清寒；

乙、品行端正；

丙、学业优良（每学期成绩总评在八十分以上）；

丁、体格健全。

四、申请：

甲、凡自问合格上述资格之学生，先向肄业学校当局领取本奖学金临时申请表，填就后送呈学校当局评核；

乙、凡经学校当局评核许可之学生，由校发给本奖学金申请表。申请学生除填具申请表外，并须附交照片两张，家庭状况及求学志愿之作文一篇。

五、保送：经学校当局评核认为合格之学生，由校方填具各该生历年成绩单，并会同申请表及作文一篇，一并邮寄塘沽路170号本会临时办事处。

六、审核：凡由各学校保送之学生，须经本会指定之医院检查体格（免费），并受家况调查及口试其确实合于本会规定之四项资格者为正式录取。

七、附告：

1. 凡录取新生径由本会书面通知；

2. 凡录取学生不得兼领其他之助贷奖学金；

3. 本奖学金除足付学校一切费用外，并视实际需要拨给书籍、医药及生活补助等费，至大学毕业为止。

青树奖学金委员会订

附二：青树奖学金委员会关于调查受奖学生学业成绩及毕业状况的函

径启者：

查贵校学生林觉乐等二名，系本会受奖生，依据该生等所填学籍应于今夏毕业。为欲明了其学业成绩以及是否毕业起见，随函附上名单一份，至请惠予查明赐复为荷。

此致光华大学

青树奖学金委员会
中华民国三十七年七月十七日

附三：关于向青树奖学金委员会告知受奖学生成绩及毕业状况的复函

　　兹准贵会本年七月十七日大函,嘱为查复受奖学生林觉乐等二名学业成绩及是否毕业等由,查林觉乐毕业考试成绩总平均 70,倪宝华毕业考试成绩总平均 74.6,该两生应准于本学期予以毕业。相应函复,即希查照为荷。

　　此致青树奖学金委员会

光华大学校长室启

中华民国卅七年七月二十三日

（光秘〔卅七〕字第四三四号）

关于青年军学生人数及学杂宿费呈教育部的电文

南京教育部朱部长钧鉴：

　　总（〇八四二九）丑元电祇悉，青年军学生来校十一人，本学期学费卅九万元，杂费八万元，宿费拾万元，名册遵另呈。

光华大学校长朱经农叩丑巧[1]

（复字第八五〇号）

附：教育部关于催报青年军学生在校人数及本学期学杂宿等费的电报

光华大学：

　　本部分该校青年军退役学生业经到校人数及每名每学期应缴学宿杂费数目，速查明电复，并补早名册，注明分发文号呈核。

教育部总（〇八四二九）丑元[2]

---

[1]　民国卅六年二月十八日。
[2]　民国卅六年二月十三日。

关于再次核免黄晋贤学费致李熙谋的函

振吾先生道鉴：

顷奉大示，祗悉一一。黄晋贤君请求减免学费事，前已核免五万元。现再核免三万五千元。兹将通知书附上，请转达为荷。

耑此，顺颂大安。

朱经农谨启
中华民国三十六年二月十九日

附一：李熙谋关于再次请求全免黄晋贤学杂费的函

经农校长吾兄大鉴：

顷奉手教，敬悉一一。关于黄生晋贤请求免费事，承荷关注，准予免学费五万元，至感盛意。惟查该生家境确属清贫，兄弟六人均在求学，家长无力负担。为特再函代恳，拟请俯准全免，不情之请，尚祈亮鉴，是所感祷。

专此，敬颂教祺。

弟李熙谋敬启
二、十五

附二：关于核免黄晋贤五万元学费致李熙谋的函

振吾先生道鉴：

接诵华翰，敬悉一切。黄晋贤君请求减免学费事，兹经审核，准免学费五万元，附上通知书及免费学生服务纲要，望诉转达为贺。

专此，祗颂大安。

朱经农谨启
中华民国卅六年二月十三日

附三：李熙谋关于请求准予黄晋贤免费就读的函

经农校长吾兄大鉴：

　　敬启者。

　　兹有学生黄晋贤上学期在贵校附中初一上肄业，成绩尚优。惟查该生家境清寒，无力负担学杂各费，用敢代函恳祈詧照，准其自下学期起惠予免费，俾免失学，无任感荷。

　　专颂教祺。

弟李熙谋敬启

一、卅

关于青年军退役学生欠费呈请教育部救济的请示

南京教育部部长朱钧鉴：

青年军退役学生到校十一人，上学期欠学杂宿费肆百捌拾肆万元，本学期欠陆百廿七万元。此外，实验膳食等费咸无力缴纳。迩来物价频涨，学生时虞断炊，未克专心攻读，情迫万分，祈迅赐救济，并候示遵。

光华大学校长朱经农叩丑敬[1]

（复字第八六五号）

---

[1]　民国卅六年二月廿四日。

关于公费生膳食贷金名册呈教育部的报告

　　查本校本学期公费生膳食贷金名册业已缮就，理合备文呈报。再查本学期由贵州大学转来肄业学生罗鉴野前在武昌中华大学肄业时请求钧部核给之甲种贷金，由该校出具之证明书一纸附呈，仰祈鉴核照拨。至罗生甲种贷金证明书仍祈发还为祷。

　　谨呈教育部部长朱

光华大学校长朱经○

中华民国卅六年三月十四日

（复字第九二四号）

附：教育部关于各校学生请领膳费办法及从速报送各月粮价证明书的代电

私立光华大学：

　　三月十日复字第九二四号呈件均悉，查各校学生请领膳费应按月造送在校实有公费生清册及粮价证明书报部凭核，不得按期预领。仍仰从速报送上年十月至本年三月各月粮价证明书，以凭清结核发。四月份清册及公费证明书发还，余件暂存。

　　发送公费证明书一纸、四至七月清册四份。

教育部印

中华民国卅六年三月廿五日

（总字第一六四九二号）

关于青年军名册并请照拨学宿杂费呈教育部的报告

　　案奉钧部本年三月廿二日高字第一六一五四号电,饬将本校本学期青年军退役学生所需学宿杂费造册呈报等因,奉此,查青年军退役学生本学期在校肄业者计十一人,每人学费卅九万元,杂费八万元,宿费拾万元,共计陆百念柒万元。本校业于二月十八日电呈钧核,又于三月十四日复字第九二四号备文造册呈报,并附转学生罗鉴野甲种贷金证明书壹纸,各在案。兹再造册呈报,仰祈鉴核照拨为祷。

　　谨呈教育部部长朱

校长朱经农
中华民国卅六年三月廿五日
（复字第九三九号）

附一：教育部关于拨发青年军退役升学学生学宿杂费的代电

私立光华大学：

　　三十六年三月廿五日复字第九三九号呈件均悉,关于本部分发该校青年军退役升学学生学宿杂费,准由部酌予补助,其自行报考录取及返原校复学学生应补缴退役证件,再凭核办。兹拨发本部分发该校肄业之青年军退役学生顾毅雄等十一名卅五年度第一、二学期及卅六年度第一学期学宿杂费共计国一千七百三十八万元,名单另列,应于收款后补具印收并专案列报。

教育部印
中华民国卅六年五月一日
（高字第二四二九七号）

附二：教育部关于催促尽快将分发青年军退役学生所需学宿杂费造册呈送的电报

　　私立光华大学：本部以元电饬将分发青年军退役学生所需学宿杂费造册报部,该校迄未具报,应速造报。教育部（寅养[1]高一六一五四）。

---

[1]　民国三十六年三月廿二日。

关于 1946 年粮价证明书及 10 至 12 月膳费呈教育部的报告

案奉钧部本年一月卅一日总字第〇五一一五号代电开"私立光华大学卅五年十二月十八日、廿三日华(卅五)复字六八〇八、七二〇号呈两件均悉。该校卅五年一至九月份学生膳费,兹经核定如附单,计应补发 516 790 元,款另汇,应于收款后补呈钤领。至十至十二月份膳费,应俟粮价表到部再核发。该校成都分部学生膳费应由该校自行汇寄。青年军复学学生杂等费,俟行政院核示办法再行饬知。仰即知照,件存,印附清单一份"等因,奉此,自应遵办。当经分别函请出具,兹谨将蓉地卅五年一至十二月粮价证明书一纸及沪地卅五年一至十二月粮价证明书十二纸,理合备文一并报请钧察,仰祈将卅五年十至十二月共三个月本校学生马尚健等十八名(名册已于卅五年十二月廿三日复字第七二〇号呈报)应领膳食贷金核发为祷。

谨呈教育部部长朱

校长朱经〇
中华民国卅六年三月廿五日
(复字第九四〇号)

附一：教育部关于通知补发 1946 年十至十二月份膳费的代电

私立光华大学:

三月二十五日复字第九四〇号呈件均悉,该校上年十至十二月份学生膳费兹经核定,如附单,计应补发 1 024 748 元,款另汇。仰于此款后补呈钤领,件存。

教育部印
中华民国卅六年四月十八日

附：教育部核发公费学生膳费清单

校名：私立光华大学　　　　　　　　　　　　　　　民国 35 年 10—12 月

月份	全公费生人数 全月	粮价（米）	副食费	膳费总额	应发数	垫发数	补发数
10	2(蓉) 16(沪)	2 200 5 992	9 000 15 000	14 060 28 782	28 120 460 512	200 000	
11	2(蓉) 16(沪)	3 700 5 826	9 000 15 000	17 510 28 400	35 020 454 400	200 000	10—12 月补发 1 024 748
12	2(蓉) 16(沪)	4 200 5 907	13 000 24 000	22 668 37 586	45 320 601 376	200 000	
备注	蓉地学生膳费应由该校自行汇寄。						

关于向教育部呈送 1947 年 1 至 3 月沪地粮价证明书的报告

　　案查本校膳食贷金学生本学期马尚健等十五人应领膳食贷金照规定须呈报粮价证明书,兹谨将本年一至三月共三个月粮价证明书备文呈请钧部鉴察。

　　谨呈教育部部长朱

校长朱经○

中华民国卅六年四月十七日

（复字第一○二九号）

附呈卅六年一至三月沪地粮价证明书

等级		上旬	中旬	下旬	平均价	备注
中等熟米	1 月	61 410 元	68 930 元	66 446 元	65 595 元	上列数字系每市石价格
	2 月	69 000 元	116 300 元	110 000 元	98 430 元	
	3 月	109 940 元	109 400 元	110 000 元	109 780 元	

证明机关上海市社会局局长吴开先

中华民国三十六年

附：教育部关于核发 1 至 3 月份公费生膳费的代电

私立光华大学：

　　四月十七日复字第一○二九号呈件均悉,该校一至三月份学生膳费兹经核定如附单,计应补发陆拾捌万肆千叁百叁拾柒元,款另汇。仰于收款后补呈钤领。件存。

教育部印

中华民国卅六年五月一日

（总字第二三六一三号）

附教育部核发公费学生膳费清单：

私立光华大学　　　　　　　　　　　　　　　　　民国 36 年 1—3 月

月份	公费生人数（全月）	粮价（米）	副食费	膳费总额	应发数	垫发数	补发数
1	15	6 599.50	24 000	39 087	586 305	400 000	1—3 月 684 337
2	15	9 843	24 000	46 639	699 585	400 000	
3	15	10 978	24 000	49 249	738 735	540 288	
备注	三月份垫款内包括公利社本息。						

关于 1945 年度第二学期转学生呈教育部备案的报告

案查本校卅四年度第二学期招收转学生,计文学院洪婵等十四名,理学院顾永泉等四名,商学院汪洪元等十九名,共计三十七名,理合造具转学生名册,连同证件三十二份,一并备文呈报,仰祈鉴核备案。其中洪婵等五名所缺证件,容后补呈,合并陈明。

谨呈教育部部长朱

附呈卅四年度第二学期转学生名册一份,证件卅二份。

校长朱经○

中华民国卅六年四月廿六日

（复字第一○四五号）

附：教育部关于批复备案转学生名册报告的指令

令私立光华大学：

卅六年四月廿六日复字第一○四五号呈一件,为呈报卅四年度第二学期转学生名册证件仰祈鉴核备案由,呈件均悉。

该校卅四年度第二学期转学生顾永泉、蒋伯申、冯浩瑜、姚鑫林四名原校未经立案,且系专科学校肄业生；林觉乐、章新序二名系专修科肄业生,照章不得转学大学各学系,该生等转学资格不予备案。许洪义一名原校学历俟查明后另案饬知该生,并应补呈高中毕业证书。颜瑞琪一名应补呈原校肄业成绩单及高中毕业证书。张志一、蒋慧日、张培恒、朱庆洽、斐伯年、王同善、王毓华、张仲舒、谢熙年、李家德十名,应分别换呈或补呈高中毕业证书。未缴证件学生洪婵等五名,俟补各项证件再行审核。余以成、孙益吾、何承宗、张铸华、王汇川、瞿佩茵、许慧智、杨官堂、葛希龄、章青松、马尚健、李希春、沈光亚、贺煜成十四名转学资格准予备案,相片簿仍应补呈备查。册存。除许洪义一名证件暂存外,其余各生证件发还。

此令。

附发还证件三十一份。

部长朱家骅

中华民国卅七年一月十六日

（高字第○二九三一号）

关于向教育部呈送 1947 年 4 月公费生膳食贷金名册及粮价证明书的报告

　　案奉本年三月廿五日总字第一六四九二号代电，略开"学生请领膳费，应按月造送在校实有公费生清册及粮价证明书报部凭核"等因，奉此，自应遵办。兹谨将本校公费生请领本年四月份膳食贷金人数清册及四月份粮价证明书各一份报请鉴察核给。

　　谨呈教育部部长朱

校长朱经○

中华民国卅六年五月廿六日

（复字第一一〇九号）

附呈：卅六年四月份粮价证明书

粮价证明单三十六年四月份					
等级	上旬	中旬	下旬	平均价	备注
中等熟米	120 200 元	141 400 元	154 000 元	138 500 元	上列数字系每市石价格
				证明机关上海市社会局局长吴开先 中华民国三十六年四月	

附：教育部关于核发四月份学生膳费的代电

私立光华大学：

　　五月廿六日复字第一一〇九号呈件均悉，该校四月份学生膳费兹经核定如附单，计应补发肆拾叁万柒千捌百贰拾五元，款另汇，仰于收款后补呈钤领。件存。

教育部印

中华民国卅六年六月初九日

（高字第三一六四九号）

附: 教育部核发公费学生膳费清单

私立光华大学　　　　　　　　　　　　　　　　　　　　　民国卅六年四月份

公生费人数(全月)	粮价(米)	副食费	膳费总额	应发数	整发款	补发数
15	13 850	2 400	55 955	837 825	400 000	437 825

关于请求警备司令部稽查组释放学生陈舒的函

　　查本校学生陈舒在校安分求学,并无鼓动学潮行为,望祈准予释放,由本校领回严加管训,即请查照是荷。

　　此致警备司令部稽查组

校长朱经○

中华民国卅六年五月廿八日

(复字第一一○八号)

附:陈筱岩关于请求学校帮助备文呈请释放陈舒的函

敬启者:

　　小儿舒昨夜前往暨大访友,暂住该校宿舍,不意本晨(五月廿八日)本市警备司令部包围暨大搜查同学,而小儿不幸遭捕。恳请钧长备文该部予以释放,深感公德两便。

　　此上光华大学校长室钧鉴

家长陈筱岩谨启

五月廿八日

关于请吴国桢调查学生魏良失踪的函

国桢市长吾兄勋鉴：

兹据敝校学生魏良家长来称，该生于本月廿八日上午九时自周家嘴路（保定路）口秦晋村家中来校，于途中失踪，家属等不胜惶急。该生曾于本月廿六日路经暨南大学时被捕，于廿七日晚保释。兹又突告失踪。用特函请吾兄饬属调查，俯赐拯救，同深感激。

专此拜恳，祗颂勋祺。

弟朱经农谨启
中华民国卅六年五月卅一日

附：关于商请上海市政府释放本校被捕学生的函

窃查本校在此次学潮中始终照常上课，从未间断。近有学生诸蘅、王大生两名于五月卅一日晚被军警在家拘捕。查本学期结束在即，为顾全该生等学业起见，祈准予释放，由本校会同家长领回管教。

又学生魏良于五月廿八日上午九时由周家嘴路（保定路）口秦晋村家中来校，于途中失踪，务希饬属调查。如一并拘留者，亦请释放，无任纫感。

此致上海市政府

校长朱经〇

关于授予蔡显敏荣誉商学士学位的函

径启者：

　　兹经第十九次校政会议议决授予台端荣誉商学士学位，并定于本月廿九日上午九时举行授予典礼，务祈准时出席为荷。

　　此致蔡显敏先生

光华大学校长室启

中华民国卅六年六月廿一日

关于授予荣尔仁荣誉法学博士学位的函

径启者：

　　兹经第二十次校政会议议决并经校董会核准授予台端荣誉法学博士学位，并定于本月廿九日上午九时举行授予典礼，务祈准时出席为荷。

　　此致荣尔仁先生

　　　　　　　　　　　　　　　　　　　　　　光华大学校长室启

　　　　　　　　　　　　　　　　　　　　　　中华民国卅六年六月廿八日

关于袁雪厓请求子侄入读光华大学的复函

雪厓吾兄大鉴：

　　顷接大札，藉悉种切。令郎拟投考敝校附中，望参加八月十二日第二次新生入学试验。弟已嘱附中主管注意，当在可能范围予以便利。又令侄在金陵大学攻读，弟意仍读原校为佳，若转入它校，课程学分不免损失，如决拟投考敝校，请参加八月廿二、三日新生考试可也。未识尊意奚如？

　　专此奉复，即请暑安。

弟朱经○顿首

中华民国三十六年七月廿九日

附：袁雪厓请求核准子侄入读光华的函

经公赐鉴：

　　小儿袁社在湖南广益初中读完二年二期，求入光华附中三年一期；侄女袁安在金陵大学读完二年二期，求入光华大学三年一期（理学院）。两儿上期成绩平均分较皆在八十分左右，转学证即可寄呈。统求核察，视同子姓，予以入校机会，并准住校寄宿，俾能专心读书，实所感激。如何之处，伏候示遵。

　　专此，即颂崇安。

　　赐示乞寄江西路中建公司为感。

袁雪厓敬上

七月廿八日

关于请翁文灏推介学生蔡辟雍入职的函

咏霓董事长道鉴：

　　溽暑困人，比想起居迪吉为颂。侧闻贵会拟向各专科以上学校征求毕业生分发各处服务，兹有敝校商学院毕业学生蔡辟雍，笃实好学，可造之才，如蒙赐予提高掖，感同身受矣。伫候谨音。

　　肃此，祗颂钧安。

弟朱经○拜上

中华民国卅六年八月八日

附：翁文灏关于目前无法安排蔡辟雍工作的复函

经农校长吾兄惠鉴：

　　八月八日大函奉悉，承介蔡辟雍君，至感。唯本会本年度需用大学毕业生名额，因受时局影响，极为有限，蔡君目前尚难位置，容有机会再为借重。

　　专此布复，顺颂教安。

弟翁文灏拜启

八月廿日

关于专科生不得转入大学致顾杏卿的函

杏卿姻丈赐鉴：

顷辱教言，拜悉一一。令友之子张亦民原在中华工商专校肄业，依照部章，专科学生不得转学大学；虽转学，学籍教部亦不予承认。因此敝校注册组未允所请，方命之处，尚祈亮宥为荷。

专此奉复，顺颂教绥。

姻愚弟朱经〇上

民国卅六年八月廿三日

附：顾杏卿关于请允准乡人投考的函

经农姻兄伟鉴：

前蒙惠赐瓷器等物，拜领之余，殊深感念。继以事阻，未遑谒谢，抱歉良深。兹启者，敝友张某（同乡）之子张亦民，原在本埠私立中华工商专校肄业，品学均优（有证件），因慕吾兄校长光华，愿授教益。乃于日昨到校报名，拟考工商管理系二年级（插班），旋为报名处某君不知何故未曾容纳。兹恳吾兄鉴其愚忱，准予报名投考，以竟其志，毋任感戴。尚乞即行赐示，俾便凭证前来应考为幸。

专此，顺请公绥。

弟顾杏卿谨启

八月十六日

贵校定十七日报名截止，得复后恐不及前来报名，千乞准予补报。尊夫人前弟内嘱笔致候。

关于无法录取陈武民侄子的复函

武鸣[民]先生勋鉴：

经时阔别，想企为劳。辱承惠书，欣审动定多豫，为无量颂。

令侄仁世兄投考敝校，其成绩稍逊，未能录取，疚歉良深，方命之处，尚祈原詧是幸。

专此奉复，顺颂勋祺。

弟朱经〇拜启

中华民国卅六年九月二日

附：陈继承关于请关照录取其侄的函

经农吾兄校长惠鉴：

久隔兰芬，弥殷葭溯。比维士林式望，履祉延厘，颂慰无既。

敬有恳者，舍侄仁有志入贵校读书，拟于最近续招新生时报名应考（考一年级），弟恐其学力未逮，尚乞推情关照，俾获录取，将来得蒙时雨之施，曷胜感幸。

专函奉渎，并颂台绥。

弟陈继承拜启

八月十五日

关于沈瑞兰已予录取致杭立武的函

立武吾兄次长赐鉴：

　　辱书敬悉，承介绍学生沈瑞兰，当即转饬注意。兹经审查成绩完毕，该生已予录取，除另函通知其家长外，专复，祗请道安。

弟朱经○拜启

中华民国三十六年九月四日

附：杭立武关于介绍沈瑞兰投考请予关照的函

经农校长吾兄教席：

　　兹有老友之公子沈生瑞兰，平日思想纯洁，勤勉好学，倾慕贵校办理完善，亟思饮受教益，除已报名应试外，特为函介，即祈惠予栽植，俾沾化雨，毋任感盼。

　　专颂教绥。

弟杭立武敬启

八、廿八

关于向中国通商银行总行递送申请奖学金学生材料的函

敬启者：

　　接奉九月一日大函，并附奖学金办理原则及实施办法，嘱查照办理等由，当经通饬本校商学院学生遵照规定填具申请书前来。兹将甄选合格学生张赫旸、杨锡禹、夏阳生、范思基、李兴祖等五名连同证件随函送上，至希查照办理并见复为荷。

　　此致中国通商银行总行

　　计附申请书成绩单证明书各五份

光华大学校长朱经○启

中华民国卅六年九月十八日

（复字第一三五五号）

附一：中国通商银行总行关于设立奖学金请递交合格学生材料的函

径启者：

　　本年四月二十六日为敝行创立五十周纪念，敝杜董事长月笙欲使费不虚靡、功归有用，经撙节是日宴饮之资，拨出专款国壹亿元，复承各界人士同情赞助，将贺仪折送现金计约国币壹亿伍千余万元，一并作为奖学基金，由敝行组织奖学金管理委员会，运用生息，以期造育人才，聊为什一之助。

　　兹以本学期开学在迩，素谂贵校成绩优异，驰名国内，经议定贵校本学期奖学金为五名，随函附上奖学金办理原则及实施办法各一份，至希查照惠予办理，并将甄选合格学生连同证件于本学期开始之前一并送由敝行核定为荷。

　　此致光华商学院

中国通商银行总行

中华民国卅六年九月一日

附二：中国通商银行创立五十周年纪念奖学金管理委员会
关于受奖学生应与其通信联络的函

　　查本行创立五十周纪念奖学金办理原则第九条规定："奖学金学生每学期至少须与

本行奖学金管理委员会通讯两次报告学业心得”，兹以三十六年下学期结束在迩，受奖学生应即依照规定与本会通信联络，尚请转致各受奖学生照办为荷。

　　此致光华大学商学院

中国通商银行创立五十周年纪念奖学金管理委员会

中华民国卅七年一月七日

关于宣铁吾司令子侄申请入学的复函

铁吾司令勋鉴：

惠书祗悉。文郎其武兄已予录为备取生，可准其递补缺额即行入学。惟考试成绩并不甚佳，请嘱其入学后特别用功。至令亲则以成绩太差，敬难应命，尚希原詧为幸。

专复，祗颂勋祺。

朱经○敬启

民国卅六年九月廿四日

附：宣铁吾关于关照其子及舍亲等三人录取的函

径启者：

小儿其武，舍亲陈斌与盛昌其三人，前拟肆业贵校，且经敝人函托台端在案。兹接该三人面称，贵校业已予以考试，用再函达，务希照拂为荷。

此致朱校长经农

宣铁吾启

三十六年九月十七日

关于向上海证券交易所递交奖学金申请材料的函

径启者：

前准贵所公函并附奖学金申请表廿九份，嘱依限额分发学生填具汇转等由，准此。当经分发各该学系学生遵填前来，计共廿九名，相应检同各该生申请表廿九份，成绩总平均名单乙份，随函送请詧核，并希见复为荷。

此致上海证券交易所

光华大学校长朱经○启

中华民国卅六年十月一日

（复字第一三九四号）

附：上海证券交易所关于申请奖学金的通知

径启者：

敝所为作育人才服务社会起见，设立民国三十六年度秋季奖学金，以资助本市清寒学子，将会同本市奖学金统一审核委员会统筹办理此项奖学金，以发给家境清寒确需资助之男生为限。请各学校就家境清寒之学生中选择其攻读勤奋、成绩优良、体格健全、操行纯正，并未领受公费或贷金或其他奖学金之类待遇者办理申请手续。

兹经敝所核定贵校各系奖学金名额共计廿九名（各系名额分配列后），特检奉奖学金申请表廿九份，即请贵校依照各系限额分别核发合于上开资格之被保举学生（请偏重三四年级学生）依式填具，并于九月底以前汇齐送下，以凭办理为荷。

此致光华大学

附开各院系奖学金名额表：

银行三　会计九　经济九　工管六　法律二

上海证券交易所启

关于向袁母赵朗如女士奖学金委员会递交申请奖学金材料的函

敬启者：

　　前接大函，附送奖学金简则及申请书，嘱选送苏北籍优秀学生以供审核予以奖金等由，当经通饬遵办前来。兹经审查合格，计有邹国宝、朱伯龙两名，相应检同各该生申请书二份，函请查照办理见复为荷。

　　此致袁母赵朗如女士奖学金委员会

光华大学校长室启

中华民国卅六年十月十五日

（复字第一四二七号）

附一：袁母赵朗如女士奖学金委员会关于申请奖学金的通知

敬启者：

　　敝会限于棉力，兹拟择苏北籍贯家境清寒成绩优异之学生本学期予以奖学金国币贰百万元，素仰贵校学风卓越，必有隽才，用特检附敝会简则二份、申请书四份，敬祈查明在校苏北学生中如有确符该简则附则之规定者，代为发给申请书，由其在学本人填具签章，并经证明人签章函寄敝会，经审查合格后，当即另行函复。事关奖学，务恳协助进行，毋任感荷。

　　此致光华大学校长朱经农先生

袁母赵朗如女士奖学金委员会启

中华民国卅六年九月二十二日

袁母赵朗如女士奖学金保管委员会简则

缘起

　　夙兴夜寐，淬励吾躬，推己及人，古有明训。吾母赵太夫人乐育为怀，眷念桑梓，创学东台，移风易俗，树女教之先声于清季之末叶。斥环填，充膏火，济以针黹余资，唯力是视，无倦容。民初县立女校创设，经费仰给于泉府，自属充裕，程功相较则相悬殊，视学喷有烦言。邑宰力谋整饬，因请吾母兼掌官校。不数年间，桃李成荫矣。迨力侗自美归来就业银行，奉板舆，居沪上，方期菽水承欢，长娱晚景。岁月不居，悲兴风木，槌维畴昔，摧剥余生，亲朋赙赠，悉以奖学，愿承遗志，以策来兹。爰设袁母赵朗如女士奖学金保管委员会，并厘订简则如后，系其缘起，敬事显扬。

袁力侗谨识

袁母赵朗如女士奖学金保管委员会简则

一、本会定名为袁母赵朗如女士奖学金保管委员会。

二、本会基金组织保管委员会负责处理委员名额暂定为七人至九人，公推委员中一人为常务，综理一切事宜。

三、奖学金支配范围目前以补助苏北籍之大学生成绩优异家境清寒者为限。

四、奖学暂定十名，其学额分配如下：

（一）纯粹科学二名；

（二）农工医三科各二名；

（三）社会科学二名。

必要时名额支配得由委员会决定予以变更。

五、申请奖学金者其成绩平均须在优等以上，惟社会科学之申请者其中学时代之成绩数理须为优等。

六、如大学生之名额部分有缺额时，可酌予奖励高中在校学生成绩之优异者。

七、本简则得经委员会决议随时修正之。

附　则

一、申请本会奖学金者以家境清寒确系原籍苏北者为限。

二、已领其他奖学金者不得申请。

三、申请者一次领得奖学金后如成绩优异，下次可继续申请。

四、申请人应依照本会规定申请书格式将姓名、籍贯、在学年级、所学科门，逐项详细填明，并附学校成绩单及证明人盖章证明文件，证明人以校长或院长任之。

五、申请者经本会审查合格后，当用书面通知，不合格者概不答复。

附二：袁母赵朗如女士奖学金委员会关于核准朱伯龙奖学金资格的函

径复者：

接奉大函，并附苏北籍优秀学生奖学金申请书及成绩单，均敬悉。业经本会审核认为朱伯龙合格，应予奖学金国币贰百万元整。兹附奉上海大陆银行支票一纸，计国币贰百万元整，并附空白收据一纸，敬希察收转发该生具领，并嘱于收据上签字盖章，寄由九江路一一一号袁同人君收转本会为荷。

此致光华大学

袁母赵朗如女士奖学金保管委员会

关于请教育部核准豫籍学生转为公费的报告

兹接河南旅沪同乡会函称："吾豫地处中原,为军事重镇。抗战期间,备遭兵祸。再以历年天灾水旱蝗雹,民不聊生。胜利以还,共匪窜扰,兵连祸结,迄无休日。近据贵校豫籍同学李培湍等三十三人,先后来会报告家乡沦为匪区,经济来源断绝,生活异常困难,请予援助等情。经查属实,将此函请准予转请公费,以资维持"等情。

查所称各节,自属实在,拟请体念匪区学生经济断绝,情形特殊,准予核发公费,以资救济。

可否之处,理合备文呈请鉴核示遵。

谨呈教育部部长朱

附呈豫籍学生名册乙份、证明书卅三份

光华大学校长朱经〇

中华民国三十六年十月廿七日

（复字第一四五九号）

附一：教育部关于豫籍学生请转公费碍难照准的代电

私立光华大学：

十月廿七日复字第一四五九号呈件均悉,查本年度匪区学生救济办法无私立学校规定,所请核发李培湍等卅三名公费一节,碍难照准。

仰即知照,件还。

教育部印

中华民国三十六年十一月十一日

（总字第六〇七一五号）

附二：河南旅沪同乡会关于请求豫籍在校生免费就读的函

敬启者：

吾豫地处中原,为军事重镇。抗战期间,备遭兵祸。再以历年天灾水旱蝗雹,民不聊生。胜利以还,共匪窜扰,兵连祸结,老弱辗转乎沟壑,少壮奔走乎四方。在沪各大学豫籍同学均属家乡沦为匪区,经济来源断绝,仅赖公费免费勉强维持。贵校豫籍同学,现有李培端等三十三人(名单另附),均系以上情形,拟请惠予免费栽培。相应函达,务祈查照俞允,无任公感。

    此上光华大学朱校长

河南旅沪同乡会理事长贾岳生

中华民国三十六年十月廿三日

附三：关于无法给予豫籍学生免费致河南旅沪同乡会的复函

案查前接贵会函,为在校豫籍匪区学生李培端等三十三人请求救济一案,当以本校系属私立,经济有限,无法救济。业经据情转请教育部,体念情形特殊,准予核发公费,以资救济在案。兹奉部电复,略开"查本年度匪区学生救济办法无私立学校规定,所请碍难照准"等因,附件发还,奉此,相应检还证明书卅三件,函请查照为荷。

    此致河南旅沪同乡会

光华大学启

中华民国三十六年十一月廿日

（复字第一五四一号）

附四：关于请教育部为豫皖等省区困难学生特别设法救济的报告

案查前据河南旅沪同乡会为该省籍沦陷区学生李培端等三十三人呈请救济一案,经呈奉钧部十一月十一日总字第六〇七一五号代电批复,"以本年度匪区学生救济办法无私立学校规定,所请核发公费碍难照准"等因,奉经转知在案。

兹复据该会以该生等实际困难情形,重申前请到校,并先后据安徽、山西等省籍学生呈同前由前来。查各该省沦陷区学生委系经济来源断绝,生活异常困难,悽苦之状诚属难忍,爰再据情具呈申请,仰祈钧部体察该生等情形特殊,准予破例,特别设法救济。如蒙俯赐批准,当即汇呈名册,实为公德两便。

    谨呈教育部部长朱

全衔校长朱〇〇

中华民国三十六年十二月廿六日

（复字第一六三〇号）

关于准予补助林章瑜六十万元致林斯陶的函

来书祗悉,贵子弟已准由本校助学金委员会予以补助六十万元,相应复请查照为荷。此致林斯陶先生

光华大学校长室启
中华民国三十六年十月卅日
(复字第一四八〇号)

附一:林斯陶关于恳请给予其子补助金的函

校长、董事会、清寒补助金会、贷学金会并诸教职员先生公鉴:

敬启者。

小儿章瑜深感学力不足,有志上达,考入贵校,迄今逾半年矣。上期学杂各费为数尚少,辛赖胞姨凑助,得入校门。此半年中,多蒙诸师长谆谆教诲,热心指导,渠亦循规蹈矩,刻苦自励,方庆求学得所,将来毕业服务社会、提挈弟妹,藉轻父母负担。陶为家长,亦时加训勉勤学,用副贵校教育人才之厚望。讵料本届应缴各费突增数倍,出人意表,现闻尚欠校方壹百万元。小儿深虑费用日增,不能继续求学,除叠函催款并请求辍学谋事外,复称已向贵校补助金、贷学金两会请求救济,迄未揭晓。据其函述,谓校方以陶服务海关,殊非清寒,陈义至正,本无申辩余地。兹以家长立场,敢将梗概率直陈之。陶毕业税专,服务海关内勤二十三载,奉公守法,廉洁自持,只以七男二女(除章瑜外,男女八人,年龄十九、十八、十五、十三、十二、十、八、四岁),负担奇重,债台高筑,割肉医疮,加以物价暴涨以还,生活尤感无限威胁,是其濒临饥饿线上,已为情理之所当然。本届缴费,福州方面高中三人、小学四人已经200余万;益以上海300万,实属无法应付。海关新近对于关员子女教育费虽有规定借支及补助暂时过渡办法,然每人只以一月薪津为限,半为补助,半属借款,不如邮局全部费用概出公家。陶月薪仅一百七十二万,应付此项所短实多。政府财政不敷,可以发行钞票,陶为平民,又有何法可享?贵校声誉素注著,教授复尽知名之士,对于国内生活情形了如指掌,若知小儿确实痛苦,定表同情,如认其当堪造就,敢请鼎力设法,准其享受补助金及贷学金之利,益为国家作育人才保全元气,岂仅一家受惠已载?

抑有进者,小儿未入贵校以前,曾考入江海关充任外勤试用稽查员(临时雇佣),参加

海关接收敌伪仓库，严守父训，廉洁守法，使其肯效其他机关劫收行为，则此时多财善贾，正不必再作求学之想。惟其丝毫不苟，诚实忠厚，遂有今日痛苦，其忠于国家、孝其父母，殊堪嘉许。资质虽钝，有志向上，诸师长谅能知之非私言也。

陶一生为人素以"行善有余庆，积德胜遗金"为圭臬，故于一九四五年十二月廿六日在江海关时，即发起要求改良待遇与各局部主管人员面见海关副总税务司丁贵堂先生，问以官员待遇何以不如电车售票华员薪给？何以远逊洋员？公等久在申江，想能忆及《大陆报》所登即陶所问。此为大众谋福利，昭昭在人耳目。兹再寄上拙文《为福建全省学生家长请命》一篇（曾见于十二月十六日《上海新闻报》、十二月十二日《文汇报》、十二月五日《福建民主报》、十二月四日《福建时报》及《正义日报》），以见陶处境艰难，胸襟坦白，对事固不对人，深信能助人者人必助我也。

贵校为私立性质，经费比之国立自属困难，但既有补助金、贷学金两会之设立，是其加惠清寒子弟，功德匪浅。在学学生若无虚伪，务乞成全格外，不胜感激。此必需照交之学什各费，如陶财力所及，自属责无旁贷，只以服务海关华员困苦情形，外界人士或有未明真相者，特此缕陈，并乞惠助示覆为祷。

临颖迫切，不尽神驰。肃此上达，敬请教安。

林斯陶拜启

卅六年十月廿五日福州闽海关

附二：林斯陶关于感谢学校补助林章瑜的函

校长先生大鉴：

顷奉复书，拜悉贵校已准小儿章瑜由助学金委员会予以补助六十万元，具见贵校教育为重，加惠清寒，不胜感激。

特此肃函伸谢，敬请教安。

家长林斯陶拜启

十一、三

关于呈请教育部拨发青年军学生学杂宿费的报告

　　查本校本学期复员青年军学生计有赵镇东等十四名，每名学费壹百贰拾万元，杂费肆拾万元，宿费叁拾万元，共计贰千陆百陆拾万元，理合造具名册，备文呈请鉴核，准予拨发公费，实为公便。

　　谨呈教育部部长朱

　　计附呈复员青年军学生名册一份

光华大学校长朱经○

中华民国卅六年十一月十七日

（复字第一五三一号）

附：教育部关于自行报考青年军学生学宿杂费不予补助的指令

令私立光华大学：

　　卅六年十一月十七日复字第一五三一号呈一件：呈报本学期青年军学生学杂宿费请核发公费由，呈件均悉。自卅六年度第一学期起，青年军退役自行考入专科以上学校新生，其应缴学宿杂费，本部因经费困难不予补助，赵镇东等十四名所请补助生宿费一节未便照准。名册存。仰即知照。

　　此令。

部长朱家骅

中华民国卅七年二月初二日

（高字第○六五九八号）

关于向教育部呈送 1947 年度第 1 学期学生人数调查表的报告

　　案奉钧部卅六年十二月廿六日总字第二五〇一七三号代电,检发学生人数调查表,饬即填报等因,奉,经分别查填,理合备文呈赍,仰祈鉴核。

　　谨呈教育部部长朱

　　附学生人数调查表二份

全衔校长朱〇〇

中华民国卅七年元月十四日

(光秘〔卅七〕字第三五号)

学校学生人数调查表

项　　别		人数	备　　注
卅五年度以前核定之公费生	全公费	5	
	半公费		
卅六年度奖学金生		264	
卅六年度新公费生		13	包括青年军、革命功勋子女、荣誉军人、边疆生、保育生等
匪区救济金学生			
完全自费生		1 175	
总计		1 457	

(所填各该项人数为卅六年度第一学期之人数)

私立光华大学校长朱经农

中华民国卅七年元月十四日填报

附注:

一、本表一式三份,一份存校,二份报部

二、表列人应以翔实为准,以凭垫发膳费

三、本表用最迅速方法直接寄交教育部总务司第三科

附：教育部关于通知检发学生人数调查表的代电

私立光华大学：

　　兹检发学生人数调查表三份，希于文列三日内翔实填报，以凭垫发以后月份之膳费，勿延为要。

教育部印

中华民国卅六年十二月廿六日

（发文总字第七〇一七三号）

关于向上海市统一奖学金审查委员会报送学生人数的函

径启者:

　　查本校卅六年度第一学期全体男女学生总数为一四五七人,相应函达,即希查照为荷。

　　此致上海市统一奖学金审查委员会

光华大学校长朱○○启

中华民国卅七年元月十七日

(光秘〔卅七〕字第四三号)

附: 上海市统一奖学金审查委员会关于报送学生人数的通知

　　查各专科以上学校学生下学期奖学金名额仍按照各校学生人数比例分配,相应函达,即希查照惠于本月二十五日前函示贵校本学期呈报教育部之学生人数,以便办理为荷。

　　此致光华大学

上海市统一奖学金审查委员会主任委员潘公展

副主任委员李熙谋

中华民国三十七年一月十六日

(统核字第二二号)

关于奖学金学生名册致上海市奖学金审查委员会的函

径启者：

查本校三十六年度下学期申请奖学金学生除仍请保留新生配额贰拾壹名外，前经送审之许承绪等壹百捌拾柒名，兹经复审核定，肆百万元者计冯振益等贰拾贰名，叁百万元者计郭松镠等叁拾柒名，贰百万元者计吴延闻等壹百贰拾捌名，合计壹百捌拾柒名。再原送审之谈太仪、林云珍两名业经取消，改核定为周璘、彭舜两名，合并声明。

相应检同复审核定申请奖学金学生名册暨申请书，随函送请查照核办见覆为荷。

此致上海市奖学金统一审核委员会

校长朱〇〇

中华民国三十七年二月廿日

（光秘〔卅七〕字第一〇三号）

附一：关于补送奖学金保留新生配额名册的函

径启者：

案查本校前经送审申请统一奖学金名单时请予保留新生配额贰拾壹名在案。兹经审查核定新旧生，计王凤楼等共贰拾壹名，并核定每名奖学金额贰百万元，相应造具名册，连同申请书暨成绩单，一并函达，即希查照核办见覆为荷。

此致上海市奖学金统一审核委员会

校长朱〇〇

中华民国三十七年三月九日

（光秘〔卅七〕字第一六九号）

附二：上海市奖学金统一审核委员会关于奖学金分配名额及办理办法的通知

径启者：

查本会第四次常务委员会会议议决："（一）各专科以上学校学生三十六年度第二学期奖学金名额按照各校所报三十六年度第一学期学生人数比例分配之。贵校学生三十六年度第二学期奖学金名额，经核定为二〇八名；（二）分函各专科以上学校严格办理初审工作。各校所送之申请表不得超过本会核定之配额,否则即退还重审;(三)如有学校将初审工作交由学生团体办理,则该校全部申请表本会不予审核;(四)专科以上学校学生申请三十六年度第二学期奖学金定于本年二月十五日截止,各校汇送时刻表时应同时附送该学期公费生或免费生名册,如有逾期不送者,不予审核;(五)专科以上学校三十六年度第二学期新生奖学金名额以保留十分之一配额为原则;(六)三十六年度第一学期得奖学生除操行及学业成绩不良或行动逾越校规者外,一律予以优先申请三十六年度第二学期奖学金之机会"等语,记录在卷。

相应函达,即希查照办理为荷。

此致光华大学

上海市奖学金统一审核委员会主任委员潘公展

副主任委员李熙谋

中华民国三十七年二月九日

(统核字第五五号)

关于陈耀不能入校就读致冷欣的函

容庵先生勋鉴：

　　奉书敬悉。查学生陈耀上学期既未缴付留额金，且未请假。而本学期早已开学注册，逾期无法准其入学，可俟下期再行应考。方命之处，尚祈原詧是幸。

　　专此奉复，顺颂勋祺。

弟朱经〇拜启

中华民国卅七年三月三日

附：冷欣关于请允准乡人陈耀入读的函

经农先生惠鉴：

　　久未晤教，至念贤劳。

　　兹有乡人陈耀，去岁曾投考贵校，已蒙录取，以无力缴费而中止。今以故乡收复，可以担负。

　　至祈垂念其苦学，准如所请为祷。

　　其证件附呈。

　　专叩大安。

弟冷欣手上

二月廿七日

中国文学系奖学金条例

一、名额:每学期一名(如无适合标准之学生,则暂停发给)。

二、资格:

甲、学习总成绩平均在八十分以上,并经系主任推荐;

乙、操行优良,且经口试及格;

丙、每学期所修学程需在十二学分以上;

丁、无一科不及格;

戊、同时未得本校其他奖金。

三、奖励办法:

甲、每名奖金数额暂定五百万元。

乙、得奖名单除于每学期结束后公布外,并刊列于毕业典礼程序单。

民国三十七年三月订

关于重新选送申请奖学金学生材料致中国通商银行总行的函

径启者：

前准贵行四月五日总奖字第四号公函，以郭松镠等五名本期均已领有奖学金，不予再发，并嘱将同系中合于发给奖学金标准之学生另行申送等由，准此，自应照办。兹经审定同系中尚有张畅、应浚达、梁葆真、倪爱如、赵祯祥等五名，相应检同该生等申请书暨成绩单各五份，随函送请查照核办见覆为荷。

此致中国通商银行总行

光华大学校长室启

中华民国三十七年四月十五日

（光秘〔卅七〕字第二四九号）

附一：关于核准张畅等五人奖学金资格的复函

接准四月十五日大函暨附件，均经祗悉。查贵校所送学生张畅等五名奖学金申请表及成绩单等，经审查合格，应各予补助国币叁百万元。兹附奉收据五纸，请分发各生填缮盖章，亲自持至外滩七号，向本行李副理宗文处洽领为荷。

此致光华大学

中国通商银行总行

中华民国卅七年五月三日

（总奖字第十一号）

附二：中国通商银行总行关于核发本期奖学金的函

查本行三十七年度上学期奖学金业经分别规定，计大学及专科学校八校五十五名，国立每名二百四十万元，私立每名三百万元中学；中学十校七十名，每名一律二百四十万元，总计一百廿五名，共奖学金额叁亿壹千贰百万元。

兹仍参照上届办法，设置贵校奖学金学生五名，随函附上空白奖学金申请表五名，函请查照，即就贵校优秀学生中按本行规定名额分别选定，并盼将上项申请表于本月内盖章填复以凭核办为荷。

此致私立光华大学商学院

中国通商银行总行

中华民国卅七年二月十八日

附三：关于提交郭松镠等五人申请奖学金致中国通商银行总行的复函

接准二月十八日大函,洽悉。查本校应得奖学金学生,业经核定郭松镠、张赫旸、徐楚云、章青松、左光涛等五名,相应检同各该生成绩单及申请书五份,随函送请查照核办见复为荷。

此致中国通商银行总行

光华大学校长室启

中华民国卅七年二月年廿八日

（光秘字第一三六号）

附四：中国通商银行总行关于郭松镠等五人不合规定请重新选送奖学金人选的函

径复者：

前准贵校函送学生郭松镠等五名本期奖学金申请表连同成绩单等各五份前来,祗悉。当经本行汇列名单转送上海市奖学金统一审核委员会审核在案。兹准该会通知郭松镠等五名本期均已领有奖学金,照章不予发给等由,准此。查学生郭松镠等既已领有奖学金,自可毋须再由本行发给。惟同系学生中除郭松镠等以外,如仍有合于本行发给奖学金标准之学生,在本行规定名额以内,仍可申请。特将原送表单等随函检还,另附奉空白申请表五份,即请查照办理并示复为荷。

此致光华大学

中国通商银行总行

中华民国卅七年四月五日

（总奖字第四号）

附五：中国通商银行总行关于之后奖学金不再由该行办理的通知

径启者：

兹为遵照本市当局意旨,统一办理奖学金核发事宜起见,自卅七年度第一学期起所有本行五十周年纪念奖学金应发金额已交上海市清寒奖学金统一审核委员会合并办理,不再由本行直接发放。

　　关于贵校本期请领奖学金事宜,即希径向该会接洽,除分函外,相应函请詧照为荷。

　　此致光华大学

中国通商银行总行

中华民国三十七年九月九日

（总奖字第十二号）

关于呈送教育部 1947 年度第 2 学期毕业生人数的报告

案奉钧部本年四月一日高字第一七七七一号代电,饬将本年暑期应届毕业生人数简表报部备查等因,奉此,遵经造具三十六年度第二学期应届毕业生人数简表一份,理合备文呈复,仰祈鉴核备查。

谨呈教育部部长朱

附呈本期应届毕业生人数简表一份

校长朱○○

中华民国卅七年四月十六日

（光秘字第二五四号）

卅六年度第二学期应届毕业生人数简表

院　别	类　别	共计	男	女
总　计		54	45	9
文学院	中国文学系	4	4	
	外国语文系	1	1	
	政治系	8	8	
	法律系	2	2	
	教育系	2		2
理学院	土木工程系	2	2	
	化学系	1	1	
商学院	经济系	16	15	1
	会计系	10	5	5
	银行系	3	2	1
	工商管理系	5	5	

附：教育部关于尽快报送本年暑期应届毕业生人数简表的代电

私立光华大学：

仰将该校(院)三十六学年度第二学期应届毕业之男女学生人数分别科系开列简表于文到后即行报部备查。

教育部印

中华民国卅七年四月一日

（发文高字第一七七一号）

关于请教育部核发马尚健等三四月份膳费的报告

　　查本校公费生马尚健等十六名三、四月份膳食贷金兹经造具名册,检同上海市社会局粮价证明单,备文呈请钧部鉴核发给,以便转发为祷。

　　谨呈教育部部长朱

　　附呈马尚健等请领膳费名册一份、粮价证明单一份

校长朱〇〇

中华民国卅七年五月廿一日

（光秘〔卅七〕字第三二八、三二九号）

附：粮价证明单（民国卅七年三、四月）

等级			上旬	中旬	下旬	平均价	备注
中等熟米	三月	市价	3 684 000 元	3 778 000 元	3 829 000 元	3 764 000 元	上列数字系每市石价格
		配售价	800 000 元	800 000 元	800 000 元	800 000 元	
中等熟米	四月	市价	3 165 000 元	3 644 000 元	3 644 000 元	3 484 000 元	
		配售价	800 000 元	800 000 元	800 000 元	800 000 元	
					证明机关:上海市社会局局长吴开先 中华民国三十七年五月		

附一：教育部关于核发 1948 年 3、4 月份公费生膳费的代电

私立光华大学:

　　五月二十一日光秘卅七字第三二八、三二九号呈件均悉,该校本年三、四月份学生膳费兹经核定如附单,计应补发陆百伍拾万肆千元,款另汇,仰于收款后补呈铃领,件存。

教育部印

中华民国卅七年六月十九日

（总字第三三九〇一号）

附教育部核发公费学生膳费清单：

私立光华大学　　　　　　　　　　　　　　　　　民国 37 年 3—4 月份

月份	公费生人数（全月）	粮价(米)	副食费	膳费总额	应发数	垫发数	补发数
2	1	80 000	364 000	548 000	548 000		
3	17	80 000	364 000	548 000	9 316 000	4 000 000	2—4 月份 6 502 000
4	17	80 000	1 030 000	1 214 000	20 638 000	2 000 000 10 000 000 8 000 000	
备注	2 月份补曾英雄,3、4 两月增加曾英雄一名						

附二：关于请教育部核发曾英雄二至四月份膳费及补呈马尚健等三四月份名册的报告

案查本校三十五年度奉准公费生曾英雄一名前于本年三月廿五日光秘字第二〇九号呈请钧部并案办理,将该生二月份膳费一并发下,尚未奉复。又本校公费生马尚健等十六名三四月份膳费曾以光秘字第三二八、三二九号呈请核发,惟封发时漏附名册,兹再补呈,理合一并备文呈请鉴核示遵。

谨呈教育部部长朱

附名册二份

全衔校长朱经农

中华民国卅七年五月廿五日

（光秘〔卅七〕字第三三四号）

附三：关于请教育部将补报公费生曾英雄二月份膳费并案办理的报告

查本校本学期公费生马尚健等十六名二月份膳费业经报领在案,兹尚有三十五年度奉准公费生曾英雄一名,理合造具该生名册补报,仰祈鉴核准予并案办理,将该生二月份膳费一并发下为祷。

谨呈教育部部长朱

校长朱经〇

中华民国卅七年三月廿五日

（光秘〔卅七〕字第二〇九号）

关于请许恪士厅长推介毕业生的函

恪士吾兄厅长左右：

昨奉欧元怀先生来函，获悉吾公曾谈及台湾国营企业公司及工厂方面对会计人才需要至殷。兹者敝校本届商学院毕业学生吕荣才、应诗瑜、周惠民、单振雄、蔡辟雍、周吟秋、冯家信等七人，愿赴台服务。用特介绍。务祈赐予提掖，并希示覆，是所感祷。

专此，祗颂大安。

弟朱经○顿首

民国卅七年七月卅日

附：欧元怀关于告知台湾国营公司企业需要会计人才的函

经农校长吾兄惠鉴：

前日在京晤台湾教育厅长许恪士兄，谈及台湾国营企业公司工厂等需要会计人才多人。贵校本届会计学毕业生如有愿赴台服务者，请予介绍。许厅长不日来沪，通讯处由愚园路市立幼稚师范学校饶忠源先生转。

专此函达，并颂教绥。

弟欧元怀

七月十八日

关于呈请教育部核免抗战功勋子女周匡时学杂各费的报告

案据学生周匡时呈来前国民政府军事委员会政治部第一厅厅队导〇〇五九号函暨陆海空军渝字第二四九号褒状及公函并称："先父周复在鲁苏战区政治部中将主任任内殉职,拟请转呈钧部依照钧部《抗战功勋子女免费就学条例》免予缴纳学杂各费及核发书籍膳食等补助费"等由,查该生确为抗战遗族,合于钧部《抗战功勋子女免费就学条例》,敬祈俯予核准为祷。

谨呈教育部部长朱

全衔朱〇〇

中华民国卅七年九月六日

（光秘〔卅七〕字第四八九号）

附一：周匡时关于请学校转呈教育部核免学杂各费及核发书籍膳费的报告

学生（八四三三）周匡时（文学院政治系）系抗战阵亡将士遗族,今依教部颁布《抗战功勋子女免费就学条例》申请免缴今后学杂各费及请核发书籍膳食等补助费,敬请钧座转呈教育当局鉴核赐准为感。

谨呈校长朱

学生周匡时呈

九月一日

附二：教育部关于私立学校不在免费补助范围的代电

私立光华大学：

卅七年九月六日光秘字第四八九号呈件均悉,查私立学校不在免费补助条例规定范围,该校学生周匡时申请依照《抗战功勋子女免费就学条例》准予免费补助一节,未便照准,电仰知照。件还。

教育部酉删[1]印

（高字第五六三九〇号）

---

[1]　民国卅七年十月十五日。

关于录取结果致吴开先的复函

开先先生大鉴：

九月四日台示敬悉。樊科长令侄业经取录，其戚卜诚忠则以成绩过差未取，此系招生委员会公决，无法变更为歉。未能从命，尚祈谅詧是幸。

专复，并颂勋祺。

弟朱○○拜启

民国卅七年九月六日

附：吴开先关于请求照顾录取的函

经农校长吾兄道席：

敬启者。

本局调解科科长樊振邦同志负责处理全市劳资纠纷事件，忠诚干练，倚畀甚殷，其胞侄樊超、亲戚卜诚忠二人有志投考贵校银行系一年级，以求深造，业已遵章报名（准考证樊超第一六二八号、卜诚忠第一六五七号），如期应试。两生慕名向学，期在必取。只以弟与樊君情逾恒等，关怀倍切，用为专诚奉渎，务恳推爱成全，特予破格一并录取，俾遂立雪之宏愿，用慰樊君之期望，至深感祷。

专此，敬颂讲祺。

弟吴开先敬启

中华民国卅七年九月四日

关于无法办理徐祖瑗申请入校的函

百闵、荫荪先生大鉴：

手示敬悉。徐祖瑗申请入校一事，因其录取在二年以前，早经失去学籍，实难设法。本年度两次招考期现亦办理完竣，请转嘱徐君下学期为行来校报考可也。有方台命，尚希谅詧是幸。

专复，并颂勋绥。

朱〇〇

中华民国卅七年九月六日

附一：但荫荪关于请求照顾徐祖瑗入校的函

经农先生尊鉴：

兹有恳者敝友徐逸樵兄，现任中国驻日代表团顾问，其令郎徐祖瑗君于二年前考入贵校英文系，曾接到录取通知书，后因事辍学。现徐君仍有志进贵校肄业，敬请推爱，特赐收录，无任感祷。

专此，敬请道安。

后学但荫荪叩上

九月三日

附二：刘百闵关于请求照顾徐祖瑗入校的函

经农先生左右：

久未奉教，良深企念。敬启者。

友人徐逸樵兄近自东京来函，以其哲嗣徐祖瑗君曾于卅五年考取光华大学入学试验，当以诸暨乡里患匪，随侍其祖父乡居读书，未能入学。今年原拟赴日，但终以不易取得护照，因决仍在国内肄业。但今年大学入学考试均已完结，拟乞先生特予提携，准其在前年考取之资格，准予补行入学。事关青年进学，用敢不揣冒昧，烦渎以陈，敬恳裁察是荷。

专此，敬颂教安。

弟刘百闵拜启

九月三日

关于呈请教育部核准抗战功勋子女黄菱先免费补助的报告

　　案准第三绥靖区本年八月五日纪字第一七九三号公函内开："本部所属前五九军政军长黄维纲于三十二年八月积劳病故，迭奉国府明令优予抚恤并褒扬各在案。今该考试军长之女菱先在贵校求学，因家乡陷于匪区，生活困难，所有学费无力担负，请援照《抗战功勋子女就学免费补助条例》，赐予免费"等由，该生又呈缴其父维纲国民政府军事委员会恤亡给与令（抚字第二七三〇五三号令），申请转呈钧部援照《抗战功勋子女免费就学条例》准免学杂各费，查该生所请合于钧部《抗战功勋子女免费就学条例》，敬祈俯予核准为祷。

　　谨呈教育部长朱

全衔朱〇〇

中华民国卅七年九月廿一日

（光秘字第五〇六号）

附：教育部关于依照规定不能免费补助黄菱先的代电

私立光华大学：

　　三十七年九月二十一日光秘字第五〇六号呈件均悉，该校学生黄菱先申请援照《革命抗战功勋子女免费补助条例》准予免费补助一节，核与该条例第二条之规定不合，未便照准。仰即知照，件还。

教育部印

中华民国卅七年十月十五日

（高字第五六三七二号）

关于不能补录俞济时女儿入学致吴国桢的函

国桢先生勋右：

　　九月二十三日损书敬悉，承介俞局长女公子报考敝校，原当照办，惜为时过晚。敝校两次招考，均经办理完竣，不拟续行添招。学校定章又无不经报考而准其入学之前例。方命歉甚，尚祈谅詧为荷。

　　专复，敬颂勋祺。

弟朱〇〇顿首
中华民国卅七年九月廿八日

附：吴国桢关于请求补录俞济时女儿入学的函

经农吾兄校长道席：

　　敬启者。

　　顷接总统府第三局俞局长济时兄函，称其女公子杭仙于去年上期毕业南京私立汇文高中，因病赴美治疗，致不克继续升学，迨今年暑期返国，又因公私立各大学考期已过，未及报考，青年失学，焦急万分，赐予就近协助，设法就学等语。素仰教泽宏敷，用特奉介一言，务请惠予在可能范围准其补考取录，俾获继续升学进修，出自裁成，同深感荷。

　　专此布恳，敬颂讲绥。

吴国桢顿首
九月廿三日

关于无法接收高凌白借读致李熙谋的函

振吾我兄局长勋右：

　　奉诵大翰，拜悉一是。高君凌白拟来敝校借读，完成其未竟之学业，殊堪同情，自当特别设法。惟借读办法教部早令取消，且四年级不收插班生。方命歉难照办。

　　专此奉复，敬祈谅詧，顺颂大绥。

弟朱经〇拜启

中华民国卅七年十月十五日

附：李熙谋关于商请接收高凌白借读的函

经农我兄惠鉴：

　　敬启者。

　　兹有外交部驻沪办事处高凌白先生，前曾肄业燕京大学，书读至第四年第二学期时，因从军参加翻译官工作，旋又入外交部服务，致未能修毕学程。现以回原校续学事实上不可能，故拟入贵校政治系四年级借读，或暂准入学，俟学期考试时补行入学试验。特为代函商恳，务祈詧洽，惠予成全，俾得完成学业，无任感荷。

　　专此，敬颂教绥。

弟李熙谋拜启

九、廿九

关于向青树奖学金委员会递送冯振益受奖材料的函

径启者：

接奉台函，敬悉一是。贵会设置奖学金补助清寒，奖掖后进，造福匪浅，良用佩仰。

承嘱选送敝校教育或生物学系成绩优良学生一名，自当照办。兹经考核结果，以教育学系四年级学生冯振益一名成绩优良，堪以保送，用特检同该生申请登记表、成绩单及自传等件，备函奉达，至希詧照核发为祷。

此致青树奖学金委员会

光华大学校长室启

中华民国卅七年十月廿日

（光秘〔卅七〕字第五五一号）

附：青树奖学金委员会关于甄选教育或生物学系二年级学生一名申请奖学金的函

敬启者：

青树奖学金为章荣初先生纪念其先人清儒公而设立，举办已逾五载，受惠之大学生凡四百余名，其因奖助而完成大学学业者大都均有职业服务于社会者。现毕业同学与菱湖青树学校旅沪校友，为仰体创办人章荣初先生取之社会、用之社会，自助助人、已达达人之至意，愿将每月收入提成捐献，充作奖金招收新生。同时章先生为表示赞助，并鼓励同学之助人热诚起见，亦照毕业同学捐献奖金所招新生数额，增设同额之新生，本学期合共增设名额十二名。惟以各校大部开学，考选手续不及办理，爰拟请各大学甄选保送。素仰贵校办理完善，声誉昭著，对本奖学金向来热诚赐助，用特检附征选新生暂行办法一种，函恳惠予参照前项办法，就中征选合格之教育或生物学系二年级学生一名，并请将该生历年成绩单连同申请书等，于十月十五日前一并赐寄本市（25）合肥路127弄71号本会，俾便审核，以利进行，事关助学，即烦查照见覆为荷。

此致光华大学

青树奖学金委员会启

十月一日

青树奖学金毕业同学捐献奖学金办法

一、凡曾受青树奖学金之有职业毕业同学，一律于本学期起开始捐献奖学金，培植失学青年，以达自助助人、自立立人之目的。

二、凡有职业之毕业同学，按月捐献奖学金不得少于薪给总数百分之四。

三、凡有职业之毕业同学捐献奖学金不得少于四年。

四、捐献方面由各同学自定，内分一学年一次先付，一学期一次先付，三个月一次先付，二个月一次先付，按月捐付等五种。

五、凡毕业同学，如未获得职业，或有特殊困难无力捐献者，须具函声请展缓。

关于再次呈请教育部核准周匡时免费待遇的请示

教育部部长朱钧鉴：

　　案奉钧部本年十月十五日高字第五六三九〇号酉删代电，以"私立……电仰知照"等因，旋经饬据该生呈称，"依照本年十一月二日立法院公布之《革命抗战功勋子女免费就学优待条例》第八条免费待遇之核定，'在国立学校或私立专科以上学校，由教育部组织革命抗战功勋子女免费就学优待审查委员会办理之'之规定，仍恳转呈教育部准予免费补助等情前来，是否可行，理合检同该生附缴证件一纸、照片二张，电请察核饬遵。"

全衔校长朱〇〇戎部[1]印

（光秘字第五九三号）

附一：周匡时关于再次请求学校转呈教育部核准免费资格的报告

　　学生周匡时，系抗战阵亡将士遗族（先父故鲁苏战区政治部中将主任，于民国卅二年二月廿一日山东安邱平顶山之役抗敌阵亡），今依《抗战革命功勋子女就学免费条例》请免本期暨今后学杂各费并请核发书籍膳食等补助费，祈即赐准为感。

　　谨呈校长朱转呈教育部

文学院政治系二年级学生周匡时呈

十一月十五日

附二：周匡时关于请求学校转呈教育部重新核定其免费资格的报告

　　窃生周匡时前依教部颁布《革命抗战功勋子女就学免费补助条例》呈请免本期暨今后学杂各费并请核发书籍膳食等补助费，经由校方转呈教部鉴核，以该条例不适用于私校，因而未蒙赐准。查该条例并未对私校就读之抗战革命功勋子女其免费权利有所限制或剥削，且十一月二日立法院通过之原文第八条，具明"免费待遇之核定在国立学校或私立专科以上学校由教部革命抗战功勋子女就学优先审查委员会办理之……"依是，前所

---

[1]　民国卅七年十一月廿日。

批示似有忽略之处。故再依章呈文申请，尚祈亮察赐准为幸。

　　谨呈校长朱转呈教育部

文学院政治系二年级学生周匡时呈

十一月十五日

附三：教育部关于周匡时申请免费待遇应俟审查细则发布后才能核办的代电

私立光华大学：

　　本年十一月二十日光秘（卅七）字第五九三号代电暨附件均悉，学生周匡时申请依照《革命抗战功勋子女就学优待条例》给予免费待遇一节，应俟该条例之审查细则公布后，再检同申请书、抚恤令呈部核办，原件发还。

教育部亥哿[1]印

（高字第六八一一一）

---

　[1]　民国卅七年十二月廿日。

关于娄仲杰补缴高中毕业证书呈请教育部备案的报告

　　查本校廿六年度第二学期毕业生娄仲杰一名毕业资格前经呈奉钧部本年五月廿日高字二七三二四号指令,以该生入学时未经缴验高中毕业证书,饬换呈经原校主管教育行政机关盖印之毕业证书等因。兹经饬据该生呈缴高中毕业证书前来,理合检同上项毕业证书暨该生历年成绩表,一并备文赍请察核示遵,实感公便!

　　谨呈教育部部长朱

　　附呈娄仲杰高中毕业证书、历年成绩表

全衔校长朱○○

中华民国卅七年十二月三日

(光秘〔卅七〕字第六○三号)

附：教育部关于娄仲杰需补缴高中毕业证明的训令

令私立光华大学

　　卅六年十一月廿七日复字第一五五八号呈一件,为呈送卅六年度第二学期毕业生成绩名册及入学证件等请鉴核由,呈件均悉。娄仲杰一名于入学时未经缴验高中毕业证书,仍应换呈经原校主管教育行政机关盖印之毕业证书遗失证明书再行核办,该生毕业资格不予备案。除名册成绩表报部外,余件发还,仰即知照。

　　此令。

　　附发还证明书、借读证明书各一纸

部长朱家骅

中华民国卅七年五月廿日

(高字第二七三二四号)

七、校舍建设

1950 年，朱经农摄于哈特福德神学院格莱赛教授书房

关于请杜月笙促成续借证券大楼穿廊间作为教室的函

月笙校董先生勋鉴：

　　谨呈者。本校原有中山路校舍悉被敌人所毁，乃暂借证券大数八楼继续上课。自敌侵占租界后，彼时证券交易所当局曾将本校穿廊大教室一间充作金证券市场。今该处停闭已久，而本校复校所有教室不敷应用，拟请仍将该穿廊一间租与本校作为教室之用。素仰吾公爱护光华久具热心，务恳设法玉成，不胜感祷。

　　兹请本校总务长张星联君趋前面洽，至祈赐教为荷。

　　专此，顺颂勋绥。

弟朱经农谨启

中华民国卅五年二月廿一日

（复字第八四号）

附：杜月笙关于穿廊间证券交易所恐须自用而无法续借的复函

经农先生大鉴：

　　展奉惠书，拟续租证券大楼穿廊间以供光华教室之用，敬已洽悉，当为代洽。经查该所正在准备复业，恐须自用，或未能仰副台嘱也。

　　顺颂台祺。

弟杜镛敬启

二月廿五日

关于呈请教育部训令上海教育局及通知敌产处理局以便接收
欧阳路校舍的报告

　　案查本校请拨校舍一案,兹奉行政院翁副院长手谕,略开"光华大学房屋事,兹接朱部长骝先函告'欧阳路二二一号拨交光华应用,二二二号准由光华借用一年',同样办法并已由教育部训令沪市教育局办理"等因,本校当即派员与市教育局接洽,据谓"尚未奉到部令",因以接洽无结果。在本校亦以尚未接奉钧部明令,以致接收诸感困难。惟本校对于下学期校务进行亟待规划,所需校舍至为迫切。盖校舍一日不解决,复校工作即无法展开。用特呈恳钧部迅赐训令沪市教育局遵照办理,并通知苏浙皖区敌伪产业处理局,并乞指令本校,俾可便于接收。

　　谨呈教育部部长朱

私立光华大学代理校长朱言钧

中华民国卅五年五月四日

(复字第一七三号)

附一: 教育部关于已训令上海市教育局及函知苏浙皖区敌伪产业
处理局协助校舍接收的代电

私立光华大学:

　　复字第一七三号呈悉,所请业经令饬上海市教育局遵办,并函苏浙皖区敌伪产业处理局协助接收,仰即径洽。

教育部

中华民国卅五年六月十日

(高字第〇三三五三)

附二: 军政部军医署关于移交校舍致翁文灏的代电

上海光华大学校董会翁董事长勋鉴:

　　案查贵校前请将上海欧阳路221、222号第五临时医院(前日本女子商业学校)院址拨交贵校使用一案,前经与行政院敌伪产业处理局洽定予以照办,并经本署以卯艳医沪代电军政部奉准在案。兹查该院日军病俘于本月十六日即可腾空结束,所有该院院址自应移交贵校接收。除分电第一绥靖区司令部卫生处马处长查照外,特电查照为荷。

军医署署长林可胜已寒署医沪
中华民国卅五年六月十四日
(卅五署医沪第字一一一四一号)

附三: 教育部关于转知联合勤务总司令部已移交校舍的代电

私立光华大学:

　　前据该校呈转请联合勤务总司令部迁让前日本第二女校校舍一案,兹准该部九月二十日〔卅五〕署医铨(一)字第一五五五一〇号公函称"查该房舍(即日军第一七五兵站医院)业于日俘患者遣送完毕时先后交与暨南、光华两大学接收矣"等由,准此。除分行外,合行令仰知照。

教育部印
中华民国卅五年十月十九日
(高字第二六二七一号)

关于在校舍加筑篱笆呈请上海市工务局备案的函

　　查欧阳路二二一号及二二二号本校校舍前空地拟即加筑篱笆,以免被人侵占,相应函达,即希赐予备案并批复为祷!

　　此致上海市工务局营造处

私立光华大学校长朱经〇

中华民国卅五年七月廿二日

(复字第三三四号)

附: 上海市工务局关于加筑篱笆需要先领取执照的复函

　　接准贵校复字第三三四号公函,为欧阳路二二一号及二二二号校舍前空地拟架筑篱笆请予备案等由,查架筑篱笆接章应向本局领取执照后方可动工,相应函复,即希查照办理为荷。

　　此致光华大学

上海市工务局

中华民国卅五年八月七日

(市工〔卅五〕字第七三六七号)

关于恳请翁文灏为丰寿堂题额的函

咏霓董事长勋鉴：

敬启者。本校迁移修葺将次竣工,兹为纪念王前校董省三暨张前校长詠霓起见,仍将大礼堂命名为丰寿堂,兹特奉上黄纸一张,敬恳我公题字,以便制匾悬挂而资景仰。

专此,祗颂勋绥!

弟朱经○谨启
中华民国卅五年十月十一日

附一：翁文灏送交题字的函

经农吾兄大鉴：

前奉赐函,嘱为光华大学丰寿堂题额,兹已照为书就,敬以送上察收。

此校于劫灭之余克告光复,既慰张王二公当初创建之殷,成为多数学人殷勤进修之地。甚赖长才主办率导,俾全校师生奋励修学,以贡献于国家前途之前进。

专函奉达,企望良殷,并颂时绥!

弟翁文灏敬上
十月二十三日

附二：关于答谢翁文灏题字的函

咏霓先生道鉴：

手示敬悉。

承惠题丰寿堂匾额,至感!

奉嘱一节,自当勉力为之,以副雅望。惟光华复校伊始,诸待整顿,尚祈随时赐教,以匡不逮为幸!

专此布复,祗颂勋安。

不一。

弟朱经○顿首
十一月五日

关于呈请上海市公用局在欧阳路装置路灯的函

　　查本校于本学期起迁入欧阳路 221—222 号上课,当时鉴于该路并无路灯,非特晚间交通有感不便,且治安方面亦颇有关系,曾经函请贵局设法装置路灯在案。乃时隔数日,未蒙照办,用再函请贵局迅赐装置,以利交通而维治安为荷!

　　此致上海市公用局

校长朱〇〇

中华民国三十五年十月廿一日

(复字第五二九号)

附: 上海市公用局关于欧阳路一带路灯已饬闸北水电公司于最近期内挂放应用的复函

　　接准贵校十月廿一日复字第五二九号公函祗悉。查欧阳路一带路灯早经本局装置,并饬闸北水电公司敷设灯线在案。惟该公司以材料缺乏,延未照办,致未放光。除再饬该公司于最近期内挂放灯线以便放光外,相应函复,即希查照为荷。

　　此致光华大学

局长赵曾珏

中华民国卅五年十一月二日

(市公〔卅五〕电字第一二二五九号)

关于呈请工务局修理欧阳路及四达路的函

　　查欧阳路及四达路均已年久失修,路面破损,崎岖不平,尤以天雨时洼地积水更属难行;倘有机动车经过,则泥浆四溅,行人却步。本校于本学期迁入欧阳路221—2号上课,大中学两部员生共有二千余人,走读者每日必须经由四达路转入本校,关系较切。用特函请贵科即烦饬工修理,以利交通,至纫公谊。

　　此致上海市工务局道路科

校长朱〇〇

中华民国卅五年十月廿一日

(复字第五三〇号)

附一：上海市工务局道路处关于该路应由光华大学自费兴修的复函

　　案准贵校本年十月二十一日复字第五三〇号公函,为函请修理欧阳路及四达路以利交通等由,准。即转函第五区工务管理处核办去后。兹准复称,"查欧阳路及四达路煤屑路面,计面积1 430平方公尺,约需款一二八七万元。该路仅为光华大学交通之道,非本区内重要者,可暂缓修理。若该校自愿出资兴修,本处自可代为办理。请先洽光华大学,俟决定后再编详细预算送核"等情,相应复请查照为荷。

　　此致光华大学

上海市工务局道路处启

中华民国卅五年十一月廿二日

(路字发文第二四一八号)

附二：

　　查本校奉教育部令准迁入欧阳路四达路口221—222号校舍上课。惟该处地段高低不平,一遇天雨,泥泞途滑,且有多处污池积水,若机动车经过,恒溅及行人,即天晴时亦每有风沙扑面。现该地段日臻繁兴,行人来往,每感崎岖行难。况本校大中两部员生二千余人,日须经由该处,关系更切,故曾于十月廿一日函请派工修理在案,但迄未蒙复,甚以为念。思维贵局尽力工务,便利市民,素著成绩,用再函恳,请即派员于欧阳路至其美路及四达路等地段加以修理，所需工料，除已另函善后救济总署上海分署惠予供给外，尚祈贵局咨商该署核拨，以便早日兴工，曷胜企祷。

　　此致上海市工务局道路工程处

光华大学校长朱经○

中华民国卅五年十一月廿日

（复字第六三一号）

关于呈请上海市地政局丈量大西路校地的函

径启者：

敝校原校址上海大西路中山路口所有基地兹遵章申请登记,业已托由中国银行信托部代办登记手续,只以原有册证在战时稍有遗失,尚待整理。兹将土地98亩4分2厘2毫之有关证件先行检送鉴詧,其余拟请贵局实施丈量,俾补行登记,以资完备。顷以登记期限已近,用特函恳,务希俯准照办,实为德便!

此致上海市政府地政局局长

光华大学校长朱经农敬启

三十五年十月廿六日

关于呈请行政院善后救济总署上海分署赐拨修路材料及面粉的函

敬启者：

本校奉教育部令准迁入欧阳路 221—222 号校舍上课，但该处地段崎岖不平，天晴则风沙扑面，遇雨则泥泞难行，并有数处污池积水，若机动车经过，行人辄被溅及。兹拟请市工务局于四达路及欧阳路至其美路之数段路面加以修理，敬恳贵署赐拨修路材料及面粉（作为工人工资）等，除另函市工务局请予照办并计算所需工料与贵署函商外，用特专函奉恳，敬祈照拨，以便即日修理为祷。

此致行政院善后救济总署上海分署署长

光华大学校长朱经○

中华民国卅五年十一月廿日

（复字第六三二号）

附一：关于请求行政院善后救济总署上海分署拨款修理校舍及整顿操场的函

敬启者：

本校复校伊始，诸待整顿。惟格于经济，不得不仰赖外界拨助。兹拟就校内原有破木屋，略加修理，作为体育办公室及教职员宿舍之用。除木料自备外，尚缺油毛毡廿卷。再本校曾充敌俘伤兵医院，致校园操场中遍积垃圾及野草，且有多处高低不平，致学生体育活动无法举行。若稍加整顿，非数千人工莫办。素稔贵署热心公益，爱护教育，用特缮具工程估计表及工程进度表各一份，送请审誉，祈准予拨助，以便兴工，不胜感祷。

此致行政院善后救济总署上海分署署长

光华大学校长朱经○

中华民国卅五年十一月廿日

（复字第六三三号）

附二：善后救济总署上海分署关于赐拨修路材料及面粉的复函

接准贵校本月二十来函，以校舍地段崎岖不平，拟请工务局于四达路及欧阳路至其美路之数段路面加以修理，嘱拨助材料及面粉等由，准此。查修路工程应由工务局主办，所需材料亦应请该局估计统筹。惟关于人工方面，本署可依照工赈办法酌助面料以示协助。仍请贵校派员与工务局径洽，以资便捷。除另函工务局外，相应函复，即希查照为荷。

　　此致光华大学

善后救济总署上海分署启

十一月廿七日

（沪总字第一二二五号）

关于呈请上海地政局准予补发土地执业证的函

径启者：

　　查敝校所有法字第一三二四五号土地执业证壹张，坐落法华区五图辰字圩二号四十三丘土地八亩五分捌厘四毫，于沪战时转辗迁移致被遗失，除登报声明外，用特填具换状声请书，并检同中央日报三张、保证书一张，一并随函附奉，务希贵局准予补给新状，以便执业为荷！

　　此致上海市地政局

光华大学校长朱经○谨启

中华民国卅六年一月十五日

关于答复善后救济总署上海分署有关报告工程进展的函

径复者：

　　接准大函，祗悉一是，嘱将前准敝校工赈补助关于工程进度以简明报告见示等由，自当照办。惟因近来时常天雨，操场浸湿，未克工作；且以敝校现值春节休假，各部人员多有回籍者，则于工作上自更无联络咨商。以此之故，拟特下学期开学后再行开工，并将工程进度随时报告。至前领油毛毡及代工面粉，当妥为保存校中。知荷锦注，先此奉复。

　　此致张登瀛先生

光华大学校长朱经○

中华民国卅六年一月廿日

（复字第八○四号）

附一：善后救济总署上海分署工赈股关于要求递交工程简明报告的函

敬启者：

　　贵校遭敌破坏，请求工赈补助事项，业经如命办理，行见旧观顿复，焕然一新，欣慰之感，彼此所同。惟本署奉行工赈办法，按诸手续，尚须分期呈报备核，故盼贵校对工程进度，能常以简明报告见示，并祈将破坏情形及施工时、完工后之各种形态，拍成照片，藉供查考。如蒙赐，可即请从速掷寄黄浦路十七号三百卅四室本署工赈股交本人收为感。事关手续，殊非得已，请乞谅察是幸！

　　敬颂教祺。

　　此致光华大学校长

兼工赈股股长张登瀛敬启

一、七

附二：关于请善后救济总署上海分署工赈股莅校视察的函

径启者：

　　前承贵署拨助面粉，以工代赈，整理敝校园地事，工程方面已循序推进，拟请台驾莅校视察，以匡不逮，无任公感！

　　此致善后救济总署上海分署工赈股股长张登瀛先生

光华大学校长朱经〇

中华民国卅六年三月十九日

（复字第九三五号）

关于请求善后救济总署上海分署续拨面粉的函

径启者：

　　前请准贵署补助工赈整顿校园，自兴工以来，现已将操场填平，垃圾清除，惟尚有数处工程，如移去土堆、填平水塘水池及清除野草、日敌埋尸之处等，尚未进行。兹拟申请继续拨助代工面粉六拾包，俾全部工程得以完竣，无任盼祷！

　　此致善后救济总署上海分署

光华大学校长朱经〇

中华民国卅六年三月廿六日

附一：善后救济总署上海分署关于继续拨给面粉四十包的复函

　　接准三月廿六日贵校大函，备悉一是，所请续拨工赈面粉之处，本署勉予特别通融，酌拨联总粉肆拾袋，以资完成未了工程，相应函复，即希查照来署洽领为荷！

　　此致光华大学校

善后救济总署上海分署启

四、十八

（发文沪赈〔卅六〕字第四六四号）

附二：关于派遣张长赓前来据领面粉的函

径启者：

　　顷奉大示，敬悉一一，承拨给代赈面粉四十袋，至为感荷！现派本校事务员张长赓先生趋前具领，务希赐予延见是祷！

　　此致善后救济总署上海分署工赈股张登瀛先生

光华大学校长朱经〇谨启

中华民国卅六年四月廿三日

（复字第一〇四〇号）

关于附中校舍问题给苏公隽的复函

公隽先生大鉴：

顷奉华翰,欣悉一一。附中校舍租借一年诚非久计,尊见极为允当。世承前日晋京,曾与教部中等教育司曹司长商谈,已获谅解。骝公处拟恳公起先生从旁进言,再由校中补呈公文,尊意以为何如?

专此奉复,即颂道安。

朱○○、廖○○拜启
中华民国卅六年四月廿一日

附：苏公隽关于建议设法申请附中校舍的函

经农、茂如先生均鉴：

光华附中屋宇前经商定租借一年,瞬将届满。鄙意亟应设法申请拨用,以图久远。政局变幻无常,目前翁咏公、朱骝公方面均尚有接近之人,不难商洽。若不趁此时机,将来或竟无法办理,乃恧焉忧之,尚祈裁夺。

又大西路地皮弃置不用,亦殊可惜。曷不设法出租,亦生财之道也。

匆上,顺颂道安。

苏公隽拜启
四、十六

关于请上海地政局局长祝平赐洽张祖培并惠予便利的函

兆觉[1]局长吾兄台鉴:

　　兹托者,敝校中山路校址前在沪战时以地处衢冲要,致校舍全部被毁,所有土地产证业去年委托中国银行信托部送请贵局办理土地登记在案。最近迭奉贵局补正手续通知单,嘱邀同出卖人各带身份证来前候询等由,查敝校校产购置已久,其中一部分系由校董私人捐助者,而原权利人大都早已去世,更以原经管人员几经更易,并以敝校在沪战时数度迁移,以致旧有契据单串或有缺少不全情形。兹特由敝校张总务长祖培来前面陈,务希赐洽并转知审查室移转组及方单组主管人员在可能范围内惠予便利,如有必要,当取具妥保,以证实在。

　　专函奉渎,尚祈惠予协助,无任感荷!

　　祗颂台祺!

朱经农

三十六年四月二十三日

---

[1]　祝平(1902—1988),江苏江阴人,原名肇阶,字兆觉,1933年获得德国莱比锡大学经济学博士,时任上海地政局局长。

关于请徐公起转陈教育部有关函件的函

公起先生道鉴：

奉读惠笺，祗悉一是。敝校附中校舍事，诸承关切，铭感何如！此事得吾公协助，一言九鼎，定可预卜其成。兹遵嘱备就咏公与经农致部座函两件，一并随函附上，至希惠予转陈，无任感祷。

专此奉恳，顺颂道安。

弟朱○○、廖○○拜启
中华民国卅六年四月卅日

附：翁文灏请朱家骅协助解决附中校舍的函

骝先吾兄部长勋鉴：

光华校舍事曩承鼎助，弥切钦迟。抗战期中，上海各大学所蒙损失，确以光大为最也，当在洞鉴之中。现以附中校舍发生重大困难，仍乞吾惠予协助，俾莘莘学子免辍弦歌。

特函奉恳，即颂勋安。

弟翁○○拜启
中华民国卅六年四月卅日

关于邀请翁文灏主持德生堂落成典礼的函

咏霓先生道席：

　　本校宿舍德生堂已落成，敬请我公主持落成典礼。何日旌麾莅沪，祈先赐示，以便筹备为祷。

　　端肃，敬颂道安。

弟朱经〇拜启

中华民国卅六年十一月十八日

（复字第一五三七号）

附：翁文灏关于不能参加德生堂落成典礼的函

经农校长我兄大鉴：

　　接奉函示，光华宿舍德生堂已获落成，所有典礼弟恐不及到沪参加，敬乞主办为荷。

　　此颂时绥。

弟翁文灏敬上

十一月廿一日

关于行政院准予续借欧阳路校舍的请示

案查本校原有上海大西路校舍，于八一三战役被国军驻作据点以抗敌军，及国军西移，致遭敌军全部焚毁，乃租借证券大楼开学；抗战胜利后，曾遵教育部令填报损失并呈奉拨给欧阳路敌产校舍为现校舍；嗣又奉批价饬承购置节，经先后分别呈复各在案。窃本校于抗战中独遭惨重损失而弦诵始终未辍，复校以来，虽勉负艰巨，苦心经营，究以挹注困窘，仅能维持现状。以言恢复原有校舍，固非短时期力量所能及。若承购现有校舍，以估价过昂更无法筹措此一巨款。爰经再四商讨，惟有俟将来筹得充分基金后将大西路原校舍逐渐恢复。惟在未恢复以前，拟请将现有校舍继续借予使用，一俟原校舍恢复，当即奉还政府。为此渎呈，伏乞俯赐核准示遵，实为教育幸甚！

谨呈行政院院长张

私立光华大学董事长翁〇〇

校长朱〇〇

中华民国卅七年三月十六日

（光秘〔卅七〕字第一八四号）

附一：行政院关于同意继续保管使用欧阳路校舍并照缴使用费的批复

具呈人私立光华大学：

卅七年三月十六日光秘卅七字第一八四号呈，为本校原有校舍未恢复以前请将现校舍继续借予使用由，呈悉。准将上海欧阳路二二一号及二二二号两处敌产校舍，交该校继续保管使用，应仍按规定缴付使用费。除分行苏浙皖区处理敌伪产业审议委员会外，仰即遵照！

此批！

国民政府行政院印

中华民国卅七年四月七日

（〔卅七〕七外字第一六四五六号）

附二：关于请翁文灏面递呈文并促尽早批示的函

咏霓先生道席：

关于本校校舍事，已经校友沈昌焕兄（现任蒋主席随从秘书）面与张院长岳军先生商洽，允予继续使用。爰以校董会名义具呈行政院。兹特奉上，敬祈面递张院长，并促迅赐批示为祷！

端肃，祗颂道绥！

附呈文乙件

弟朱经〇拜启

中华民国卅七年三月十六日

（光秘〔卅七〕字第一八五号）

关于呈请行政院将校舍使用费核减至最低限度的报告

　　案奉钧院本年四月〔卅七〕七外字第一六四五号批复,准将上海欧阳路二二一号及二二二号两处敌产校舍交本校继续保管使用,应仍按规定缴付使用费,仰即遵照等因,奉此,自应遵办。惟兹接苏浙皖敌伪产业清理处通知,为本校现校舍使用费自卅四年九月一日起至本年三月卅一日,共应缴付国币肆亿捌千叁百柒拾壹万陆千元正,嘱即清缴等由。窃本校因抗战期间损失惨重,复校以来虽勉力设法维持,究以经济支绌,遇事辄感困难,对上开数目自更无力负担,而亦无法筹措。为此恳请钧院俯念本校情形特殊,准将使用费核减至最低限度,俾得量力缴付,实不啻受公家之补助也。伏乞批示祗遵为祷。

　　谨呈行政院院长张

光华大学董事长翁文○

校长朱经○

中华民国卅七年五月三日

（光秘〔卅七〕字第二八九号）

关于呈请行政院核减校舍用费用致中央信托局苏浙皖区敌伪产专业清理处的函

　　接准本年四月廿八日〔卅七〕沪理地字第三四一六〇号通知,检送本市欧阳路 221、222 号敌产房屋使用费通知单,请查照迅即请缴等由,准此。本应照办,惟本校原有校舍因抗战期间国军进驻,日军围攻,损失惨重,乃至片瓦无存。复校以来,虽勉力设法维持,究以经济支绌,遇事辄感困难,对贵处所开使用费数目过巨,实感无力负担,除呈请行政院准予减外,相应函复,即希查照为荷。

　　此致中央信托局苏浙皖区敌伪产业清理处

校长朱经〇

中华民国卅七年五月三日

（光秘〔卅七〕字第二八九号）

附一：中央信托局苏浙皖区敌伪产业清理处关于校舍使用费核减未获行政院政院允准请继续按通知单缴费的函

　　准贵校光秘〔卅七〕字第二八九号函,以本市欧阳路 221、222 号敌产房屋使用费,以经济支出绌遇事辄感困难,实无力负担,嘱查照等由,经电准行政院秘书处〔卅七〕七外字第三四一六六号代电开"关于光华大学请核减敌产房屋使用费一节,查中央机关在沪使用敌伪房屋,其使用费前经本院核定,未便折减。本案光华大学住用敌产房屋使用费,似亦未便特予核减。经陈奉谕'如拟照办'等因,相应电复查照"等由,相应检附使用费通知单一纸,复希查照,惠即扫数径向广东路八十六号本局房屋地产处清缴,以凭转报为荷。

　　此致光华大学

中央信托局苏浙皖区敌伪产业清理处

中华民国三十七年八月廿二日

（〔卅七〕沪理字第四一七九五号）

　　附使用费通知单一纸：

中央信托局房屋地产处通知单

光华大学：

查贵校使用欧阳路 221—222 号敌产房屋应缴付使用费如下：

起迄月份							每月使用费额	合　计	附注
年	月	日	至	年	月	日			
34	9	1		35	12	31	3 100 750	49 612 000	
36	1	1		36	8	31	6 201 500	49 612 000	
36	9	1		36	12	31	18 604 500	74 418 000	
37	1	1		37	7	1	103 358 000	723 506 000	
								897 148 000	

注意：

1. 本通知单使用费额系依照本局苏浙皖区敌伪产业清理处核定标准计算。

2. 住户接到本通知单后应于规定限期内携带最后使用费收据（未缴付使用费者应携带最后房票）前来广东路八十六号本处经租科付清帐款。

3. 本通知单应缴款项限 37 年 8 月 30 日以前付清，逾期未付者概照付款月份使用费额计收。

4. 本通知单如有错误慨以本处账册为凭。

中央信托局房屋地产处

陈大慰

附二：中央信托局苏浙皖区敌伪产业清理处关于缴费房屋使用费的通知

奉行政院〔卅七〕七外字第一六四五六号代电开"据私立光华大学本年三月十六日呈，以该校原有校舍被敌军焚毁，短期内难以恢复，若承购现有校舍，以估价过昂，无法筹款，拟请在原有校舍未恢复以前，将现有校舍继续租用，请核准示遵等情。查该校使用上海欧阳路二二一及二二二号两处敌产房屋原已核准交该校缴现承购，兹既据称估价过巨，无法筹款，准予撤销原议，仍交该校继续保管使用，并应按规定缴纳使用费，除批复外，仰即遵照洽办"等因，自应遵办。查本市欧阳路 221—222 号敌产房屋使用费，自卅四年九月一日起至本年三月卅一日，共应缴付使用费计国币肆亿拐捌仟叁百柒拾壹万陆仟元正，相应检附使用费通知单一纸，即希查照，迅即派员径向广东路八十六号本局房屋地产处清缴为荷。

　　此致光华大学

中央信托局苏浙皖区敌伪产业清理处
中华民国三十七年四月廿八日
（〔卅七〕沪理地字第三四一六〇号）

关于呈请行政院核准以最低价格承购欧阳路校舍的报告

　　案查本校奉令复校时奉教育部拨给欧阳路敌产校舍为现校舍,嗣又奉批价饬承购置节,经先后分别呈复,并于本年三月复缕陈本校经费困难,呈奉钧院四月〔卅七〕七外字第一六四五六号批复,准将现校舍交本校继续保管使用,仍应按规定缴付使用费等因,旋又接准苏浙皖区敌伪产业清理处通知,自卅四年九月一日起至本年三月卅一日止共应缴付使用费国币肆亿捌千叁百柒拾壹万陆千元整,嘱即清缴等由,当以所开数目甚巨,无力负担,呈恳钧院核减至最低限度,俾得量力缴付,各在案。惟乞今尚未奉复示,而使用费亦未能照付,自应亟谋解决。爰经本校校董会会议议决,应请求钧院俯念本校情形特殊,准现校舍全部核定最低价格,设法筹款承购等因记录在卷,除以前所有详情均经胪陈有案邀免赘叙外,理合备文呈请钧院鉴核,伏乞准予所请,并批示祗遵为祷!

　　谨呈行政院院长翁

全衔校长朱〇〇

中华民国卅七年七月廿三日

（光秘〔卅七〕字第四三二号）

附：行政院关于同意光华大学以时值估价缴现承购欧阳路校舍的批复

具呈人私立光华大学校长朱经农:

　　卅七年七月廿三日光秘〔卅七〕字第四三二号呈,为本校欧阳路校舍经校董会议议决请求核定地最低价格筹款承购请核示由,呈悉。

　　上海欧阳路敌产校舍,准予仍交该校按时值估价缴现承购。除饬苏浙皖区处理敌伪产业审议委员会核办外,仰径洽办为要!

　　此批。

行政院印

中华民国卅七年七月卅一日

（〔卅七〕七外三四七〇〇号）

关于请翁文灏召开校董会商讨出售大西路校产的函

咏霓吾公董事长有道：

　　日昨星联兄返沪报告吾公对本校承购欧阳路敌产一节表示赞同，并承指示申请分期缴款手续，当遵旨办理。惟出售大西路校产一案似应请在沪校董讨论通过，拟于本星期日十七日召开校董会，届时吾公如不能莅沪主持，可否请函请钱新之先生代表，如何之处，尚祈尊裁并请赐复是幸。

　　专此，敬请勋安。

弟朱经〇手叩上

中华民国卅七十月十四日

附：关于请校董参会的通知

敬启者：

　　本会定于本月十七日（星期日）午后三时半假座北京西路1400弄觉园十一号张宅开会，届时务请拨冗惠莅，无任企祷。

　　此致〇校董〇〇先生

光华大学校董会董事长翁文〇谨启

中华民国卅七年十月十四日

关于校董会出售大西路校地会议记录致翁文灏的函

咏霓吾兄董事长有道：

昨日校董会开会讨论出售大西路校产之一部，购入欧阳路敌产事，结果圆满。除请奚玉书校董面陈一切外，兹寄上会议记录一份及授权书一纸，请签章后掷下为祷。

专此，敬请勋安！

弟朱经农拜上

中华民国卅七年十月十八日

附：有关经售校地的授权书

兹授权本校校董赵晋卿、朱经农、奚玉书、张星联四先生负责经售本校大西路基地之一部，并由朱经农校董兼校长代表本校签订合同。

特此授权！

光华大学校董事长翁〇〇

关于呈请行政院同意承购校舍先缴估价款半数的报告

　　查本校欧阳路校舍,前经校董会议议决请求核定最低价格筹款承购,经已专案呈请钧院核定在卷。兹准中央信托局苏浙皖区敌伪产业清理处本年十月廿六日〔卅七〕沪理地字第四五五七六号公函,以奉钧院本年七月卅一日七外字第三四七〇〇号电令,准予仍按时值估价由校缴现承购等因,提经处理敌伪产业审议委员会第二六五次会议决议,准照所估价金让售,所有价款计欧阳路二二一号房屋基地估价金元五十八万四千三百七十元,二二二号房屋地基估价金元三十三万三千五百八十七元,两共金元九十一万七千九百五十七元,限于文到两星期内缴清承购,转嘱查照办理等由,自应照办。

　　惟因私立学校经费来源有限,一次筹措巨额价款,实属力所难胜。兹准前由,除拟依限于两星期内先行缴纳价款半数外,其余半数拟于六个月内分期缴清。

　　理合备文,呈请察核赐准,并转饬中央信托局苏浙皖区敌伪产业清理处知照,以示体恤,实感公便!

　　谨呈行政院院长翁

(全衔)校长朱〇〇
中华民国卅七年十月廿九日
(光秘〔卅七〕字第五六六号)

关于向中央信托局苏浙皖区敌伪产业清理处告知承购校舍缴款办法的函

案准贵处今年十月廿六日〔卅七〕沪理地字第四五五七六号公函以本市欧阳路二二一及二二二号敌产校舍及基地准照所估价金让售,所有价款计二二一号房屋基地估价金元伍拾捌萬肆仟叁佰柒拾元、二二二号房屋地基估价金元叁拾叁萬叁仟伍佰捌拾柒元,限于文到两星期内缴清承购,嘱查照办理等由,自应照办。惟因私立学校经费来源有限,一次筹措巨额价款,实属力所难胜。现拟依限于两星期内先行缴纳价款半数,其余半数拟于六个月内分期缴清。除呈请行政院察核赐准外,相应函复,即请查照为荷!

此致中央信托局苏浙皖区敌伪产业清理处

校长朱○○

中华民国卅七年十月廿九日

(光秘〔卅七〕字第五六七号)

附一: 中央信托局苏浙皖区敌伪产业清理处关于告知承购欧阳路校舍估价及办法的公函

案奉行政院本年七月卅一日七外字第三四七〇〇号代电开"据私立光华大学校长朱经农呈,为本校欧阳路校舍经校董会议议决请求核定最低价格筹款承购请鉴核等情,查该校使用上海欧阳路敌产校舍前经本院核准,交该校缴现承购有案,兹据前情,准予仍按时值估价,交该校缴现承购,除批复外,特电仰办具报"等因,自应遵办。

兹将贵校使用本市欧阳路二二一及二二二号敌产校舍及基地按现值重行估价,提经本区处理敌伪产业审议委员会第二六五次会议决议,"准照所估价金让售该校,价款限文到两星期内缴清,惟附中部分有土地二亩五分余,尚有产权纠纷,应在估价内暂为剔除"等语记录在卷,除将有产权纠纷部分二亩四分七厘四毫(即新市亩分计二亩五分〇二毫)剔除外,计欧阳路二二一号四、三、一层钢骨水泥及砖木结构学校房屋四幢,附游泳池一座,连同敌产基地二十三亩一分九厘七毫(另有民地不在其内),估价金圆伍拾捌萬肆仟叁佰柒拾元,欧阳路二二二号三、二、一层砖木结构学校房屋四幢,连同基地二十七亩一分四厘二毫,估价金圆叁拾叁萬叁仟伍佰捌拾柒元,相应函请查照,于文到两星期内备价径向本局房屋地产处缴款承购,幸勿逾限为荷!

　　此致

私立光华大学校

中央信托局苏浙皖区敌伪产业清理处

中华民国三十七年十月二十六日

(〔卅七〕沪理地字第四五五七六号)

附二：关于向中央信托局请示承购校舍手续的函

径启者:

　　日前承贵局陈局长面告敝校暨附中使用欧阳路221及222号敌产房屋奉行政院七外字第三四七〇〇号代电核令准按时值估价由该校承购等因,经分别估价为金圆584 370及333 587元,行政院令规定九月底缴清等语,兹经敝校翁董事长面谕决定承购,请即将承购手续示知为祷!

　　此致中央信托局

光华大学校长朱经农启

中华民国卅七年十月十三日

关于向上海市地政局报送大西路地价税缴款书处理办法的函

查本校大西路原址所有地价税缴款书经查尚缺少十三件,所缺缴款书部分应缴税款已否缴纳无法查明,如已按年缴迄,拟请分别补发证单;如未清缴,应如何办理补救手续,亦请函示。

相应开具缺少地价税款书清单一份,备函送请查照惠复为荷!

此致上海市地政局

附清单一份

校长朱经农

中华民国卅七年十一月四日

(光秘〔卅七〕字第五七六号)

附：上海市地政局关于抄送缺少税单各坵土地完税情形清单的复函

案准贵校本年十一月四日光秘〔卅七〕字第五七六号函,为抄送本校大西路原址地价税缴款书缺少清单嘱查照见复等由,附清单乙份,准此。

查贵校附送清单所列各丘土地,卅五、六两年度地价税除内中两丘以税额未满二百元应予免征外,其余各丘均经完纳。兹抄附各坵土地完税情形清单乙份,随函送达,即希查照为荷!

此致光华大学

附清单乙份

局长

中华民国卅七年十二月八日

(〔卅七〕沪地陆发字第三五九一一公函)

关于请成泰营造厂尽快供应材料的函

径启者：

　　查本校前为建造图书馆曾请贵厂估价包工并于上年九月廿三日签订合同，嗣因贵厂拒包工程，乃改由欧迪公司承包，至合同中所订之材料则仍由贵厂供给。惟贵厂迄未依照规定将应送材料如期如数送到，至今缺少数量甚多，刻下需用材料孔急，尤以红瓦刻不容缓，屡次催送，贵厂皆答以尚未运到诿推责任，以致工程停顿，损失极巨。相应将应送已送及缺少数列表函达，即希查照，克日将各种未送材料送齐以符规定，否则此项损失自应由贵厂负责认偿。

　　此致成泰营造厂

光华大学校长朱经农
中华民国卅七年二月三日

关于呈请上海市工务局疏通欧阳路水沟的函

径启者：

本校全部阴沟近已疏浚，惟因欧阳路大沟渠不通，以致内部沟水仍不能向外流出，相应函达，即希查照惠予派工前来修理，至纫公谊。

此致上海市工务局

光华大学启

中华民国卅七年三月十日

（光秘〔卅七〕字第一七四号）

附：上海市工务局关于欧阳路阴沟已经疏通的复函

前准三月十日光秘字第一七四号函请疏通欧阳路阴沟一案，业经本局第五区工务管理处于三月二十日办理完竣，相应复请查照为荷。

此致光华大学

上海市工务局沟渠工程处

中华民国卅七年四月十七日

（工渠施〔卅七〕第一二七七号）

关于请上海警察局禁止居民挖掘大西路泥土的函

径启者：

　　本校胜利复员后，因大西路原址毁于炮火，乃迁寓欧阳路现址，大西路旧址由本校派员看守。兹据看守人报称，该处基地近为附近居民结伙发掘三合土，劝阻无效云云。用特派总务处张长赓先生趋前面恳贵局转饬该管区分局派出所严予禁止，以免侵害所有人之权益为祷。

　　此致上海市警察局

光华大学校长

中华民国卅七年九月廿五日

关于请俞叔平局长转饬分局对添建宿舍提供便利的函

叔平吾兄局长勋右：

　　敬启者。

　　敝校本期开学学生人数激增，势非扩充校舍不能安定学业，拟即添建男女学生宿舍各一幢。兹为争取时间，以应实际需要起见，除一面兴工，一面赶办请领执照手续外，特烦察照，惠予转饬北四川路分局予以便利进行，实所感幸。

　　专此奉恳，敬颂勋绥。

弟朱○○、廖○○拜启

中华民国卅七年十月廿六日

八、其他

海水群飛，凌雲一笑，蕭蕭先生，一朝掩曜。回溯曩昔，道義切磋，他山之玉，蓋我良多。清風碩望，自有千古，感念私交，淚下如雨。

觀瀾先生不朽。

朱惟裴祥題。

朱经农手迹

关于教育部准许赠给荣誉学位的请示

　　窃查属校等于服务生后经营复校,排除万难,黾勉从事。唯大难之后,百废待举,襄成教育固攸赖于名师硕儒,而热心公益之士为校务奔走,或捐斥巨资兴葺黉舍,或尽心竭力为校擘划,于学校行政多所匡赞,殊不可不有以纪念其劳勋;尤以为教育界服务多年各名学者、名教授等,孜孜终日从事学术之阐明,更亟应予以推尊;且属校等并计划与外国各大学约订交换教授,相互发明,为特备文呈请察核,并祈准许于必要时得由属校等对各名师硕儒赠予荣誉学位,以资推奖而利教育之振兴,实为公便。

　　谨呈教育部

私立大同大学校长胡刚复

私立大夏大学校长欧元怀

私立之江大学校长李培恩

私立光华大学校长朱经农(朱言钧代)

私立沪江大学校长

私立震旦大学校长

私立东吴大学校长杨永清(盛振为代)

中华民国卅五年四月二十六日

关于请求免征光华剧社《少年游》娱乐捐的函

敬启者：

查敝校光华剧社为答谢输捐助本校助学金人士，曾于八月卅一日假座辣斐大戏院举行义演《少年游》日夜两场，计捐款贰百零壹万元整，业由光华剧社交由敝校分发补助清寒同学，用特专函证明，该社义演确系旨在辅助清寒同学，并无牟利性质，即希查照并盼准予免征娱乐捐，至纫公谊。

此致财政局马当区税捐稽征处

光华大学校长朱经○
中华民国三十五年十月十一日
（复字第四八七号）

附一：光华大学暨附中助学委员会请求校长室向税捐稽征处开具证明免征娱乐捐的函

谨启者：

敝会于八月卅一日由本校光华剧社假座辣斐大戏院义演《少年游》日夜两场，顷有本市财政局马当区税捐稽征处派员来校调查义演经过，并嘱缴纳娱乐捐。

查此次公演旨在酬谢助学金捐款人士并非谋利，而捐款业经呈送钧处，分别补助清寒同学抵充学费，实无从补缴捐税。用特恳请钧处致函该稽征处证明并请准予免缴该项娱乐捐为祷。

此呈校长室

光华大学暨附中助学委员会启
卅五、十、七

附二：光华大学暨附中助学委员会请求校长室

谨启者：

敝会为协助清寒同学，仍本以往办法，本学期续办助学金，惟劝募成绩不佳而申请救济者众多，杯水车薪，无法分配，用敢恳请钧部赐予救济，使清寒同学免于失学之苦。

附呈全部申请书及捐款，仰祈鉴核为祷。

谨呈校长朱

光华大学暨附中助学委员会启

卅五、十、二

附三：光华大学暨附中助学委员会有关会务报告：

一、义演共得：贰百零壹万元

二、申请人数：大学六十二名，附中一名

三、拟补助办法：甲种全部学费，乙种二分之一，丙种四分之一

四、共需助学约壹千贰百万元左右

谨呈校长朱

光华大学暨附中助学委员会谨启

关于祝贺雅礼中学四十周年校庆的代电

湖南雅礼中学庆祝学校四十周年纪念筹备会大鉴：

奉读大函，忻悉贵校庆逢四十周年纪念，化被湖湘，树庠序之旧范；乐育群才，得贤者而益闳。引企之下，肃电驰贺！

光华大学校长朱经农酉敬[1]印

附：湖南私立雅礼中学关于请求赐文祝贺校庆的函

敬启者：

敝校于前清光绪三十二年由美国雅礼学会创立于湖南长沙，民国十五年遭逢时变，曾一度停顿。至民国十七年复校，不十年国难忽作，寇逼湖湘，乃奉命西迁沅陵，历八年之久。及倭寇屈降，国土光复，重返长沙旧址，虽经兵燹之后，校舍校具，荡然无存，然仍苦力经营，不敢稍渝初志。今年十一月十六日忽届成立四十周年之期，同人等念立业之艰难，殷立始之至意，爰拟编印纪念刊物，集录校中史实，以表庆祝而彰前迹。

台端名高海内，士林景仰，育才兴学，尤具热忱，敝校以往，渥蒙扶掖，用特肃函上达，恳请宠锡鸿文或赐褒题，以光篇幅，而资矜式，无余感企。

谨上校长先生台鉴

湖南私立雅礼中学庆祝学校成立四十周年纪念筹备会谨启

复示恳于十月十五日以前资寄到长沙雅礼中学。

---

[1]　民国卅五年十月廿四日。

关于祝贺之江大学百年纪念的复函

径复者：

　　展诵华翰,忻审十二月廿五日为贵校立校百年佳辰,是日举行庆祝大会,恭祝教泽绵远,化导有方,爰题"教泽恢弘"乙幅,随函奉上,以表钦贺。

　　专复,此致之江大学百年庆祝大会筹备会

光华大学校长朱经○启

中华民国卅五年十一月廿九日

（复字第六五八号）

附：之江大学为百年校庆请求题字的函

　　杭州私立之江大学创立于民国前六十五年,即主元一八四五年。洎民国前一年乃定址江干之泰望山以迄今。兹丁一世升平之会,正百年始及之日。猗猗绿竹,泌泌清泉,培材钟天地之英,占地得山川之秀,江流赴节趁鲁国之弦歌,岩木交柯被灵园之雨露。值抗战军兴,率师生辗转沪闽筑渝间,大运困亨,我生观退,旅时占即次之贞,视履获其旋之吉,既班万国之师,重觏一堂之穆。乃于此剥庐失舆之未完,而亟修诚身仁民之凤训,固宜丰其大屋,勉以前趋,仍仰策驱,俾祛垤蹟。谨订于十二月二十五日圣诞之辰举行百年庆祝大会,寄念停云,咸来丽泽,睹旧雨新知之乐,申千龄万禩之休,幸承大雅硕彦,赐以法墨题咏,庶几励矩教于来兹,沾余光以永盛。仁希嘉惠,莫任感荷。

　　此启。

之江大学百年庆祝大会筹备委员会

十一月廿二日

关于呈请上海市社会局出具 1946 年沪地各月粮价证明书的函

径启者：

　　本校奉教育部令查报三十五年一至十二月份沪地粮价证明书以凭核发本校公费生膳食贷金等因，现拟烦请贵局出具该项粮价证明书一纸，恳祈惠掷，俾本校得以具报教育部为感。

　　此致上海市社会局局长吴

光华大学校长朱经○

中华民国卅六年三月十四日

（复字第九二三号）

附：上海市社会局关于证明粮价的复函

　　接准贵校嘱证明卅五年一至十二月粮价等由，查本市粮政自上年七月起本局向前粮政特派员办公处接管，所有一月至六月粮价每旬详细价格本局无案可稽，仅填每月平均数目，准函前由，相应检同一月至十二月证明单各一份，随函奉覆，即希查照为荷。

　　此致私立光华大学

　　附粮价证明单十二份

局长吴开先

副局长李剑华

中华民国三十六年三月十八日

（粮卅六字第七七七○号）

关于请潘公展允准光华大学列入上海市清寒学生贷金委员会的函

公展先生道席：

　　顷闻上海市清寒学生贷金委员会设有大学组审查委员会，各大学均有代表参加，本校可否亦列入该审查委员会之一？ 如蒙允许，拟请教务长陈青士先生出席，望祈示教，无任企盼，祗颂大安。

弟朱经农谨启

中华民国卅六年四月一日

（复字第九五六号）

附一： 潘公展关于遵嘱敦聘陈青士为上海市清寒学生贷金委员会
专科以上学校贷金审查委员会委员的函

经农先生勋鉴：

　　前奉惠书，敬悉一是。 兹遵嘱敦聘陈青士先生为本会专科以上学校贷金审查委员会委员。 谨随函检奉聘书一纸，敬请台察为荷！

　　专此，祗颂勋安。

　　附聘书一纸

弟潘公展谨启

四月七日

附二： 关于感谢潘公展聘任陈青士的函

公展先生道席：

　　顷奉大示，拜悉一是。 承聘任本教务长陈青士先生为专科以上学校贷金审查委员会委员，并附聘书一份，当即遵嘱转致，尚祈教益时赐为感。

　　专此，敬请大安。

弟朱经农顿首

中华民国卅六年四月十一日

关于同意担任上海市清寒学生贷金委员会筹募委员致潘公展的函

公展先生道席：

　　承聘弟为上海市清寒学生贷金委员会筹募委员，能力所及，自当效命，深恐未克多予辅助，有觉赧然，尚希教言时赐，以匡不逮。

　　专此，祗颂大安。

弟朱经农顿首

中华民国卅六年四月二日

附：上海市清寒学生贷金委员会聘书（贷字第贰号）

　　兹聘请台端为本会筹募贷金委员会委员，相应函请查照为荷！

　　此致朱经农先生

主任委员会潘公展

中华民国三十六年三月十八日

关于同意担任国语演说竞赛主席致上海市专科以上学校联合会的函

径启者：

　　顷接四月八日大函，备悉一是。辱承台爱，嘱为本学期国语演说竞赛主席，不揣谫陋，自当勉予担任。特函奉复，即希察照为荷。

　　此致上海市专科以上学校联合会

朱○○启

中华民国卅六年四月十四日

附：上海市专科以上学校联合会关于推请朱经农担任国语演说竞赛主席的函

经农先生校长勋鉴：

　　兹经本会演说委员会第一次会议议决，本学期国英语演说竞赛定于五月九日下午一时半在西藏南路青年会举行，除由会函聘李石曾、宋庆龄先生等分任评判外，并公推先生国语演说竞赛主席，敬先函达，至祈惠誉俯允。

　　端肃，祗颂勋绥。

上海市专科以上学校联合会谨启

四月八日

关于呈请上海市公用局核准行驶学校交通车的函

查本校大中两部教职员生一千七百余人，为谋往返便利计，设有校车一案，已委托福华汽车公司承办，行驶往返路线系由校至静寺，沿途停靠站为(一)福煦路西摩路口、(二)福煦路同学路口、(三)福煦路成都路口、(四)大世界西藏路口、(五)爱多亚路河南路口、(六)爱多亚路外滩、(七)南京路外滩，经四川路到校，用特函请察照，赐予核准，无任公感。

此致上海市公用局

校长

中华民国卅六年四月十六日

（复文第一○○一号）

附：上海市公用局关于核准行驶学校交通车的复函

接准复字第一○○一号大函，为行驶学校交通车嘱核准备案等由，准此。兹将行驶学校交通车应注意事项开列于后：

（一）行驶交通车之车辆应以学校自有车辆，经本局登记有案者为限，租用或委托代办者不准行驶。

（二）交通车只准本校学生教职员乘坐，绝对不准搭载外客。

（三）每日行驶时间以上下午各二次为限。

相应复请查照办理为荷。

此致私立光华大学

上海市公用局启

六月九日

（市公卅六车字第一九六四九号）

关于请翁文灏为校庆纪念特刊封面题词的函

咏霓先生道席：

　　本届六三纪念日转瞬即届，前经立校纪念筹备委员会议决出版校庆纪念特刊，恭请惠题封面，格式附上（光华大学廿二周六三纪念特刊），如另赐嘉词，尤所欢迎，并恳于本月廿日前赐下为感。

　　专此，敬请大安。

弟朱经○谨启

中华民国卅六年五月十二日

关于邀请翁文灏出席 22 周年校庆典礼的函

咏霓先生赐鉴：

　　六三校庆，两上芜函，谅登计室。定于是日上午十时举行庆祝典礼，敬请先生莅临主持，倘或未能出都，祈派代表降临，俾增光荣。

　　端肃奉达，敬颂道安，并候回示。

弟朱〇〇拜启

中华民国卅六年五月卅一日

关于邀请秉农山参加校庆纪念及毕业典礼的函

农山先生左右：

　　兹定于本月二十九日上午九时举行本校二十二周立校纪念仪式及本届毕业典礼，届时务请拨冗参加并向毕业学生赐致训辞，是所盼祷，下风延伫，恭候驾临。

　　专此，祗颂道安。

弟朱经〇顿首

中华民国卅六年六月十六日

附：秉农山不能应邀出席并推荐任鸿隽的复函

经农先生左右：

　　尊函敬悉，弟本拟日内返沪，因此间有事相牵，未能办到。贵校之约未克恭践，无任歉仄。叔永兄在沪，特此荐贤自代，未悉尊意如何？日来想清适，尚望格外珍重。

　　专此敬复，恭颂教祺。

弟秉志顿首

六月廿三日

关于邀请任鸿隽参加校庆纪念及毕业典礼的函

叔永先生左右：

　　本校定于本月二十九日上午九时举行本校二十二周立校纪念仪式暨本届毕业典礼，届时至祈拨冗参加并向毕业生赐敬训辞，是所盼祷，下风延伫，恭候驾临。

　　专此，祗颂道安。

弟朱经○顿首

中华民国卅六年六月廿四日

关于呈请闸北水电公司增加用电限度的函

查本校本学期因学生增多,前经函请贵公司准予增加用电限度,迄未获复。兹再将本校实际需用电度情形缕述如下:

(一)本校为文化机关,自不能与商业机关相等;

(二)本学期人数增多七六八人;

(三)寄宿生人数增多三五四人;

(四)自修室及宿舍添辟二九间;

(五)夏令时间停止,工作钟点改迟;

以上各点另列比较表附上,请烦查照派员来校调查,以昭核实。

素仰贵公司热心教育,对于本校用电情形尚祈惠予通融,俾利教学,至为公荷。

此致商办闸北水电公司

校长朱〇〇

中华民国卅六年十一月八日

(复字第一五一五号)

附一: 关于请商办闸北水电公司增加用电限度的函

径启者:

敝校本学期因学生增多,电灯加装不少,原有用电限度已深感不够。现夏令时间已止,每日工作钟点改迟,当更感不敷应用。为此耑函奉商,务祈酌察实际情形,准予将以下各户如数增加:001522 增为七百度,001523 增为五百度,001524 增为六百度。俾利工作并希见复,至纫公谊。

此致商办闸北水电有限公司

光华大学总务处启

中华民国卅六年十一月三日

(复字第一四九三号)

附二：商办闸北水电股份有限公司关于增加用电额度需向市公用局申请的复函

接准十一月三日及八日先后大函,藉悉一是。查本市节约用电办法系市政当局规定,所订限额系根据过去用电记录计算,与实际情形相差无几,如撙节使用决无不敷之虑。如贵校拟例外增加用电,请径向市公用局供电审核委员会申请为荷。

此致光华大学

商办闸北水电股份有限公司

中华民国卅六年十一月十五日

（卅六秘字第三五四五号）

关于请上海市公用局供电审核委员会准予增加用电限度的函

　　查本校本学期学生人数增多七六八人，因此寄宿生增多三五四人，自修室及宿舍添辟二九间。近以夏令时间停止，工作钟点改迟各种原因，原有用电限度实感不敷应用。经先后函请闸北水电公司准予增加限度。兹接该公司函复，"以例外增加用电，请径向市公用局供电审核委员会申请"等由，准此。相应检同大中学部学生人数比较表，函请詧照，准予按照实际情形，酌量增加用电限度，俾利教学，并赐复为荷。

　　此致上海市公用局供电审核委员会

校长朱○○

中华民国卅六年十一月十七日

（复字第一五三四号）

附：上海市公用局第二处关于宽放用电须审议后再行决定的复函

径启者：

　　接获本年十一月十八日来函，所请宽放用电，已经转饬闸北水电公司查复用电实际情况在案，俟提本市供电审核委员会审议决定后再行函复查照为荷。

　　此致光华大学

上海市公用局第二处

中华民国卅六年十一月廿六日

关于请赵曾珏迅赐核准放宽用电的函

真觉先生局长勋鉴：

本校以学生人数增加，理学院各科系班实验时间延长，致用电不敷甚巨。曾经将实际情形函贵局供电审核委员会查核在案。兹特再列表奉达，敬祈关垂，迅赐核准，俾利教学，无任企感。

端泐，祗颂勋祺。

弟朱经农、廖世承敬启

中华民国卅六年十二月六日

（复字第一五八六号）

附：上海市公用局关第二处于宽放用电限度须审议后再行决定的复函

径启者：

接获本年十二月六日来函，所请放宽用电限度，已经转饬闸北水电公司查复用电实际情况在案。俟提本市供电审核委员会审议决定后再行函复查照为荷。

此致光华大学

上海市公用局第二处

中华民国卅六年十二月十一日

关于呈请上海市供电审核委员会仍照申请用电限度核准的函

　　兹接贵会节字第二二九号公函,关于本校用电限度荷承赐予放宽,本属至感。惟本校理学院各科系班实验时间延长,需电颇多,尚感不敷应用。为此,特再函达,务祈体察实际情形,仍照前申请所列限度如数核准,不胜感企之至。

此致上海市供电审核委员会

校长朱〇〇

中华民国卅六年十二月十九日

（复字第一六一一号）

附：上海市公用局第二处关于增加用电限度的通知

　　关于贵校申请放宽用电限度一节,经于上海市供电审核委员会小组会议议决,用电限度更改为611度（一五二二号）、300度（一五二三号）、322度（一五二四号）,即希径向闸北水电公司接洽为荷。

此致光华大学

上海市公用局第二处

中华民国卅六年十二月十三日

（节字二二九号）

关于呈请上海市公共交通公司改变汽车路线并增加车辆班次的函

径启者：

　　本光华大学暨附中、中正中学教职员及走读学生约有二千五百人（中正中学另有一千二百人），深感交通不便，拟请贵会将原有七路公共汽车路线改由其美路经过欧阳路、四达路、山阴路直达中正公园，并酌量增加车辆及驶行班次，以便本两校教职员学生随地随时来搭，如何之处，相应函达，即希查照见复为荷。

此致上海市公用局公共汽车公司筹备委员会

光华大学校长朱〇〇

附中校长廖〇〇

中正中学校长黄〇〇

卅六年十二月廿二日

（复字第一六一八号）

附：上海市公共交通公司关于更改行车路线等难以照办的复函

　　案准贵校大函，嘱本会将第七路公共汽车改经其美路、欧阳路、四达路、山阴路，以便生员交通等由，准。查其美路等处行人稀少，冷落僻静，且路面高低不平，晚间灯光黑暗，尤以山阴路转弯时因四达路甚为狭窄，于行车实所不宜，所嘱一节歉难照办。相应函复，诸希鉴谅为荷。

此致光华大学

上海市公共交通公司筹备委员会交通组启

中华民国卅七年一月十七日

（通〔卅七〕字第〇一〇五号）

关于呈请上海区燃料管理委员会自 1948 年 1 月起准予增加燃煤供应的函

　　查本校本学期学生人数增多,所有用煤自九月份起准贵会核减每月为二吨(以前每月原配四吨),辄感不敷应用。现因天气寒冷,用煤量激增,尤感不敷甚巨。特此函商,务祈酌詧实际需用情形,准予自卅七年一月起仍照原案每月配给四吨,以资应用,并希赐覆,至纫公谊!

此致经济部上海区燃料管理委员会

校长朱经○

中华民国卅六年十二月廿六日

(复字第一六二二号)

附: 经济部上海区燃料管理委员会关于无法增加燃煤供应的复函

　　案准贵会复字第一六二二号公函,为嘱自卅七年一月起准予增加燃煤限量等由,准此。查迩来煤运阻滞,到量不敷供应甚巨,现正普减配额,藉资撙节。所嘱增加燃料限量一节,实感心余力绌,歉难照办。

　　准函前由,相应复请亮詧为荷!

此致私立光华大学

主任委员张希为

中华民国卅七年一月七日

(发文〔卅七〕燃字第五五号)

关于呈请上海市公用局如数放宽用电限度的函

　　兹准贵局第二处节字第四四八号函祗悉。查本校因理学院各科系班实验时间延长及宿舍增多等情形,所有实际需用度原已根据最节缩办法列表一再函请查照准予如数核准各在案。兹准函仍照原决议案所规定之核减限度,实感不敷甚巨,以致超过度数过多。近接闸北水电公司通知超过部分按九倍罚款,约叁千余万元。则本校经费有限,其何能负担?特再申前请,务祈体察实际情形,准予如数放宽限度,俾利教学,不胜感企之至。

　　此致上海市公用局局长赵

校长朱〇〇
中华民国三十七年元月五日
(光秘〔卅七〕字第三号)

附:上海市公用局第二处关于增加用电限度的通知

　　关于贵校申请放用电限度一节,经于上海市供电审核委员会小组会议议决,三电表以六百十一度,三百度及三百二十二度为限度,即希查照为荷。

　　此致光华大学

上海市公用局第二处
(节字四四八)

关于呈现中国石油公司按月配给教职员工石油的函

径启者：

查本校大学部教职员一百五十八员，校工三十九名，中学部教职员五十一员，校工十八名，两共二百六十六员名。除食米已有配给外，其余燃料一项，拟请贵公司准予援照优待公教人员办法，自二月份起按每人每月配给石油十加仑，共需二千六百六十加仑，相应检同名册函达，敬祈詧照如数配发，并赐示复，以便派员携款洽领，至纫公谊！

此致中国石油公司

附名册乙份

> 校长朱〇〇
> 中华民国卅七年二月三日
> （光秘〔卅七〕字第八二号）

附：中国石油有限公司上海营业所关于答复配售煤油的代电

光华大学公鉴：

光秘字第廿八〔八二〕号大函暨名册敬悉，查本所煤油因进口限额有限，故供应本市公教人员用油暂以上海市公教人员物资供应审核委员会所送名册为根据。兹查贵校教职员并未列入该会所送名册，本所因格于规定，目前歉难供应。相应复请查照并希谅希为荷！

> 中国石油有限公司上游营业所丑哿[1]业印
> （沪所业〔卅七〕发字第〇七〇二号）

---

[1] 丑哿，即 1948 年 2 月 20 日。

关于呈请中国石油公司准予配售一千五百加仑煤油的函

敬启者：

　　本校理化实验常需直流电之供应，日前爰于高等物理实验室装置直流发电机，系用交流电动机曳动者（motor-generator set）。惟因交流机申请接电迄未获准，以致无法使用。兹拟改装煤油引擎作为曳动之原动力，为此需用煤油孔急，用特函请贵公司惠予配购煤油一千五百加仑，以资应用而利教学，并希赐示价格，以便派员洽领，至所感纫！

　　此致中国石油公司

校长朱○○

中华民国卅七年三月廿日

（光秘〔卅七〕字第二○○号）

附：中国石油有限公司上海营业所关于答复请求配售煤油的代电

光华大学公鉴：

　　光秘〔卅七〕字第二○○号大函敬悉，承示理化实验改装煤油引擎，嘱配售煤油一节，经查贵校之煤油引擎尚未运到，容俟该引擎装置后请即通知本所，以便派员调查用油情形，再行酌为供应。相应复请查照为荷！

中国石油有限公司上海营业所卯养[1]业印

（沪所业〔卅七〕发字第一四六五号）

---

[1]　卯养，即 1948 年 4 月 22 日。

关于请求上海市公用局增加汽油配给量的函

径启者：

　　本校原有校车 03-1006、03-1009、03-1045、03-1046 四辆，兹以教职员及学生人数加多，每日增开班次，因而所配汽油实不敷用，特此函请贵局詧照实际情形，酌予增加配给量，以利交通，至纫公谊！

　　此致上海市公用局

校长朱〇〇

中华民国卅七年三月卅日

（光秘〔卅七〕字第二一九号）

附：上海市汽油分配委员会关于增加汽油暂从缓议的复函

　　前准大函，以汽车用油不敷申请增配一案，业经提交本会车辆汽油分配组第十一次会议议决，"因本市汽油不敷，暂从缓议"等语记录在卷，相应覆请詧谅为荷！

　　此致私立光华大学

上海市汽油分配委员会启

中华民国卅七年四月十七日

（汽分秘字第四八五号）

关于请丁贵堂允准将抵埠仪器先行提取的函

贵堂吾兄副总税务司勋鉴：

本校前托华贸公司向美定购生物仪器一批，顷接海关通知业已抵沪，嘱即缴付进口税 225477950 元正等由，本校已向教育部转请财政部呈请免税，惟核办尚须时日。兹拟援沪江大学例，先将是项仪器提取，以免耽搁而资应用，一俟部令复到，当即补办手续，用特专函奉恳，并派本校张总务长趋前接洽，敬祈赐见惠予通融照办，至所感企。

端肃，祗颂勋祺。

弟朱经农拜启

中华民国卅七年五月十日

（光秘字第三〇六号）

附一： 丁贵堂关于同意进口生物仪器先行交付的复函

经农吾兄校长勋鉴：

张总务长来，奉到本月十日惠书，敬悉一是。关于贵校由美购进之生物仪器，已遵嘱转饬江海关准先交保放行，补办手续，知注谨闻。

端泐，奉复祗颂教绥。

弟丁贵堂拜启

五月十三日

附二： 关于感谢丁贵堂允准放行进口生物仪器的函

贵堂吾兄副总税务司勋鉴：

奉书敬悉，敝校进口仪器荷承介请张李两税务司，已蒙核准先交保放行，无任感铭。

端肃布谢，祗颂勋祺。

弟朱经〇拜启

中华民国卅七年五月十四日

（光秘〔卅七〕字第三二〇号）

关于教育部核转财政部允准进口生物仪器免税的请示

　　查本校上年九月奉钧部核发补助费伍亿元正，当经划拨贰亿五千万元委托华贸公司向美国订购生物仪器一批，顷接江海关通知业已托抵沪，嘱即缴付进口税贰亿贰仟伍百肆拾柒万柒千玖百伍拾元正等由，兹因本校经费支绌，拟援沪江大学前例，检同仪器清单，备文呈请钧部核转财政部准予免税。伏乞批示祗遵。

　　谨呈教育部部长朱
　　附呈仪器清单三份

　　　　　　　　　　　　　　　　　　　全衔校长朱○○
　　　　　　　　　　　　　　　　　　　中华民国卅七年五月十一日
　　　　　　　　　　　　　　　　　　　（光秘〔卅七〕字第三一○号）

SPECIFICATION

1	Laboratory Microscope, complete with 3 objectives, 10x, 43x, 95x oil immersion 1.25 N.A. triple nosepiece; eyepiece 5x, 10x; Abbe Condenser with built on mechanical stage.		US $ 275.00
2	Laboratory Microscope Model 33H, complete as listed with 3 objectives, 10x, 43x, 93x oil immersion; triple nosepieses; eyepiece 5x, 10x, Abbe Condenser.	@ $ 242.00	484.00
8	Microscope Model 66B, with two objectives and one eyepiece without case.	@ $ 124.00	992.00
1	Microscope Model 25F.		336.00
1	Apochromatic Objeotive.		140.00
1	Compensating Eyepiece 8x.		12.00
1	Compensating Eyepiece 10x.		18.00
1	Compensating Eyepiece 15x.		18.00
1	Stage Microtometer.		16.00
1	Screw Microtometer Eyepiece for Achromatic Objective.		75.00
1	Rasor Blade Holder and Blades.		27.00
1	Microtome Sliding.		540.00
1	Microtome Rotary.		330.00
			US $ 3263.00

	CIF Charges	621.93
	Total	US $ 3884.93

The above shipment has arrived, Via S. S. "FERNPLANT".

1	Hand Centrifuge for 4 tubes.	28.00
1	Thelco Oven, temperature range to 180 ℃.	150.50
		178.50
	Wood Boxing-Export Weeding	20.00
	Delivery to Pier	14.00
		212.50
	C.I.F. Charges	72.62
	Total	US $ 285.12

The above shipment has arrived, Via S. S. "PIONEER LAKE".

THE ABOVE TWO SHIPMENTS ARE UNDER IMPORT LICENSE No.7924.

华贸股份有限公司

The China Mercantile Co., Ltd.

附一：教育部关于进口教育用品免税应先请领免税护照的代电

私立光华大学：

　　卅七年五月十一日光秘字(三七)第三一〇号呈暨附件均悉。该校请核发购运生物仪器免税护照应依照教育用品免税规则办理。兹检发该规则乙份，仰即遵照，原附件发还。

教育部印

中华民国卅七年五月廿六日

（总字第二八七五六号）

教育用品免税规则（三十三年二月八日公布）

　　第一条　国内公立及已立案之私立各级学校暨其他教育机关购置教育用品时依照本规则第三条请领免税护照。

　　第二条　前条之教育用品以下列各品为限：

　　甲、仪器；

　　乙、理化用品；

　　丙、标本模型；

丁、以各学校及教育机关设立性质用以教学或研究之必需品。

第三条　合于第一条规定之学校或教育机关购运之教育用品,应按照附表所列品名、数量、价值等项分别填注六份,呈由教育部或呈由各该主管教育行政机关转报教育部,核明确与第二条之规定相符,除教育部留存一份备查外,余悉咨行财政部填发护照,分别令行该管关局免税验放。

第四条　教育用品免税护照由财政部填发,每护照一纸,照章贴印花五千元。

第五条　前项护照应由持照人经过各关局时先行缴验,单货相符,即予加戳放行,如所运物品查与单开品名数量等项不相符合或有影射涂改及一照两用情事,应由各关局照章扣留,呈请核办。

第六条　前项护照均应依限缴回最后之关局,呈送财政部核销,所有各关局验放之教育用品并按季列表二份汇报财政部备查。

第七条　本规则自呈准行政院公布之日施行。

附二：关于请教育部查核购运教育用品请领免税护照表的报告

案查本校订购之生物仪器呈请转咨准予免税一案,经奉钧部本年五月廿六日总字第二八七五六号代电,内开"呈暨附件均悉,该校请核发购运生物仪器免税护照,应依照教育用品免税规则办理。兹检发该规则乙份,仰即遵照。原附件发还"等因,奉此,自应遵办。兹经填具购运教育用品请领护照表连同清单一并备文呈请鉴核,伏乞迅赐批示祗遵。

谨呈教育部
附仪器清单六份、附表六份、印花五千元

全衔校长朱〇〇
中华民国卅七年六月五日
（光秘〔卅七〕字第三五〇号）

购运教育用品请领护照表

洋　货	洋　货
名　称	生物仪器
重(数)量	详见清单
价　值	详见清单
用　途	生物实验用

（续表）

洋　货	洋　货
起运者	美国鑫大公司——纽约百乐汇路十一号
接收者	上海圆明园路九十七号华贸公司——转交本校
取　道	太平洋
经过关局	上海江海关
起运及到达之约计日期	货已到上海

关于请王云五尽速批准进口仪器免税的函

岫庐先生部长勋鉴：

本校上年九月奉部核发补助费伍亿元，当经划拨一半，委托华贸公司向美国订购生物仪器一批，于本年四月运抵上海。据海关通知，须付进口税贰亿贰千伍百肆拾柒万柒千玖百伍拾元。本校经费向极困难，对此巨额税款自无力负担，爰拟援沪江大学先例，于上月十一日呈请教部核咨贵部准予免税，并经派员向总税务司洽准觅保，将是项仪器先行提取，俟奉部金再补办手续。惟限期仅一个月，逾限则仍应照数缴税。兹以限期转瞬即届，用特函恳关垂，迅赐批示，无任感祷。

端肃，敬颂勋绥。

弟朱经○拜启

中华民国卅七年六月四日

（光秘〔卅七〕字第三四九号）

附：王云五关于进口仪器办理免税事宜的复函

经农吾兄校长勋鉴：

接奉本月四日大函，敬悉一是。承以贵校报运生物仪器进口申请免税一事为属，经查此案尚未由教育部转到，当俟到后提前办理，如限期已近，仍希示知，俾便转饬酌展，藉副台嘱。

专此奉复，顺颂铎祺。

弟王云五拜启

六月十六日

关于进口仪器请免税呈请田培林迅赐转咨财政部的函

伯苍先生次长勋鉴：

　　前奉复示告以本校报运生物仪器呈请免税一案已予转咨财部，至为感慰。旋以王云五先生出长财部，又去函奉托请其迅予批复，兹得复函，谓"此案尚未由教部转到"等语，特再函恳关照，迅赐转咨，以期早获解决，无任感祷。

　　端肃，敬请勋安。

弟朱〇〇拜启

中华民国卅七年六月十八日

附一：田培林关于报运生物仪器呈请请免税一案已于上月转财政部的复函

经农先生大鉴：

　　奉诵六月十八日手书，敬悉一一。贵校报运生物仪器呈请请免税一案，经饬主管司查明，已于上月转函财部矣。

　　专此奉复，并颂教绥。

弟田培林拜启

六月廿二日

附二：关于请田培林协助迅速办理订购生物仪器免税案的函

伯苍先生次长勋鉴：

　　本校上年九月奉教育部核发补助费伍亿元正，当经划拨贰亿伍千万元，委托华贸公司向美国订购生物仪器一批。兹接海关通知已运抵沪，须缴付进口税贰亿贰千伍百肆拾柒万柒千玖百伍拾元。本校经费向极困难，对此巨额税款自无力负担。除拟援沪江大学先例呈请部中核咨财政部准予免税外，并经派员向总税务司洽允准予觅保，将是项仪器先行提取，俟奉部令再补办手续。惟限期为一月，逾期则仍应照数缴款。诚恐公文辗转费时，用特函恳鼎力协助，嘱托主管部分迅予核办，俾获早日批复，至所感祷。

　　端肃，敬颂勋祺。

弟朱〇〇拜启

中华民国卅七年五月十三日

（光秘卅七字第三一一号）

附三：田培林关于请购运生物仪器免税护照一案已经电转财政部的复函

经农先生台鉴：

　　展诵五月廿三日大札，敬悉一一。贵校所请购运生物仪器免税护照一案，业于五月十九日电转财政部核办，俟复即提前奉上不误。

　　专此奉复，顺颂勋祺。

弟田培林拜启
五月廿九日

关于校车购置经过致中央信托局苏浙皖区敌伪产业清理处的函

　　准六月十八日〔卅七〕沪理查三字第三七七六四号函,嘱查复本校所有一二一七一号牌照一九三八年 FORD 牌 18F-4426307 引擎号码之汽车一辆系如何取得等由,准。查该辆由中国旅行社售出,由本校购得,经于过户时向上海市公用局事务处查明来历,在车务处有案可查。准函前由,相应复请睾照为荷。

　　此致中央信托局苏浙皖区敌伪产业清理处

校长朱○○

中华民国卅七年六月廿八日

(光秘〔卅七〕字第三九九号)

附: 中央信托局苏浙皖区敌伪产业清理处关于核查 Ford 牌校车取得经过的函

　　案奉行政院三十六年十一月颁布《无确实来历凭证各类汽车处理办法》内第五条第一项规定"经审核认为提供之证件不足以证明其已合法取得产权者,应予没收标售",第二项规定"如不能提出确证证明并非敌伪车辆或虽系敌伪车辆而于院令敌产有效移转日期(三十四年八月十五日)以前取得者,并有足资可信为善意购买之事实,概予从宽办理,即令所订标准缴付五成之价金后,准予解除敌伪性之嫌疑"。又函准上海市公用局抄送查有敌伪记录而以经暂行凭保发照之汽车清册内有贵处之汽车壹辆,牌照号数为12171,年份为 1938,厂牌为 Ford,引擎号码为 18F-4426307,其原领照人为赤松直昌(日),前牌照4974。自应遵照院令办理该车如何取得,自亦有查究之必要。务于收到本通知一星期内向本处提出一切有关之证件以凭核办,如逾期不来提证,本处即照规定处理。

　　特此通知光华大学君

中央信托局苏浙皖区产业清理处

民国卅七年六月十八日

(〔卅七〕沪理查三字第三七七六四号)

关于呈请上海市民食调配委员会将青年食堂配米暂予停发的函

径启者：

　　据报，日前本校学生发动要求国立时曾将青年食堂五月份食米卖去念石作为该运动委员会经费等情，本校现正在向该食堂负责人查究中，拟请将该食堂六月份食米暂予停发，俟此案办理清楚后再行奉告。专此函达，敬希查照办理为荷。

　　此致上海市民食调配委员会

校长朱〇〇

中华民国卅七年七月三日

（光秘字第四〇九号）

附：上海市民食调配委员会关于同意暂予停发六月份青年食堂配米的函

径启者：

　　准函嘱暂予停发贵校六月份青年食堂配米一案，经查，尚可照办，相应复请查照为荷。

　　此致光华大学

上海市民食调配委员会启

中华民国卅七年七月八日

（民调分〔卅七〕字第〇一六六号）

关于允任著作奖金委员会委员致中国现代文化教育基金董事会的复函

荣芳、其华、稼书先生大鉴：

八月廿五日暨廿八日惠书敬悉。贵会嘉惠青年，设置优秀学生奖学金，由一隅以推行全国，卓识弘怀，至深钦佩。所嘱由本校选送各学院最优秀学生三名，自当遵办。

再贵会著作奖金委员会谬采虚声，选任朱经农为委员，雅意殷勤，敢不承命。

专复，顺颂公绥。

弟朱〇〇

中华民国卅七年八月卅一日

附一： 中国现代文化教育基金董事会关于请求朱经农担任著作奖金委员会委员的函

经农先生著席：

敬启者。本会系由菲律滨侨领及教育界人士共同组织，以提倡现代文化教育事业为宗旨。二年来先以福建省为工作起点，于国立厦门大学、私立福建协和大学、私立华南女子学院及私立协和神学院等校举办优秀奖学金。本学年度扩充学额，在上海国立复旦大学、私立大夏大学及私立光华大学三校各设置奖学金三名。同时为奖励教育学术之优良著作，以供改进教育之参考起见，特拨金圆券二千八百元为教育著述及教育论文奖金之用，敦请国内教育家九人组织著作奖金委员会主持其事。

素仰台端为我国教育界先进，对于现代文化教育事业夙具热忱，用特函请担任该委员会委员，随函附奉教育著作奖金简则一份，祇请赐教，并祈俯允担任，实为感幸！

专此奉恳，顺颂撰安！

中国现代文化教育基金董事会

董事长陈荣芳、副董事长黄其华、总干事王稼书谨启

中华民国三十七年八月廿八日

附二： 中国现代文化教育基金董事会关于在光华大学设置奖学金的函

经农校长先生大鉴：

敬启者。本会为提倡现代文化教育事业起见，特设置优秀学生奖学金，二年以来已

在福建各大学开始工作,兹自本学年度起扩充范围。素仰贵校办理完善,学风纯厚,拟在贵校设置奖学金三名,每名每年金额为金圆壹百贰拾圆。此项奖金系指定给予贵校各学院,每院一人。祗希查照并请参酌本会前寄福建各大学之奖学金委员会章程(已奉),拟具办法见示为荷。

　　专此奉达,顺颂教安。

中国现代文化教育基金董事会

董事长陈荣芳、副董事长黄其华、总干事王稼书谨启

中华民国三十七年八月廿五日

关于向第四次全国教育会议筹备委员会报送有关教育问题征询建议的函

案查前准贵会九月十日函寄教育问题一份嘱集会研究并提供意见等由,当经在校召集座谈会,就所颁各项教育问题分别研讨,兹将研讨所得意见汇印一份,相应检同印件一份随函送请察照为荷。

此致第四次全国教育会议筹备委员会

附教育问题讨论意见印件一份

(全衔)校长室启

中华民国卅七年十一月四日

(光秘〔卅七〕字第五八〇号)

附一：教育问题讨论意见

一、专科以上学校之增设应如何依据国家及地方之需要分别统筹以期各省区高等教育之均衡发展。

建议：

1. 调查各省区中等学校学生数及每年毕业生升学人数,以确定专科以上学校之实际需要。

2. 调查各省区现有之专科以上学校人数、院系数及设备情形,如质量不足适应中等学校毕业生之需要,可斟酌实情以增设必需之院校或科系。

3. 专科以上学校之增设不应徒重数量而忽视质的充实,尤须考虑各项专门人才之分配问题。

4. 专科以上学校之增设必需依据各省区地方之特殊需要以决定院系性质,如畜牧发达之地域则不妨先设畜牧专科或就邻近大学增设畜牧系,不能无视各地之特殊需要(如环境、人才等),徒事平均发展院系。

5. 欲达到高等教育均衡发展之目的,须赖国家政治之统一及交通之改善,在战争未结束前,高等教育之质量均难扩充。

二、专科以上学校系科及课程之设置应如何调整,其设备应如何扩充,以期提高学生之程度。

建议：

1. 设置科系以师资、设备及地区需要为前提，教部应统筹办理。

2. 大学课程不必作硬性规定除规定若干必修课程须求划一外，必须尽量利用教授之特殊研究开设课程，借以发挥其专才，并提振学术研究之风气。

3. 大学学位之授予可分部给学位及校给学位两种，前者须经国家之严格考试，认为某项学术确有独特之研究，始能获得部给学位；后者系由校方授予学位，其标准可稍放宽，为鼓励学生之研究，校方亦可规定普通学位及荣誉学位两种，就考试水准之高低、试题之难易、研究成绩之等级而定。

三、学术研究及文化事业应如何奖励促进，教育实验应如何提倡扩充，以提高学术及教育之水准。

建议：

1. 在经济情形未改善以前欲提倡学术研究似极困难，增加研究经费实为今日之亟务。

2. 奖励及审查学术研究应增进效率，健全人事组织、增加获奖名额及奖励金额，务使各种专门人才均能获得精神上与物质上之补助，以激励其兴趣与努力。

3. 中央研究院应增设教育研究所，以领导全国教育学术之研究。

4. 学术研究必需打破门户之见，不能有派系之分，任何部门之学术研究务宜充分发挥治学上之民主精神。

四、私人经营之教育事业应如何提倡奖助以力谋教育之发展。

建议：

1. 切实增加私校补助费，在经济情形未改善前，不妨暂缓增设国立及省立学校，而将经费充分补助办理成绩良好之私立学校。

2. 政府分配外汇应拨一部与私校，外国赠与我国之书籍仪器应拨一部与私校。

3. 私立大学教授应与国立大学教授同享学术研究费之待遇。

4. 关于中等以下之私校，教部应放松其管理监督权，将管理监督之任务充分授权地方教育行政机关，使地方教育行政机关能尽量发挥其效能，以促进教育之发展。

5. 政府应从严监督私校财产，务须经济彻底公开，并须保障私校教员生活，私校教职员待遇不得少于各校总预算百分之七十五以上。

五、各类中等学校之职能应如何分别确定，其课程及设备之标准应如何修订或厘定，俾学生于毕业后升学、就业分途并进。

建议：

1. 为适应高中阶段学生升学及就业之需要，普通中学与职业学校自以分别设立为原则，但因目前事实上之困难，亦不必严格划分。为补救计，初三高三可酌设职业科目。

2．初中毕业生欲就业者，可受一年之职业训练。

3．关于中等教育部分，亟需改进之处甚多，详尽之应采择专家意见，拟具实施方法，指定若干学校分别实验以作改进之依据。

六、现行中等以上学校训育制度应如何分别改订以发扬民主精神并养成负责守法之习惯。

建议：

1．切实改进中等学校导师制度，中等学校每级人数不得超过五十人，每级均有一负责训导之级任导师。

2．专科以上学校之教授应负训导之责，务使教训合一，以砥砺学生之德行及人格。学校聘请教授于学术外尤须考虑其品格是否足为青年之楷模，是否能得学生之信任。

3．专科以上学校不应允许任何党团组织之存在。

七、现行奖学金之办法应如何切实改善以扶助学行俱优无力升学之学生。

建议：

1．现行公费名额国立学校分配太多，而私立学校不惟名额甚少，且限制亦多，似欠公允，今后应作合理之分配。

2．学校对于学生之补助费可分助学金与奖学金两种，前者纯为生活之补助，凡家境清贫或家在战区无法维持学用而成绩优良者均可向校方申请，后者则含有奖励学术研究之意，非学行特优者不能享有奖学金之权利。

八、教育科学艺术工作者之待遇应如何切实改善以安定其生活而增进其学术上之贡献。

建议：

1．教师福利事业亟应推广，无论公私立学校均应受同等待遇。

2．实物配给制应切实施行并改善。

3．私立大学教授应增学术研究费。

九、各级师范教育应如何建立适当之制度以培养大量之健全师资。

建议：

1．目前师范生之公费制度仅惠及在校之师范生，未能注意职业保障，对于在职之师校教员亦未多所奖励，今后必须力求改善。

2．师范教育之推进应配合一健全之教育专业制度。

3．调查全国师资之需要情形，以作师校质量的扩充与改进之依据。

附二：

查第四次全国教育会议业经准备召开，本会奉命成立，着手筹备。兹经本会提案委员会第二次会议提出教育问题三十一则，共谋研讨，以期获得一完美之教育改革方案。兹检送教育问题一份，请分别集会研究，寄示意见，俾作本会汇编议案之参考。相应函达，即希詧照为荷。

此致朱校长经农

附教育问题一份

第四次全国教育会议筹备委员会启

九月十日

教育问题：

（一）应如何根据宪法第一百五十八条之规定，厘订教育宗旨及其实施方针。

（二）现行学制有无修正之必要，如须修正，其重要之点为何。

（三）各级教育行政机关应如何分别明定权责，以增进教育行政效率。

（四）各级教育行政机关应如何增设评议机构，以期采择人民公意及专家意见。

（五）中央及地方教育经费应如何分别增筹，以期促进教育事业之发展。

（六）基本教育应如何限期普及并改进其内容，其经费应如何依据各地方之需要由中央大量补助之。

（七）幼儿教育应如何建立制度以资提倡。

（八）已逾学龄未受基本教育之国民补习教育应如何限期普及力求实效。

（九）各类中等学校之职能应如何分别确定，其课程及设备之标准应如何修订或厘定，俾学生于毕业后升学、就业分途并进。

（十）现行中等以上学校训育制度应如何分别改订，以发扬民主精神并养成负责守法之习惯。

（十一）现行奖学金之办法应如何切实改善，以扶助学行俱优、无力升学之学生。

（十二）各级师范教育应如何建立适当之制度，以培养大量之健全师资。

（十三）职业教育应如何就各级学校课程与设备配合社会生产事业加强实施。

（十四）专科以上学校之增设应如何依据国家及地方之需要分别统筹，以期各省区高等教育之均衡发展。

（十五）专科以上学校系科及课程之设置应如何调整，其设备应如何扩充，以期提高学生之程度。

（十六）学术研究及文化事业应如何奖励促进，教育实验应如何提倡扩充，以提高学术及教育之水准。

（十七）留学政策应如何从新研订，以适应实际之需要。

（十八）社会教育之制度、经费、方法、工具等问题应如何分别解决，以谋改进。

（十九）边疆教育之设施应如何力谋与当地交通卫生事业相配合，以资联系而增效率。

（二十）侨民教育之行政管理、侨校师资之培养、课程教材之编订、侨生回国升学之奖励应如何分别规定办法，以资整顿而宏效益。

（廿一）中小学教育及民众教育之课程与教学应如何适应社会要求与生活需要，以期养成服务及就业能力。

（廿二）体育及卫生教育应如何积极促进普及全民，以增进民族之健康。

（廿三）私人经营之教育事业应如何提倡奖励，以力谋教育之发展。

（廿四）自然科学教育应如何改进，以求培养国民科学知能、增进科学应用。

（廿五）应如何促进艺术教育与劳作教育之发展，以增进身心修养及提高生活理想与兴趣。

（廿六）公民教育应如何依据宪法切实推行，俾能了解国策及人民权利义务，养成自治守法之能力与习惯。

（廿七）教育科学艺术工作者之待遇应如何切实改善，以安定其生活而增进其学术上之贡献。

（廿八）教育人事制度应如何建立，以期人尽其才、才尽其用。

（廿九）各级学校学生升学办法应如何改善，以力谋各级学校之衔接而增进学生深造之机会。

（三十）青年失业失学问题如何合理解决，以宏教育效率。

（卅一）国际了解、世界和平诸观念应如何编入教材，及我国与国际文化机构应如何力谋联系，以培养世界公民之美德与促进国际文化教育之合作。

附三：第四次全国教育会议筹备委员会感谢提供意见的复函

径启者：

本会前为谋行宪后全国教育之改进，特由提案委员会拟就教育问题三十一则征询贵校意见以为汇编提案之参考，荷蒙惠赐巨著，无任感激，敬谨珍存以备研讨。

专此奉复，敬颂公绥。

第四次全国教育会议筹备委员会启

卅七年十一月十三日

附录 1：

工程合同

光华大学修理中学部校舍工程合同

光华大学(以下简称甲方)与承包人昇昌营造厂(以下简称乙方)

兹为修理承包甲方坐落欧阳路二二二号内房屋各项修理工程,经双方同意签订合同如下:

(一) 乙方承包各项工程部分(包括水电工程在内)以估价单及工程准则内所述各项为准,乙方应切实依照办理,并听从甲方工程师之指示。

(二) 乙方于签订合同时须向甲方交纳工程保证金二十万元,领取收据,俟合同所规定之全部工程如期完工,由甲方工程师验收合格后,乙方得凭收据向甲方将该项保证金领回。

(三) 乙方承包各项工程在施工时期内之一切安全问题应由乙方自行负责办理。

(四) 凡本工程施工期中,甲方随时有知照乙方增添、减少、更改或变动等工程情事,乙方均应遵照办理,如甲方认为是项增添、减少、更改或变动之工程需延展工竣期限,得另行酌量宽限之。

(五) 凡增添之工程其需之人工,如乙方认为不应包括于本合同之内者,应在该项工程未进行之先经甲方工程师审核证明后方为有效,若事先未得甲方工程师允可而自行动工,事后不得借词要求加账目。

(六) 凡应变更工程,甲方得与工程总包价内分别增加或减除之。

(七) 本工程不得转包他人,违者甲方可取消乙方承包权,并没收全部保证金。

(八) 本工程自签定合同后,经双方同意限三星期完工,如逾期一天,按日罚工程总价百分之二甲方应付之工款内扣除之。

(九) 本工程付款办法规定如下:

第一期付开工费全部总价 40%(于签订合同时对保确实后付给)。

第二期完成 1/2 工程,经甲方工程师审核证明后付总价 30%。

第三期全部完工经验收合格,并计算所做工程之数量付清总价 30%。

(十) 每次领款时乙方须备具正式领款收据,载明第几期领款,由甲方工程师证明后由总务长签字向会计室领取之。

(十一) 乙方须派遣富有本工程经验之监工人员经常在工地督导,并须绝对服从甲方工程师之指导,如乙方人员有不称职时,甲方得随时通知乙方撤换之。

(十二) 本工程施工期间,关于工程材料(木料由甲方供给)及一切人工工具均由乙方自行负责办理。

（十三）本工程施工期间,倘损害人畜或公私建筑物,概由乙方负责赔偿。

（十四）本工程开工以后甲方验收以前,所有一切已完成工程应由乙方负责保护,在未验收前全部或一部分发生损坏时,乙方应负责修整完善,但遇不可抗御之天灾致使已成工程受到损坏时,得以乙方估计修整价值,报经甲方认可,得由甲方另给修整费用。

（十五）在工程进行中,乙方应管理工人不得有轨外行动,倘有滋生事故,概由乙方负责处理。

（十六）本工程进行期间内,乙方不得无故停工;或因故不能负责完工时,甲方得另雇他人承包,所有一切损失由保证人赔偿。

（十七）本合同及附件同式缮写三份,甲方收执二份、乙方收执一份为凭。

（十八）本合同之附件计开:乙方承包标单廿四纸、保证书一纸、工程准则二纸。

（十九）如有未尽处,得有甲方临时更改之。

（二十）数量经验收后双方清结。

（二十一）承包工程至卅五年七月廿二日起动工。

中华民国卅五年七月廿二日立

立合同者:

甲方:光华大学　　　　　　　　乙方承包人:昇昌营造厂

负责人:朱经农　　　　　　　　负责代表人:钱锡耕

　　　　　　　　　　　　　　　住址:巨鹿路五六八号

　　　　　　　　　　　　　　　电话:68068 转

　　　　　　　　　　　　　　　乙方保证人:大和烟号

　　　　　　　　　　　　　　　商号负责人:贺应春

　　　　　　　　　　　　　　　住址:巨鹿路五九二号

对保人:陈楚善、顾仲贤

职别:本校事务主任、本校事务员

对保日期:七月廿三日

监订合同人甲方工程顾问:沈延发

光华大学女生宿舍修理工程合同

　　光华大学(以下简称甲方)与承包人华通建筑公司(以下简称乙方)

　　兹为修理承包甲方坐落欧阳路二二二号内女生宿舍各项修理工程,经双方同意订签合同如下:

　　(一)乙方承包各项工程部分(包括水电工程在内)以估价单及说明内所述各项为准,乙方应切实依照办理,并听从甲方工程师之指示。

　　(二)乙方与签订合同时须向甲方缴纳工程保证金三十五万元领取收据,俟合同所规定之全部工程如期完工,由甲方工程师验收合格后,乙方得凭收据向甲方将该项保证金领回。

　　(三)乙方承包各项工程在施工期内之一切安全问题应由乙方自行负责办理。

　　(四)凡本工程施工期中,甲方随时有知照乙方增添、减少、更改或变动工程情事,乙方均应遵照办理。如甲方认为是项增添、减少、更改或变动之工程需延展工竣期限,得另行酌量宽限之。

　　(五)凡增添之工程其需之人工,如乙方认为不应包括于本合同之内者,应在该项工程未进行之先经甲方工程师审核证明后方为有效,若事先未得甲方工程师允可而自行动工,事后不得借词要求加账。

　　(六)凡应变更工程,甲方得于工程总包价内分别增加或减除之。

　　(七)本工程不得转包他人,违者甲方可取消乙方承包权,并没收全部保证金。

　　(八)本工程自签定合同后,经双方同意限两星期完成楼上部分,叁星期完成楼下部分,如楼上部分逾期一天,按日罚工程总价百分之一;楼下部分逾期一天,按日罚工程总价百分之一,在甲方应付之工款内扣除之。

　　(九)本工程付款办法规定如下:

　　第一期付开工费总价百分之六十(与签订合同时对保确实后付给)。

　　第二期完成二分之一工程,经甲方工程师审核证明后付总价百分之二十。

　　第三期全部完工经验收合格并无不合适,付清总价百分之二十。

　　(十)每次领款时,乙方须备具正式领款收据,载明第几期领款,由甲方工程师证明后由总务长签字向会计室领取之。

　　(十一)乙方须派遣富有本工程经验之监工人员经常在工地督导并须绝对服从甲方工程师之指导,如乙方人员有不称职时,甲方得随时通知乙方撤换之。

　　(十二)本工程施工期间,关于工程材料(木料、搁栅及砖由甲方供给)及一切人工工具均由乙方自行负责办理。

（十三）本工程施工期间倘损害人畜或公私建筑物概由乙方负责赔偿。

（十四）本工程开工以后甲方验收以前所有一切已完成工程应由乙方负责保护,在未验收前全部或一部分发生损坏时,乙方应负责修整完善,但遇不可抗御之天灾致使已成工程受到损害时,由乙方估计修整价格报经甲方认可,得由甲方另给修整费用。

（十五）在工程进行中,乙方应管理工人不得有轨外行动,倘有滋生事故,概由乙方负责处理。

（十六）本工程进行期间内,乙方不得无故停工。或因故不能负责完工时,甲方得另雇他人承包,所有一切损失由保证人赔偿。

（十七）本工程用料方面乙方切实注意如下：

（1）磨石子田水门汀。

（2）新做地板及跌脚板连油漆。

（3）一切水电设备及修理均包括在内——电灯、电盏、自来水水管、龙头、电线、灯头等等。

（4）门窗、五金修理、玻璃均包括在内。

（5）砖搁栅由校方供给,拆除木料指定地点安放。

（十八）本合同及附件同式缮写三份,甲方收执两份、乙方收执一份为凭。

（十九）本合同之附件计开:乙方承包标单五纸、保证书一纸、工程准则二纸。

（二十）如有未尽处,得有甲方临时更改之。

（二十一）数量经验收后双方清结。

（二十二）承包工程至三十五年八月十日起动工。

中华民国卅五年八月九日立

立合同者：

甲方:光华大学　　　　　　乙方承包人:华通建筑公司

负责人:朱经农　　　　　　负责代表人:顾国菁

　　　　　　　　　　　　住址:四川北路横浜桥美楣里七号

　　　　　　　　　　　　乙方保证人:义昌木行

　　　　　　　　　　　　商号负责人:冯桂芬

　　　　　　　　　　　　住址:西康路九六二号

　　　　　　　　　　　　电话:30709 转

对保人:张长赓

职别:事务员

对保日期:八月九日

监订合同人甲方工程顾问:沈延发

光华大学课椅工程合同

光华大学(以下简称甲方)与承包人上海校具公司(以下简称乙方)

兹为承包甲方课椅工程,经双方同意订立合同如下:

(一) 乙方承包课椅工程以所订标准为准,乙方应切实遵照。

(二) 课椅总数共计六百张。

(三) 课椅每张价格商定贰万陆千元整。

(四) 所用材料以来样为标准,遇有材料缺乏时,得以洋松替代。

(五) 式样依照来样加角铁及油漆等均在内。

(六) 甲方所订式样乙方不得变更。

(七) 本工程付款办法规定如下:

第一期:订合同对保复付壹千万元整。

第二期:交货清讫后付清伍百陆十万元整。

(八) 本工程自签订合同经双方同意限九月十五日前交货,如逾期一天,按日罚工程总价百分之二,在甲方应付之工款内扣除之。

(九) 每次领款时乙方须备具正式领款收据,载明第几期领款,由甲方总务长签字向会计室领取之。

(十) 本合同之附件同式缮写三份,甲方收执二份、乙方收执一份为凭。

(十一) 本合同之附件计保证书一纸、课椅样子一双。

中华民国三十五年八月二十三日立

立合同者:

甲方:光华大学　　　　　　　　乙方:上海校具公司

负责人:朱经农　　　　　　　　负责人:殷介生

　　　　　　　　　　　　　　　住址:上海北京西路(爱文义路)四六五号

　　　　　　　　　　　　　　　电话:三九九一五

　　　　　　　　　　　　　　　乙方保证人:源祥合记木号

　　　　　　　　　　　　　　　商号负责人:马青山

　　　　　　　　　　　　　　　住址:天目路一四三号

对保人姓名:顾仲贤

职别:

对保日期:八月二十六日

光华大学新建厨房及修理食堂工程合同

光华大学(以下简称甲方)与承包人昇昌营造厂(以下简称乙方)

兹为承包甲方坐落欧阳路二二一号内新建厨房及修理食堂工程,经双方同意订签合同如下:

(一)乙方承包各项工程部分以估价单及说明内所述各项为准,乙方应切实依照办理,并听从甲方工程师之指示。

(二)乙方与签订合同时,须向甲方缴纳工程保证金贰拾万元,领取收据,俟合同所规定至全部工程如期完工,由甲方工程师验收合格后,乙方得凭收据向甲方将该项保证金领回。

(三)乙方承包各项工程在施工期内之一切安全问题应由乙方自行负责办理。

(四)凡本工程施工期中,甲方随时有知照乙方增添、减少、更改或变动工程情事,乙方均应遵照办理。

(五)凡增添之工程其需之人工,如乙方认为不应包括于本合同之内者,应在该项工程未进行之先经甲方工程师审核证明后方为有效,若事先未得甲方工程师允可而自行动工,事后不得借词要求加账。

(六)凡应变更工程,甲方得与工程总包价内分别增加或减除之。

(七)本工程不得转包他人,违者甲方可取消乙方承包权,并没收全部保证金。

(八)本工程自签定合同后,经双方同意限两星期完成。如逾期一天,按日罚工程总价百分之二,在甲方应付之工款内扣除之。

(九)本工程付款办法规定如下:

第一期付开工费总价百分之六十(与签订合同时对保确实后付给)。

第二期完成二分之一工程,经甲方工程师审核证明后付总价百分之二十。

第三期全部完工,经验收合格,并无不合适付清总价百分之二十。

(十)每次领款时乙方须常备具正式领款收据,载明第几期领款,由甲方工程师证明后,由总务长签字向会计室领取。

(十一)乙方须派遣富有本工程经验之监工人员经常在工地督导,并须绝对服从甲方工程师之指导,如乙方人员有不称职时,甲方得随时通知乙方撤换之。

(十二)本工程施工期间,关于工程材料(修理部份木料、玻璃由甲方供给)及一切人工工具均由乙方自行负责办理。

（十三）修理部份所用 24 号白铁俟修竣后另行计算。

（十四）本工程施工期间倘损害人畜或公私建筑物,概由乙方负责赔偿。

（十五）本工程开工以后甲方验收以前,所有一切已完成工程应由乙方负责保护,在未验收前全部或一部分发生损坏时,乙方应负责修整完善,但遇不可抗御之天灾致使已成工程受到损害时,由乙方估计修整价格报经甲方认可,得由甲方另给修整费用。

（十六）在工程进行中,乙方应管理工人不得有轨外行动,倘有滋生事故,概由乙方负责处理。

中华民国三十五年八月廿七日立

立合同者：

甲方：光华大学　　　　　　乙方承包人：昇昌营造厂

负责人：朱经农　　　　　　负责代表人：钱锡耕

住址：巨鹿路五六八号

乙方保证人：顾润泰洋服号

商号负责人：顾润伯

住址：巨籁达路五六六号

对保人：顾仲贤

职别：

对保日期：八月二十八日

监订合同人甲方工程顾问：沈延发

光华大学双叠铁床合同

光华大学(以下简称甲方)与承包人上海校具公司(以下简称乙方)

兹为承包甲方双叠铁床,经双方同意订签合同如下:

(一) 乙方承包双叠铁床以所定式样为准,乙方应切实遵照,不得变更。

(二) 铁床每张价格商定为柒万伍千元整。

(三) 所用材料概用新铁,不准杂以旧料,床架用一分厚三角铁。

(四) 式样依照来样,每只上层加铁二根,每根长念伍寸。

(五) 铁床油漆改用绿色。

(六) 本工程付款办法规定如下:

第一期付定洋叁百陆拾万元,第二期付清贰百肆拾万元。

(七) 本工程所订合同经双方同意限九月十二日前交货,如逾期一天,按日罚工程总价百分之二,在甲方应付之工款内扣除之。

(八) 每次领款时,乙方须备具正式领款收据,载明第几期领款,由甲方总务长签字向会计室领取。

(九) 本合同及附件同式缮写叁份,甲方收执二份、乙方收执一份为凭。

中华民国三十五年九月三日

立合同者:

甲方:光华大学　　　　　　乙方:上海校具公司

负责者:朱经农　　　　　　负责者:殷介生

　　　　　　　　　　　　　住址:上海北京西路(爱文义路)四六五号

　　　　　　　　　　　　　电话:三九九一五

　　　　　　　　　　　　　乙方保证人:源祥合记木号

　　　　　　　　　　　　　商号负责人:马青山

　　　　　　　　　　　　　住址:天目路一四三号

光华大学建造浴室洗面室工程合同

光华大学(以下简称甲方)与承包人昇昌营造厂(以下简称乙方)

兹为承包建造甲方欧阳路二二二号内浴室洗面室工程,经双方同意签订合同如下:

(一)乙方承包各项工程部份(包括水电工程在内)以估价单及说明内所述各项为准,乙方应切实依照办理,并听从甲方工程师之指示。

(二)乙方于签订合同时,需向甲方缴纳工程保证金肆拾万元整,领取收据,俟合同所规定之全部工程如期完工,由甲方工程师验收合格后,乙方得凭收据向甲方将该项保证金领回。

(三)乙方承包各项工程在施工时期内之一切安全问题应由乙方自行负责办理。

(四)凡本工程施工期中,甲方随时有知照乙方增添、减少、更改或变动工程情事,乙方应遵照。

(五)本工程不得转包他人,违者甲方可取消乙方承包权,并没收全部保证金。

(六)本工程自签订合同后,经双方同意限九月十四日全部完成。

(七)本工程付款办法规定如下:

第一期付开工费总价百分之七十。

第二期付百分之二十。

第三期付清百分之十。

(八)每次领款须备具正式收据。

(九)乙方须派富有本工程经验之监工人督导。

(十)本工程所用材料,除旧砖外,其他一切人工工具等,概由乙方自行负责办理。

(十一)在工程进行中,乙方工人管理概由乙方负责。

(十二)本工程进行期间,乙方不得无故停工,或因故不能负责完工时,甲方得另雇他人承包,所有一切损失由保证人负责赔偿。

(十三)本合同及附件同式缮写三份,甲方执二份、乙方执一份为凭。

中华民国三十五年九月四日立

立合同者:

甲方:光华大学　　　　　　　乙方承包人:昇昌营造厂

负责人:朱经农　　　　　　　负责人:钱锡耕

住址:巨籁达路五六八号

乙方保证人:顾润泰洋服号

商号负责人:顾润伯

住址:巨籁路五六六号

对保人:张长赓

职别:事务员

日期:九月七日

监订合同人甲方工程顾问:沈延发

光华大学修理大学校舍工程合同

　　光华大学(以下简称甲方)与承包人华通建筑公司(以下简称乙方)

　　兹为修理承包甲方坐落欧阳路二二一号内房屋各项修理工程,经双方同意订签合同如下:

　　(一) 乙方承包各项工程部分(包括水电工程在内)以估价单及工程准则内所述各项为准,乙方应切实依照办理,并听从甲方工程师之指示。

　　(二) 乙方与签订合同时,须向甲方交纳工程保证金壹佰伍拾萬元,领取收据,俟合同所规定之全部工程如期完工,由甲方工程师验收合格后,乙方得凭收据向甲方将该项保证金领回。

　　(三) 乙方承包各项工程在施工期内之一切安全问题应由乙方自行负责办理。

　　(四) 凡本工程施工期中,甲方随时有知照乙方增添、减少、更改或变动等工程情事,乙方均应遵照办理。如甲方认为是项增添、减少、更改或变动之工程需延展竣工期限,得另行酌量宽限之。

　　(五) 凡增添之工程其需之人工,如乙方认为不应包括于本合同之内者,应在该项工程未进行之先,经甲方工程师审核证明后方为有效,若事先未得甲方工程师允可而自行动工,事后不得借词要求加账。

　　(六) 凡应变更工程,甲方得与工程总包价内分别增加或减除之。

　　(七) 本工程不得转包他人,违者甲方可取消乙方承包权,并没收全部保证金。

　　(八) 本工程自签定合同后,经双方同意,限九月二十五日完工,如逾期一天,按日罚工程总价百分之二,在甲方应付之工款内扣除之。

　　(九) 本工程付款办法规定如下:

　　第一期付开工费全部总价百分之四十(于签订合同时对保确实后付给)。

　　第二期完成二分之一工程,经甲方工程师审核证明后付总价百分之卅。

　　第三期全部完工,经验收合格,并计算所收工程之数量,付清总价百分之卅。

　　(十) 每次领款时乙方须备具正式领款收据,载明第几期领款,由甲方工程师证明后,由总务长签字向会计室领取之。

　　(十一) 乙方须派遣富有本工程经验之监工人员经常在工地督导,并须绝对服从甲方工程师之指导,如乙方人员有不称职时,甲方得随时通知乙方撤换之。

　　(十二) 本工程施工期间,关于工程材料(木料由甲方供给)及一切人工工具均由乙方自行负责办理。

（十三）本工程施工期间倘损害人畜或公私建筑物,概由乙方负责赔偿。

（十四）本工程开工以后甲方验收以前,所有一切已完成工程应由乙方负责保护,在未验收前全部或一部分发生损坏时,乙方应负责修整完善,但遇不可抗御之天灾致使已成工程受到损坏时,得由乙方估计修整价值,报经甲方认可,得由甲方另给修整费用。

（十五）在工程进行中,乙方应管理工人不得有轨外行动,倘有滋生事故,概由乙方负责处理。

（十六）本工程进行期间内,乙方不得无故停工,或因故不能负责完工时,甲方得另雇他人承包,所有一切损失由保证人赔偿。

（十七）本合同及附件同式缮写叁份,甲方收执二份、乙方收执一份为凭。

（十八）本合同之附件计开:乙方承包标单□张、保证书一纸、工程准则□纸。

（十九）如有未尽处,得由甲方临时更改之。

（二十）数量经验收后双方清结。

（二十一）承包工程自卅五年九月十一日起动工。

中华民国卅五年九月十四日立

立合同者:

甲方:光华大学　　　　　　　乙方承包人:华通建筑公司

负责人:朱经农　　　　　　　住址:仁济路二九号四楼七二室

　　　　　　　　　　　　　　电话:一三六一五

　　　　　　　　　　　　　　乙方保证人:义昌木行

　　　　　　　　　　　　　　商号负责人:冯桂芬

　　　　　　　　　　　　　　住址:西康路九六三号

　　　　　　　　　　　　　　电话:三〇七〇九

光华大学修理雨中操场及厨房工程合同

光华大学(以下简称甲方)与承包人昇昌营造厂(以下简称乙方)

兹为修理承包甲方座落欧阳路二二一号内雨中操场、厨房及各项修理工程,经双方同意签订合同如下:

(一)乙方承包各项工程部份以估价单及工程准则内所述各项为准,乙方应切实依照办理,并听从甲方工程师之指示。

(二)乙方于签订合同时,须向甲方缴纳工程保证金法币贰拾万元,领取收据,俟合同所规定之全部工程如期完工,由甲方工程师验收合格后,乙方得凭收据向甲方将该项保证金领回。

(三)乙方承包各项工程在施工期内之一切安全问题应由乙方自行负责办理。

(四)凡本工程施工期中甲方随时有知照乙方增添、减少、更改或变动等工程情事,乙方均应遵照办理。

(五)凡增添之工程其需之人工,如乙方认为不应包括与本合同之内者,应在该项工程未进行之先,经甲方工程师审核证明后方为有效;若事先未得甲方工程师允可而自行动工,事后不得借词要求加账。

(六)凡应变更工程,甲方得与工程总包价内分别增加或减除之。

(七)本工程不得转包他人,违者甲方可取消乙方承包权,并没收全部保证金。

(八)本工程自签定合同后,经双方同意,限于九月廿五日前完工,如逾期一天,按日罚工程总价百分之二,在甲方应付之工款内扣除之。

(九)本工程付款办法规定如下:

第一期付开工费全部总价百分之四十(于签订合同时对保确实后付给)。

第二期完成二分之一工程,经甲方工程师审核证明后付总价百分之卅。

第三期全部完工,经验收合格,并无不合适,付清总价百分之卅。

(十)每次领款时乙方须备具正式领款收据,载明第几期领款,由甲方工程师证明后由总务长签字,向会计室领取。

(十一)乙方须派遣富有本工程经验之监工人员经常在工地督导,并须绝对服从甲方工程师之指导。如乙方人员有不称职时,甲方得随时通知乙方撤换之。

(十二)本工程施工期间,关于工程材料及一切人工工具均由乙方自行负责办理。

(十三)本工程施工期间,倘损害人畜或公私建筑物,概由乙方负责赔偿。

（十四）本工程开工以后甲方验收以前,所有一切已完成工程应由乙方负责保护,在未验收前全部或一部分发生损坏时,乙方应负责修整完善,但遇不可抗御之天灾致使已成工程受到损害时,由乙方估计修整价格,报经甲方认可,得由甲方另给修整费用。

（十五）在工程进行中,乙方应管理工人不得有轨外行动,倘有滋生事故,概由乙方负责处理。

中华民国三十五年九月十四日立

立合同者:

甲方:光华大学　　　　　　　　乙方承包人:昇昌营造厂

负责人:朱经农　　　　　　　　负责代表人;钱锡耕

　　　　　　　　　　　　　　　住址:巨籁达路 568 号

　　　　　　　　　　　　　　　乙方保证人:顾润泰洋服号

　　　　　　　　　　　　　　　商号负责人:顾润伯

　　　　　　　　　　　　　　　住址:巨籁路 566 号

监订合同人甲方工程顾问:沈延发

光华大学修理大门工程合同

光华大学(以下简称甲方)与承包人吴达成(以下简称乙方)

兹为修理承包大门及各项零星工程,经双方同意订立合同如下:

(一)乙方承包各项工程部份以估价单所述各项为准,乙方应切实依照办理,并听从甲方工程师指示。

(二)乙方与签订合同时,需向甲方缴纳工程保证金贰拾万元,领取收据,俟合同所规定之全部工程如期完工,由甲方工程师验收合格后,乙方得凭收据向甲方将该项保证金领回。

(三)凡增添之工程其需之人工,如乙方认为不应包括于本合同之内者,应在该项工程未进行之先经甲方工程师审核证明后方为有效;若事先未得甲方工程师允可而自行动工,事后不得借词要求加账。

(四)凡应变更工程,甲方得与工程总包价内分别增加或减除之。

(五)本工程不得转包他人,违者甲方可取消乙方承包权,并没收全部保证金。

(六)本工程自签订合同后,经双方同意,限九月底全部完工,如逾期一天,按日罚工程总价百分之二,在甲方应付之工款内扣除之。

(七)本工程付款办法规定如下:

第一期付开工费百分之陆拾(与签订合同时对保确实后付给)。

第二期完成二分之一工程,经甲方工程师审核证明后,付总价百分之贰拾。

第三期全部完工,经验收合格,并无不合适,付清总价百分之贰拾。

(八)每次领款时,乙方须备具正式领款收据,载明第几期领款,由甲方工程师证明后由总务长签字,向会计室领取。

(九)乙方须派遣富有本工程经验之监工人员经常在工地督导,并须绝对服从甲方工程师之指导,如乙方人员有不称职时,甲方得随时通知乙方撤换之。

(十)本工程施工期间,关于工程材料及一切人工工具均由乙方自行负责办理。

(十一)本工程施工期间,倘损害人畜或公私建筑物,概由乙方负责赔偿。

(十二)本工程开工以后甲方验收以前,所有一切已完成工程应由乙方负责保护,在未验收前全部或一部分发生损坏时,乙方应负责修整完善,但遇不可抗御之天灾致使已成工程受到损害时,由乙方估计修整价格,报经甲方认可,得由甲方另给修整费用。

(十三)在工程进行中,乙方应管理工人不得有轨外行动,倘有滋生事故,概由乙方负责处理。

（十四）本工程进行期间内,乙方不得无故停工。或因故不能负责完工时,甲方得另雇他人承包,所有一切损失由保证人赔偿。

（十五）本合同及附件同式缮写叁份,甲方收执二份、乙方收执一份为凭。

（十六）本合同之附件计开:乙方承包标单一纸、保证书一纸。

（十七）如有未尽处,得有甲方临时更改之。

（十八）承包工程至三十五年九月十九日起动工。

中华民国三十五年九月十九日

立合同者:

甲方:光华大学　　　　　　　乙方承包人:吴达成

负责人:朱经农　　　　　　　住址:徐家汇路一〇五八弄十五号

电话:七二四四三

乙方保证人:王烈英

商号负责人:国禾酱色厂

地址:徐家汇路一〇五八弄路十二号

电话:七二四四三

监订合同人甲方工程顾问:沈延发

光华大学新做道路工程合同

光华大学(以下简称甲方)与承包人吴达成(以下简称乙方)

兹为新做道路承包甲方坐落欧阳路校内二条道路工程,经双方同意订签合同如下:

(一)乙方承包该项工程部份(包括两旁挡土及明沟涵洞等)以估价单所述各项为准,乙方应切实依照办理,并听从甲方工程师之指示。

(二)乙方与签订合同时,须向甲方交纳工程保证金国币壹百万元领取收据,俟合同所规定之全部工程如期完工,由甲方工程师验收合格后,乙方得凭收据向甲方将该项保证金领回。

(三)乙方承包各项工程在施工时间内之一切安全问题应由乙方自行负责办理。

(四)凡本工程施工时中,甲方随时有知照乙方增添、减少、更改或变动等工程情事,乙方均应遵照办理,如甲方认为是项增添、减少、更改或变动之工程需延展工竣期限,得另行酌量宽限之。

(五)凡应变更工程,甲方得与工程总包价内分别增加或减除之。

(六)本工程不得转包他人,违者甲方可取消乙方承包权,并没收全部保证金。

(七)本工程自签订合同后,经双方同意,限十一月五日完工,如逾期一天,按日罚工程总价百分之二甲方应付之工款内扣除之。

(八)本工程共计国币陆百叁拾四万五千元。

第一期付全部总价百分之六十(于签订合同时对保确实后付给),计肆百万元整。

第二期完成二分之一工程,经甲方工程师审核证明后付总价百分之三十,计贰百万元整。

第三期全部完工,经验收合格,并计算所做工程之数量,付清总价百分之十。

(九)每次领款时,乙方须备具正式领款收据,载明第几期领款,由甲方工程师证明后由总务长签字,向会计室领取之。

(十)本工程进行期间内,乙方不得无故停工;或因故不能负责完工时,甲方得另雇他人承包,所有一切损失由保证人赔偿。

(十一)本合同及附件同式缮写三份,甲方收执二份、乙方收执一份为凭。

(十二)本合同之附件计开:乙方承包标单一纸,保证金壹纸。

(十三)如有未尽处,得由甲方临时更改之。

(十四)数量准验收后双方清结。

（十五）本工程至三十五年十月十二日起动工。

（十六）本工程乙方承包：1.女子宿舍至中学部宿舍道路；2.中学部浴室至大学部道路。

中华民国卅五年十月十二日

立合同者：

甲方：光华大学　　　　　　　乙方承包人：吴达成

负责人：朱经农　　　　　　　住址：徐家汇路一〇五八弄十五号

　　　　　　　　　　　　　　电话：七二四四三转

　　　　　　　　　　　　　　乙方保证人：吴□生

　　　　　　　　　　　　　　商号负责人：荣生水电工程行

监订合同人甲方工程顾问：沈延发

光华大学门房等工程合同

光华大学(以下简称甲方)与承包人达成建筑公司(以下简称乙方)

兹为承包门房等工程坐落欧阳路校内,经双方同意订签合同如下:

(一)乙方承包各项工程部份根据估价单所述各项为准,乙方应切实依照办理,并听从甲方工程师之指示。

(二)乙方与签订合同时,须向甲方缴纳工程保证金国币壹拾伍万元,俟工程验收后发还。

(三)乙方所承包工程施工期内由乙方自行负责。

(四)本工程限　月　日前完工,逾期一天,罚工程总价百分之五计算。

(五)本工程共计国币肆百伍拾万元整。

第一期付国币贰百九拾万元。

第二期完成二分之一付国币壹百万元。

第三期全部验收,付国币陆拾万元。

(六)本工程进行期内,不得无故停工。如不能完竣,则甲方另雇他人,一切损失由乙方保证人赔偿。

(七)本合同附标单一纸。

(八)本工程材料架梁、旧白铁桁条由校方负责,其余不在上项材料由承包人负责。

(九)本合同共三份,除由乙方收执一份为凭,其余由甲方收执为凭。

中华民国三十五年十月廿三日

立合同者:

甲方:光华大学　　　　　　　乙方:达成建筑工程公司

负责人:朱经农　　　　　　　负责代表人:吴达成

住址:徐家汇路一〇五八弄十五号

电话:七二四四三转

乙方保证人:法租界台司德荣生水水油漆工程

住址:朗路一八七号

光华大学校车合同

签订合同人：光华大学（以下简称甲方）、福华汽车行（以下简称乙方）

承办光华大学校车，经双方同意协议签订合同如后：

1. 甲方所需汽车由乙方自行购备大型六轮长途客车至少三辆，专供光华大学教职员及学生往来乘坐之用。

2. 车辆之管理、驾驶、修理及所需材料等概归乙方自理。

3. 本合同期限为壹年，自民国卅六年三月十六日起至民国卅七年三月十五日止，期满后乙方有继续优先承办之权，惟须商得甲方同意，如甲方或乙方无意继续办理时，须于期满前一个月通知对方。

4. 在本合同期限内，甲方或乙方不得将承办权让与他人。

5. 在本合同期限内，乙方不得中途停驶，否则赔偿甲方所受损失。

6. 如甲方乘车人数增多时，乙方应负责调度增加车辆，倘乙方不能充分供给车辆时，甲方得有自行处置之权。

7. 乙方所备之车辆须标以"光华大学校车"字样，设备方面应逐步改善，且以安全清洁舒适为准。

8. 甲方对于乙方有指导及监督之权，乙方所雇司机及售票员与甲方教职员及学生务须保持和蔼态度。

9. 校车所行路线由甲方呈准公用局核定，自欧阳路光华大学起，经白渡桥外滩折入中正路，循福煦路至海格路口止，回校仍循原路。

10. 沿途停靠地点规定如下：

一、福煦路西摩路口；二、福煦路同孚路口；三、福煦路成都路口；四、大世界西藏路口；五、爱多亚路河南路口；六、爱多亚路外滩；七、南京路外滩直达本校。

11. 甲方教职员乘坐校车完全免费。

12. 甲方学生搭乘校车每人每次暂收车资壹千元，甲方之校役遇有公出须经甲方总务处证明亦得免费乘车来回一次。

13. 在本合同期限内，乙方为的甲方之准许，不得增收车资。

14. 校车不准移借他用，并禁止甲方规定人员以外之人搭车，且不得搭乘超过安全程度之人数。

15. 校车每日开行时间悉由甲方规定，乙方应准时开行不得迟到或早开，行车时间表另行订定。如甲方以该时间表有改订之必要时,得随时知照乙方遵行。

16. 本合同一式三纸,甲方执二纸,乙方执一纸。

中华民国三十六年三月十六日

立合同人:

甲方:光华大学　　　　　　乙方:福华汽车行

负责人:朱经农　　　　　　负责人:凌凤山

　　　　　　　　　　　　　地址:望亭街七十号

　　　　　　　　　　　　　电话:八四三六六

　　　　　　　　　　　　　乙方保证商号:海宁商店

　　　　　　　　　　　　　负责人:唐文元

　　　　　　　　　　　　　地址:海宁路三六三号

对保人:张长赓

介绍人:钟承志

补注:自四月份起乙方为便利收款起见发售优待客票,倘因校车脱班或中途停驶该客票无法使用时,一切损失概由乙方保证人负责赔偿之。

光华大学建筑图书馆工程合同

立建筑工程合同人：光华大学法定代理人朱经农、欧迪工程公司（以下简称业主、承包人）。

兹因业主在坐落东区欧阳路 221 号校舍内增建图书馆壹座，包与承包人，一切依照均益建筑师所设计之图样、施工说明书及细图办理，经双方同意订之本合同，条文如左，以资遵守。

（一）工程范围：本工程在上开地点建造图书馆平屋壹座及地下瓦筒等工程，但卫生、电气等工程不包括范围之内。

（二）工程包价：本工程总计包价法币拾壹亿元整，该项包价包括完成本工程所需之工料、器具、用水、开支杂费及盈余等在内，将来无论工料涨落，双方均不得要求增减（业主已备有一部分建筑材料，经双方同意得按市价作与承包人以抵付一部分造价）。

（三）付款方法：业主应照下列分期付款方法于每期由均益建筑师签发领款证书后付给承包人。

第一期：签订合同时付全部造价 70%。

第二期：墙面到顶时付 12.5%。

第三期：屋面盖好、地板铺好、内外墙粉刷完成付 12.5%。

第四期：全部完工竣由业主验收后付 5%。

（四）开工日期：签订合同后三天，即卅七年元月三日以前必须正式开工，不得延缓。

（五）完工期限：自开工日起六十天内（雨雪冰冻天除外）将全部工程完全告竣，由业主验收。

（六）赔偿：承包人不能在规定日期内完成全部工程，承包人自愿赔偿业主因延期而所受之损失每天法币伍百万元整，此项赔偿得于包价内扣除之。

（七）保证：承包人与签订本合同时应缴请业主同意之铺保作为保证人，负担承包人将本工程在订定期限内按照图样说明书完成后交与业主，如届时不能完成，或发生意外等情事，概由保证人员负完全责任代为处理承包人之一切工程及自愿放弃先诉抗辩权。

（八）附则：本合同得由双方及保证人将所附一应文件详细阅读后同意签订，并承认一经签字，业主、承包人及保证人，或上述各人之代表，或其法律承继人皆应遵守。本合同一式贰份，业主及承包人各执壹份，另备副本贰份，存建筑师处备查。

附注：工务局建筑执照由业主自行办理。

立工程合同

业主:光华大学校长朱经农

承包人:欧迪工程公司李厚田(住址:复兴中路二六三弄七号)

保证人:兴成康木行经理曾兆康(长治路三百念号)

建筑师:均益建筑师

中华民国卅六年十二月三十日

光华大学建筑学生宿舍及平房工程合同

本合同于中华民国卅七年十月二十日由光华大学代表人(以上简称业主)与麟记兴营造代表人张钟芳、姚文俊(以下简称承包人)协议订立,由双方同意各条件如下:

(一)工程契约:所谓工程契约,除本合同外,所附施工说明书、图样、估价单、保证书等,均为合同之主要部分,同样生效。

(二)工程范围:遵照全部图样及施工说明书建造坐落欧阳路二二二号,计开:二层楼学生宿舍十九间及平房十二间(水电工程在外)。

(三)工程造价:二层楼学生宿舍十九间之造价为金圆陆萬捌千柒百贰拾贰元捌角柒分,正平房十二间造价为金圆壹萬贰千伍百贰拾伍元玖角壹分整,共计全部造价金圆捌萬壹千贰百肆拾捌元柒角捌分整,其详细项目另附有估价单于本合同。之后工程如有增减时,必须先取得业主之书面同意,依照所附估价单内之单价核实计算之。

(四)付款方法:业主应该照下列分期付款办法,于每期由承包人开具收据交业主核讫付给之。

第一期:双方签订合同时,应付造价金圆柒萬叁千壹百念叁元玖角零分整。

第二期:第一层栅栏摆齐,应付造价金圆肆千零陆拾贰元肆角肆分整。

第三期:完工验收无误后付讫,应付讫造价金圆肆千零陆拾贰元肆角肆分整。

(五)完工期限:本工程应于签约日起七十五个晴天全部完工(雨雾照扣),过期一日则承包人愿赔偿业主因延期而所受损失费每天金圆壹百元整。

(六)附属:本合同由双方将所附之一应文件详细阅读后同意签订,并承认一经签字,业主、承包人、保证人,或上述各人之代表,或其法律承继人,皆应遵守之。

立合同人:

业主:光华大学　　　　　　　承包人:麟记兴营造厂

代表人:朱经农　　　　　　　代表人:张钟秀、姚文俊

　　　　　　　　　　　　　　保证人:大鑫木行

　　　　　　　　　　　　　　代表人:徐仰之

　　　　　　　　　　　　　　地址:霍山路二三二号

附录 2：

教职工名册

私立光华大学 1948 学年度第 1 学期教员名册

文学院中国文学系				
姓　名	授课时间	职　　别	专任或兼任	备注
蒋维乔	3	教授兼文学院院长、中国文学系主任	专任	
郭绍虞	12	教授	专任	
沈延国	14	教授	专任	
赵善诒	16	教授	专任	
姚　璋	9	教授	专任	
钟　泰	3	教授	兼任	
顾廷龙	2	教授	兼任	
任传薪	16	副教授	专任	
王乘六	2	副教授	兼任	
万云骏	3	副教授	兼任	
杨大膺	5	副教授	兼任	
叶百丰	8	讲师	兼任	
陈祖里	4	讲师	兼任	
俞硕遗		助教	专任	
郭秉镛		助教	专任	
张　兰		助教	专任	
文学院外国语文学系				
张歆海	4	教授兼系主任	专任	
曹未风	12	教授	专任	
陈淑琼	12	教授	专任	
徐承谟	7	教授	兼任	
谢震亚	12	教授	专任	
杨熙靖	4	教授	专任	
郑之骧	12	副教授	专任	
张祖培	12	副教授	专任	
谢大任	6	副教授	兼任	

（续表）

文学院外国语文学系				
范尔勃	9	副教授	兼任	
周缵武	4	副教授	兼任	
吴宗澄	2	副教授	兼任	
叶治	5	讲师	兼任	
孟永祈		讲师	专任	
郑伯山		助教	专任	
萧廉任		助教	专任	
陈耀堂		助教	专任	
文学院历史学系				
吕思勉	13	教授兼系主任	专任	
杨宽	6	教授	兼任	
魏建猷	6	教授	兼任	
胡嘉	6	教授	兼任	
童书业	3	教授	兼任	
张芝联	3	副教授	专任	
程应镠	6	副教授	兼任	
文学院教育学系				
孙贵定	8	教授兼系主任	专任	
廖世承	3	教授	专任	
谢循初	6	教授	兼任	
朱有瓛	11	教授	兼任	
杨同芳	3	教授	兼任	
沈百英	2	教授	兼任	
文学院政治学系				
耿淡如	15	教授兼系主任	专任	
胡继纯	9	教授	兼任	
李宝森	3	教授	兼任	
陈仲达	3	教授	兼任	
谢仁钊	2	教授	兼任	
文学院社会学系				
陈选善	3	教授代理系主任	专任	
应成一	6	教授	兼任	

（续表）

文学院法律学系				
郭云观		教授兼系主任	专任	
张志让	2	教授	兼任	
曹　骏	2	教授	兼任	
冯志栋	6	教授	兼任	
高其迈	6	教授	兼任	
张天福	6	教授	兼任	
李　良	4	教授	兼任	
程瑞锟	2	教授	兼任	
斯　文	3	教授	兼任	
徐福基	3	教授	兼任	
胡永龄	3	教授	兼任	
林我朋	3	教授	兼任	
潘汉典	4	副教授	兼任	
理学院化学系				
容启兆	13	教授兼院长	专任	
沈昭文	5	教授兼系主任	专任	
吴征铠	5	教授	兼任	
顾可权	9	教授	兼任	
杨习镇	4	讲师	专任	
王娴贞		助教		
潘家来		助教		
陈新章		助理员		
理学院生物学系				
秉　志		名誉教授		
王志稼	15	教授兼系主任	专任	
徐凤早	12	教授	专任	
周蔚成	12	教授	专任	
裴季衡	5	教授	兼任	
谭璟宪		助教	专任	
沈卉君		助教	专任	
李志申		助教	专任	

（续表）

理学院数理学系				
朱言钧	3	教授兼系主任	专任	
王福山	12	教授	专任	
倪若水	4	教授	兼任	
章启馥	13	副教授	专任	
吴逸民	13	副教授	专任	
徐春霆	13	副教授	兼任	
陈品端	2	讲师	兼任	
王济身		助教	专任	
陆兆堃		助教	专任	
理学院土木工程系				
祝永年	3	教授兼系主任	专任	
董钟林	12	教授	专任	
马地泰	3	教授	兼任	
俞 征	5	教授	兼任	
康时清	3	教授	兼任	
翁朝庆	5	教授	兼任	
范兆伦	8	教授	兼任	
王龙甫	9	教授	兼任	
刘光文	3	教授	兼任	
金启畴	3	教授	兼任	
庄 鹏	8	讲师	兼任	
陈国庆		讲师	专任	
朱华安		助教	专任	
商学院经济学系				
杨荫溥	3	教授兼系主任	专任	
李炳焕	6	教授	兼任	
祝百英	3	教授	兼任	
张一凡	9	教授	兼任	
王文瀚	9	教授	兼任	
钟兆璇	3	教授	兼任	
孟庭柯	2	教授	兼任	
汪旭庄	3	副教授	兼任	

（续表）

商学院经济学系				
韩述之	2	讲师	兼任	
陈绍元	2	讲师	兼任	
商学院会计学系				
薛迪符	12	教授兼系主任	专任	
薛迪靖	3	教授	兼任	
陈文麟	3	教授	兼任	
卢怀道	6	教授	兼任	
沈学钧	3	教授	兼任	
唐书绅	6	副教授	兼任	
胡先佺	12	副教授	专任	
归润章	3	副教授	兼任	
刘福安	12	副教授	兼任	
汤心仪	3	副教授		
张更生	6	讲师	兼任	
邵贻裘		助教	专任	
商学院银行学系				
何仪朝	6	教授兼系主任	专任	
蔡文熙	9	教授	专任	
褚凤仪	3	教授	兼任	
陈德容	3	教授	兼任	
商学院工商管理学系				
蔡正雅	3	教授兼系主任	专任	
倪惠元	8	教授	兼任	
王思立	3	教授	兼任	
吴道坤	3	教授	兼任	
吴予达	3	教授	兼任	
体育组				
宫万育		讲师兼代理主任	专任	
郝春德		讲师兼组员	专任	
傅季旸		讲师兼场地管理	专任	
凌式玉		讲师	兼任	

私立光华大学 1948 学年度第 1 学期职员名册

姓　名	责任职务	备　注
朱经农	校长	
廖茂如	副校长	
朱公谨	副校长	
沈延国	秘书	
张芝联	秘书	
陈楚善	校友科主任	
	三院长	
蒋竹庄	文学院院长	
容启兆	理学院院长	
杨荫溥	商学院院长	
	教务处	
陈青士	教务长	
姚舜钦	副教务长兼注册组主任	
单月湖	注册员	
吴国光	注册员	
陈养贤	办事员	
郭心晖	图书馆主任	
王遵侗	编目主任	
石堉壬	馆员	
张雅仪	馆员	
顾仁忠	办事员	
方之慧	办事员	兼任支半薪
	训导处	
容启兆	训导长	
杨熙靖	副训导长	
邓芝如	生活管理组主任	
徐　竞	生活管理组主任	

（续表）

姓　名	责任职务	备　注
训导处		
王本慈	课外活动组主任	
王文衡	训导员	
陈文浩	办事员	
周如璇	办事员	
体育组		
宫万育	代理体育组主任	
郝春德	组员	
傅季旸	讲师兼场地管理	
凌式玉	讲师	
谈兴中	卫生组主任	
姚莲宝	护士	
总务处		
张祖培	总务长兼事务主任	
陈养浩	事务组副主任	
张长赓	事务员	
顾仲贤	办事员	
南麟岳	办事员	
吴忠匡	文书组主任	已辞职
陈学儒	文牍员	
费震声	文牍员	
会计室		
薛迪符	会计室主任	
刘福安	会计室副主任	
王有粉	出纳组主任	
王光烈	办事员	
实验室		
沈昭文	化学实验室主任	
杨习镇	化学实验室副主任	
陈新章	化学实验室助理员	
章启馥	物理实验室主任	
王志稼	生物实验室主任	

附录 3 ：

人物述评

朱经农先生言行录[1]

　　先生姓朱氏，初名有昀，字经农，继更名经，晚以字行，江苏宝山人也。其先盖有明之后，父老相传，庄烈帝殉国，皇太子死于贼，次子逃难至苏之宝山，改姓王，业医，乾隆时始复姓，是为宝山朱氏。先生家藏印章一，文曰"二百年前本姓王"，盖纪实也。数传后，以海啸没其全家，仅先生十二世祖一贯公存，九传至竹堂公，有子五。其次为子梅公，以教谕来湘，服官数十年，转升知府，即先生祖父也。父仁甫公，任浙江浦江县令。先生以前清光绪十三年丁亥六月，生于浦江县署。仁甫公后迁江山县知县，卸职迁居杭州，再迁石门，绾嘉兴府石门厘政，以光绪二十年甲午，殁于差次。时先生方八岁，母田太夫人含哀抚孤，携先生等返宝山原籍。仁甫公服官廉明，殁后家无颇资，族人多劝先生兄弟习商，田太夫人不可。一灯荧荧，清夜课读，先生之能卓然自立，盖得母教之力居多。年十一，走依其叔叔彝公于湖南。叔彝公服官湘省，历知沅州、永州、衡州、常德诸府，所至以兴学育才为己任。在沅，创沅水校经堂；在永，建蘋洲书院；在衡，延王湘绮先生讲学石鼓医院，以故湘中名宿，多出其门。先生入湘，适当戊戌维新之始。时黄公度、谭复生、熊秉三、皮鹿门诸先生，组南学会，公开讲学，先生承叔彝公之训，每届必往听焉。后四年，叔彝公出守常德，创常德府中学堂，先生以客籍生考入该校，与覃理鸣等同学，课余喜阅《新民丛报》《游学译编》《浙江潮》《洞庭波》诸杂志，渐萌革命思想。偶读梁任公所著《意大利建国三杰传》，深慕玛志尼之为人，思效法之。自备资斧赴日本留学，旋补官费入成城学校，得认先烈龚练百先生。光绪三十一年乙巳，总理来东京组织同盟会，先生因龚烈士之介，深夜加盟，由黄克强先生监誓，是为先生参加革命之始。是岁冬，日本政府颁布取缔中国留学生规则，留日学生相率归国，先生遂返沪，与诸同志创办中国公学，一面任教，一面继续求学。时校中多优秀分子，同盟会会员约占半数，熊克武、但懋辛、胡适、任鸿隽等，均与先生在最高班肄业。然以革命空气浓厚，甚为当道所忌。某次忽得密报，两江总督将与翌日派员来校搜查。先生与同学，即夕自检行箧。时同学二百余人，私藏《民报》者百八十余人，悉焚毁以灭迹。次晨密探来，一无所获而去。后秋瑾女士于学校附近制造炸弹，失慎爆发，幸清吏疏懈，得免波及。某日龚练百烈士忽来上海，晤先生谓章太炎先生不日出狱，须来校小憩乃东渡赴日。未几太炎先生来，居三楼密室，即晚改装东渡，盖中国公学实时时密庇党人也。光绪三十四年，端方决拨巨款将中国公学收归官办，同

---

[1]　作者谢朝仁，原载 1947 年 6 月出版《光华大学廿二周六三纪念特刊》，第 13—14 页。

学不满,遂起风潮,相率退学。先生与诸同志,另组中国新公学。陈英士先生虽非中国公学同学,亦相助,新公学于焉成立。先生被推主持教务,撑持年余,终以经费不继停办,事详胡适《四十自述》中。时叔彝公病居沪上,先生遂留沪侍疾。叔彝公不幸弃世,先生受湖南高等实业学堂之聘,教授英文,兼农业学堂通译。先生诸叔早卒,遗孤均归叔彝公教养,叔彝公殁,先生慨然任赡家之责。然在湘任教,仍秘密参加革命。辛亥武昌起义,湖南宣告独立,先生以书生参加戎幕,其后都督焦达峰、陈作新被杀,先生亦赴沪。民国元年,应宋教仁、覃振、仇亮诸同志电约,入都任《民主报》主笔,旋兼《东亚报》总编辑。二年,二次革命爆发,两报均被查封,军警指名索先生及金君伯刚,先生走天津,得免。初,先生之主两报笔政也,笔名澹如。至是沪上忽有冒先生笔名被捕者,亦趣事也。会熊秉三先生出任内阁总理,先生得其掩护,重返北京,随张季直先生入农商部,办理统计。五年,袁世凯帝制自为,先生得友人之助渡美留学。先生饱经忧患,至是极力潜修专攻教育,居华盛顿四年,在乔治华盛顿大学得学士、硕士两学位。九年,补江苏官费生,转入哥伦比亚大学师范学院为研究生。十年,蔡子民先生赴美考察,遂约先生返国,任国立北京大学教育教授。十二年,先生应商务印书馆王云五先生之约,赴沪编辑新学制教科书。十三年受沪江大学之聘,任国学门主任教授兼教育学讲座。翌年六月,五卅事变发生,圣约翰大学学生全体退学。张咏霓先生等,为救济失学青年创办光华大学,聘先生任教务长,先生尽力筹划夙夜劳动,致染胃疾。十五年,国民革命军北伐,先生一至广州,归沪后,与吴稚晖、杨杏佛诸先生参加党务工作。黄膺白先生出任上海特别市市长,邀任教育局局长。先生批定全市教育计划,整理全市中小学教育。惜为时不久,黄先生辞职,先生也随之退休。十七年,蔡子民先生任国民政府大学院院长,约先生担任普通教育处处长,先生遂往南京供职。是年秋,大学院改组为教育部及中央研究院,先生任教育部普通司司长。十九年春,以司长兼代常务次长,旋解司长职,专任常次。是年冬,教育部改组,先生遂随蒋梦麟先生离部。二十年春,任中国公学副校长,代邵力子先生主持校务。六月任私立齐鲁大学校长,移居山东。二十一年七月,奉命任湖南省政府委员兼教育厅厅长,九月到湘视事,计主持湘教育十年有半,政绩斐然,屡得中枢嘉许。三十二年二月蒋主席兼国立中央大学校长,先生奉召入陪都(重庆)任该校教育长,襄助尤多。三十三年九月,蒋主席辞兼职,先生调任教育部政务次长。三十四年五月,中国国民党第六次全国代表大会,选为中央监察委员。三十五年十月,辞教育部政务次长职,继王云五先生担任商务印书馆总经理兼长私立光华大学。十一月以教育界代表出席首届国民大会,被推为主席团主席之一。先生生长诗礼之家,幼时叔彝公课以经史,又得闻熊秉三、黄泽生诸先生之教,以忠恕信义为重。东渡后,参加革命,对先总理服膺备至。逮留美归国,则专心于教育事业。其教育思想,以发展儿童本位教育,注重人格感化,锻炼国民体格,实施劳动生产教育,完成国防科学教育为主。而先务之急,在于造成社会急公好义之风气。尝谓欧风东渐,学者多迷于唯物之谈,以知识计庸资,视学校为传舍,而于我国古代师儒自立自尊之道多忽视焉。矫正之法,在上者应树之风气,以为倡导;在下者当如响斯应,蔚然成风,争以见利不先、赴义恐后为志,则人心可移,士习可正,国耻可雪,民族可兴矣。所译著书,有《明日之学校》《教育大辞书》及《近代教育思潮》等,均在商务印书馆出版。

先生见识卓越。抗战以后,喜谈国际问题,多中肯要。所为诗词,清新俊逸似陆剑南。而待人,和易诚恳,接之者如坐光风霁月中。尝谓人无论贤愚贵贱,对方各有其人格,当尊重之。以故闻先生之风者,顽夫廉懦,夫有立志。公退之暇,喜临池法钟王而参以猛龙黑女,秀丽雄劲,自成一家,此则先生之余事矣。律己严,而于公私取与之际,尤一毫不苟,盖其家训然也。

我所认识的朱经农先生[1]

　　世之以教育家见称者，或从事教学，造就人才；或研究教育，耽心作述；或主持行政，推行教育，各有专务，自成一家，其以一身而兼数者，毕生交互从事于此数者，吾无以名之，名之曰全面教育家，亡友朱经农实当之而无愧。

　　经农自二十岁始献身于教育，迄逝世之年六十有五，其间四十五年，无时不直接间接与我国教育攸关，其对于教育研究，教育实施，教育行政与夫教育著作，互此四十五年无时或辍；致力之勤，成绩之优，方面之广，范围之远，就余所知，国内尚不多见。天假以年，其造诣定随年事与经验循几何级数以增进。今不幸于本年三月与世长辞，此岂仅我国教育界之莫大损失，亦世界教育界之损失也。

　　余识经农于民国前五年，其时经农甫二十岁，因留学日本遭日人之不平待遇，与同学数百人集体归国在上海自办学校，定名为中国公学，初时除向外界延聘教员外，学校行政悉就同学中互选分任。未几以同学中意见不一，别组中国新公学，经农膺选为教育干事，一面协同办理学校行政，一面按照课程听讲。时余甫十有九龄，受聘为英文教员，经农遂与余由短期之师生关系，进而形成四十余年生死不渝之友谊。越一岁，经农以第一班毕业，新旧两公学复合，余与经农同任教于中国公学，由同学进而同事，以迄于共和建国之前夕。此数年间，余授英文，经农授算学，均以循循善诱，获诸同学之好感，而经农于授课之余，兼任学校一部分之行政，此不仅表现其干办之才，且在学校多头政治之下应付裕如，人缘极佳，盖其待人以诚，无往而不受欢迎也。

　　辛亥革命起，余与经农同辍教参加。南京临时政府成立，余任职总统府与教育部，经农则助宋钝初先生。及政府仍迁故都，余与经农分别随蔡孑民、宋钝初两先生北上，分别任职于教育部与农林部，虽相与复聚于一地，然任事之机关非一也。未几余以公余任《民主报》馆外撰述，每周撰文二三篇；经农则任馆内编辑，每夕到馆工作；于是等实际上又共事于同一机构矣。此一共事之机会持续至民国二年冬，袁世凯叛国，封闭民主报馆，枪杀社长仇蕴之日为止。时余以在馆外撰述，文稿皆用笔名；经农则不住馆中，且任职于政府，可资掩护，遂得免于难。

　　民国二年余先后脱离教部及报馆，仅在北平国民大学嗣改称中国公学大学部者任

[1]　原载《王云五全集20——谈往事；访英日记；纪旧游；纪事诗存》，北京九州出版社2013年3月，第127—135页。

教;经农则转任工商部之职,以其余暇为私立第一女子中学校任教,虽纯尽义务,而其诲人不倦之精神,知者无不敬佩。次年熊秉三先生筹办国煤油矿,设编译股,纂译有关油矿参考资料;经农为秉老内侄,不自为谋,而力荐余以教课余暇主持该股译事,无须按时到值,月获津贴百元,以视油矿经理处。其经费由美国方面开支者相去至远,经农颇为余不平,而余则以子为委吏乘田,犹肯尽职,余何人斯,敢视同闲散?因是大半年来,辄以半日到值,伏案译一油矿专籍,日二三言,以篇幅繁多,尚未脱稿,成绩亦无从表现也。会中美合办延长油矿渐成议,由美方拟定契约草案及其汉文译本达于油矿经理处;又以美方代表远来商洽,不便久留,建议从速提交内阁会议,已定期矣。时经理处之主办对外涉者为魏易(冲叔)、董显光、熊崇志三君,皆以英文能手著称;而冲叔尤长于译事,与林琴南合译说部丛书百十种,脍炙人口。三君审阅原稿及译文后,因译文出自上海某律师事务所译员手笔,估屈聱牙,不可卒读,尤难解,认为必须重新翻译。顾全文字数不下三万,为期又迫,而法律条文句读特长,要非对法律及中英文字兼有研者不办。冲叔夙治文学,法律非所素习,遂执谦不肯执笔;董、熊二君尤逊谢不惶。事达于秉老,正踟蹰间为经农侧闻,力荐余任其事。秉老颇犹豫,而冲叔毅然赞其议,即日访余于寓所,出示原文,丐余重为翻译,并言限迫,后日下午须提会议,是重译期间仅限于一昼夜。余略一展读,勉允次日晚膳前缴译稿。冲叔辞出,余即开始作,从当日下午五时起,夜间仅睡三小时,迄次日午后三时,计实际工作二十小时,而成稿二万六千余字,通读过,匆匆持诣冲叔;返寓后,提前晚膳即就寝。次晨起床,经农旋至,首向余道喜,而其自身欢喜若狂,有如童之天真。盖余自昨日缴稿后,自分责任已尽,不复萦怀,且倦极睡酣,一切几忘怀;然在另一方面,油矿经理处诸则恐时间稍纵即逝,立时核阅译稿,并拟以永夜付缮写。初时秉老与其顾问某君,觉余所译酷似中国法律条文,疑出自创意多于翻泽;及冲叔等核对原文,认为无懈可击,始释然,复愕然。是夜经农守候熊宅,急余之所不急,有如秀才候榜;最后秉老语经农,以大半年来不知余之能沟通中英文若此,致委屈多时;自即日起,当使余受经理处魏君等之同一待遇,每月三百五十元,并嘱经农先致意,翌日午后会议毕,将亲来余寓道歉忱。经农得此信,欣喜有胜于身受,其为余言,自南京临时政府成立之喜信以来,此为最快心之一事。其对余之挚爱有如此者,迄今三十有八年,此一印象,历久犹新。在今日仍欲得一挚友如经农者,将安求之?

　　民国三年,经农之事业起一重大转变,而与其毕生之成就攸关。事因教育部改各国留学生监督处为经理处,新派驻美经理员严某为经农同乡,年少而资历浅,幸侥获斯席;其下设书记员一人,位卑薪薄;时经农方居荐任部职,为达其赴美半工半读,以谋深造之志愿,不惜降格任此。抵美后,严某官架甚足,除公事外,私人函件,亦令经农工楷缮写。经农虽辛苦甚,然除于致余函中偶露真相外,无时不勤慎从公;而以其余暇就读于华盛顿大学教育系,三四年间,先后得教育学士及硕士学位。我国学生在美留学,以凭本国大学毕业资格而入毕业学院研究者,较凭中学毕业资格而入本科肄业者为轻松。经农未尝毕业国内大学,只能入本科;幸其成绩优良,并经中国公学大学部证明其在业余选修之大学科目,故得以二年修毕本科功课,再历一年,得硕士学位;均名列前茅。方拟续修博士学业,终以家累及其他原因提前返国,而在返国之前,已受聘为国立北京大学教育教授,为时约在民国七八年之交。

其后二三年,即民国十年,余就任商务印书馆编译所所长,受事伊始,即谋以人才充实编译所,于是国内各部门之一流人才多在礼罗中;以余对经农相知之深,与经农之精研教育而夙富编译经验,当然早在罗致之列。只以北大靳而不舍,延至十二年始克来馆任事。经农在编译所中初任哲学教育部部长,继兼国文部部长,而后者为多年因袭之名称,实际上为主编小学各科教本之部门。经农因此项职务关系,乃兼任商务印书馆附设之尚公小学校校长,并曾努力使成一试验学校。经农在编译所任职至民十七年,为期约四年,其完成之主要工作为主编全部之新学制小学教科书,并续竟余于民十一年发起编译之教育大词典。后者在我国单科词典中,取材之丰富,编制之精审,迄今犹首屈一指也。至对于其他之编辑计画,或创意,或赞助,所以裨益余之工作者亦多。在余与经农暌离八九年后,再度共事,其愉快自不待言。

民国十七年国民革命军完成统一大业,定都南京。大上海市随而建设,其市教育局长掌握全国第一大都市的教育,当局认为舍经农莫属,浼之再三,义不可却,但以经农对余之关系,情或难辞;于是向余关说,许经农暂离商务,改长该局而为全市教育造福者,踵相接。结果卒如所请,经农遂首次进于教育行政之领域。以上海市教育行政之繁重,经农处之裕如,且不愿放弃实际的教育工作,仍兼若干私立大学讲座,一如其在商务编译所者然。

经农对教育行政的效绩已著其端,于是向之钦佩其为名教授,名作家者,自是不得不承认其兼具行政的长才。及蔡孑民先生筹办大学院,乃任经农为普通教育处处长,主管全国中小学教育行政。嗣大学院改组,析置中央研究院及教育部,由蔡先生及蒋梦麟先生分长之。经农留教部,初为普通司司长,继升任常务次长,遂得以其在一市所设施者推而及于全国。民二十一年秋始转任湖南省教育厅厅长,历十年以上,对于一堡一小学,一镇一中心小学之原则,执行至为彻底,普及教育,厥功甚伟,湘人士咸能道之。民二十六年八月后,中日战事延至上海,余不得不为商务印书馆策内迁,先期以一部分机器运达长沙,购地备建工厂。是年十月余躬自来此,留月余,与经农时相把晤。其后长沙大火,商务新厂全毁,余更随政府迁渝市。彼时中央大学易长,校长一席由今总统蒋公以军事委员会委员长暂兼任,而调经农为教育长;以蒋公之一日万机,校事自多由经农主持,如是者约历一年,内外翕然。此为经农掌国立最高学府行政之始,然在民十六至二十年间,经农先后兼任光华大学副校长,中国公学副校长,专任齐鲁大学校长,是则经农之主持私立大学行政固远在其前矣。中公为经农母校,入民国改为大学,中经多故,迭次易长,纠纷亦时起,然其间最安定之时期莫如胡适之之长该校与经农之副长该校任内,此固师生所共同称道者也。

　　经农以调任中大职,致脱离其在第二故乡之长期教育行政;然中大教育长之任固因蒋公兼长校政而特设,及蒋公辞兼任,经农亦坚辞,遂转任教育部政务次长,以迄于胜利还都以后。经农时以久任教育行政,颇思得当从事著述,以复返于学术生涯。会余于复员后为国府主席蒋公坚邀入阁,义不可却,于是留渝期内可借口商务责任无从交卸,不克献身于国者,至此无可借口,遂摆脱商务;然于放弃多年关系之事业时,曾允负物色适当继任者之道义责任。自余从政后,一年以来商务总经理之职仍属暂代。余以经农既倦于从政,而于商务有旧关系,就其研究及著作之经验,继余而任商务总经理兼编审部部长,实最适宜;于是一面为经农与商务董事会居间周旋,一面以国府主席蒋公对经农倚畀正殷,或未允听其脱离,遂于三十六年夏余奉召赴牯岭时,面为陈情,幸荷俯纳。经农遂得于三十六年秋正式接任商务印书馆总经理之职,而仿余旧例,仍兼任编审部部长。经农之治理商务印书馆,视余之对各部门无不过问者异其趣。馆中要务实分编审、生产、营业三大部门;经农除躬自主持编审部外,其他二部门则委托两协理全权主政,经农仅操其大政方针。因是,得以其余暇兼任私立光华大学校长,每周并授课若干时;是无异同时主教育行政、教育实施与教育著作矣。其受任于商务之初,首就余于抗战时期在重庆编印之中学生文库扩而充之,编为新中学文库,以为复员后各中等学校之补充读物,并为沦陷多年之地区学校供给健全的精神食粮;同时更主编新小学文库,大体与余在战前主编之小学生文库相若,而取材则适应时代。故就编印书籍言,其第一年之成绩殊可观。第二年以后,由于共党之势焰日张,商务董事会的左倾与投机分子渐抬头,总管理处又掺入不稳分子,董事会主席张菊生先生遂渐受共党同路人包围,以经农为国民党员,颇加抑制,致措施渐难如意。经农素不愿与人争,于是对于商务的出版计画不免渐趋消极,而稍稍偏重于光华大学。光华自经农主持以来,虽以私立而限于经费,然学风校誉日有进展。其至民国三十七年以后,上海各中等以上学校由于共党职业学生的煽动,纠纷时起,光华因经农注重功课之设施,大多数学生不得不埋首功课,少数煽动分子毕竟难施伎俩,闻一度风潮已酝酿至最高度,终以经农平素为学生爱戴,晓以大义,听者动容,幸告宁靖。经农尝语余,彼不畏学生,独畏工人;故对于学潮不难平息,对于工潮将无从措手。此却真话。盖以其多年讲学办学,深知学生心理,事前可以防范,事发亦可劝导感动,较诸平素漠不相关之工人,其应付自较顺手。

　　经农在主持商务印书馆的后期,情绪颇苦闷,屡欲辞职,专任光华大学事;自认对此较有办法,于人于己亦较有益,曾为余一再言之。会三十七年冬国际文教联合会集会于巴黎,政府当局未暇出席,遂以经农为首席代表与会,会期及往返不逾两月,经农拟乘此机缘,重游美国,计期约半年始归。于是决辞商务之职。事前曾与余熟商。余以时局愈危急，今后之商务印书馆面临对日抗战时更严重之局势，经农如欲行使总经理之职权，挽将倒之狂澜，而不惮与异已者破裂，借以维持商务一线之自由命脉，则此时似不宜远行；若为独善其身，免陷于不尴不尬之局，则乘此辞职，亦无不可。余意颇倾向于前者，而经农则以对商务关系不深，又谦称魄力不及余，无力与反对者抗，遂决采第二办法而辞职。结果，经农甫向商务董事会言辞，即被接受；经农因是更作久留国外，从事写作研究的计划。自文教会闭幕，即转道赴美，与其两子文长、文华相处，闭户读书著作，以一年之时日，成英文中国教育思想史一书，拟觅出版家印行而未果。当以旅费将罄，不得不出而就业，以维生计；于是自民三十九年秋，赴康州应哈特福神学院之聘，任中国史哲讲席，而与其一年相处之两子分别，独居于该院宿舍中。本年三月九日致书其次子文华，谓著作颇顺利，因需收集若干资料，春假将往华府国会图书馆读书，道出巴城，当来一晤云。是日工作如常，晓餐时谈笑亦如常，餐后返卧室，至九时半突然轻敲邻室之门请为召一医生，此邻室之美国学生即出召驻校护士，并电邀校外医生；另一菲律滨学生则偕经农返室，随侍在侧。数分钟内护士赶到，经农已渐不辨识，延至十时半逝世，医师到达业已过迟，无能为力矣。因病起仓卒，并无遗嘱，其子检视日记，见本年二月十七日所记者有如左之一段：

> 我为同盟会员，民元转入国民党，对党始终如一。党当政时，我只守党纪，不争党权。党失败时，流离颠沛，决不背党。国民革命初步成功，十七年国府成立，余因党的关系，舍学从政，浮沉二十余年，至今思之，实为重大牺牲。倘以二十余年光阴从事学术研究，埋头著述，则今日成就决不止此。从政二十余年，所做建设工作，均被战事摧毁。至今回思，一场空梦。今年老力衰，虽欲从事著述，精力不逮，奈何？

以上短短一段文字，已足为经农自述的概略。其最后数语，感慨年力就衰；然其雄心实未稍懈。据文长函述经农在美生活及逝世情形，谓其抵美之初，不自满于业已精通之英日文，及曾经入门之德法文，遂赴市肆购取德文、法文会话唱片，不时收听。临终之夕，一卷在傍，眼镜置于书上，至死犹在进修，犹在工作也。

经农旅美后，与余常通信，中多愤世忧国之言。今春余自香港迁居台湾，抵台后于一月五日曾去一函，久未得复，方深疑讶。及其去世后数日，文长始得一月廿四日经农复余之函，因误书住址而为邮局退还者。文长为使其先人"致其终身好友最后之遗札得以到达"，与报丧之长函一并寄余。此为余所接经农之最后手札，而千差万错竟于逝世后始达余手也。余为表示经农愤世忧困之诚，初拟照录原函于此，终以某种关系，目前尚非其时，考虑再三，乃暂保留。

然而斯函内容，似已将一位教育家导至教育的领域以外矣。实则教育目的在为国家与人群增进幸福。真正的教育家固不能漠视国家与人群也。惟其如此，故经农身在教育，而心不忘国家与人群。其忠党爱国之情，于上举之日记及致余最后手札中，昭然若揭。而就余所知，可为补充者，尚有左列数事：

一、民国初年任《民主报》编辑时,所撰社论无不提倡真正民主政制,以反对袁世凯当国时的独裁。

二、民十二年至十七年任职商务印书馆编译所时,对社会公益慈善诸事业,无不积极参加提倡;于教会工作尤为热心。

三、两次任国民大会代表时,对于宪法的制定多所主张,对于其他讨论亦无不热烈发言。制宪国大集会时,因劳苦备甚,致胃溃疡突发,几不治;余每日赴病榻省视,无不以会场讨论及其结果见询,一若忘其自身之病苦,只以不能出席发言为苦者。

经农在任何公共团体或集会中常发生领导的或动人的作用,其原因为具有明敏的分析力与动人的口才。在会议中经农颇喜发言,而发言多能中肯,但亦有因其发言过多而嫉视或起反感者。经农与余无话不淡,间亦不免互为标榜,谓余非必要时不发言,言必中肯;而其自评则为言亦多中肯,但因发言过多,惹人嫉忌,表决时或致失败。是语似为公允的自我批评;然自余视之,经农之发言,庄重而和蔼,绝少偏激,纵然发言稍多,以其态度之诚挚而无丝毫之轻率,即有反感,亦微不足道也。本年五月在台北市各界为经农举行之追悼会中,某君致辞称经农赋性和蔼,而与人论是非,则词严义正,不稍假借,识者亦多能谅之,可谓公平之论。

经农具有领袖人物的种种条件——公而忘私的精神,明敏的头脑,动人的口才,组织的能力,丰富的常识,法律的观念……但彼自谦为缺乏魄力,并时时以此一条件之具备称道余。余殊不敢为自身估值,但经农之所自短者,殆亦其对政治上无野心,甚至对教育行政亦不愿久居冲要,而欲返于研究与著述之途欤。

我国社会之洪炉,固可造就多方面的人材,却因此而使本可自成一家之人材不克竟其志愿。正如经农在日记中所表述者,"倘以二十余年光阴,从事学术研究,埋头著述,则今日成就决不止此。"及经农受哈特福学院之聘,一面研究,一面讲学,以其过去数十年之研究与经验,假以十年,则对于中外古今教育思想之沟通与发展,所成就者岂止一年来所完成而未付刊之一卷册,其所造福者亦宁止于一二国家?

经农关于教育之著作,除专书数种已由商务印书馆刊行外,其单篇论著分载于国内各种期刊者不可胜计,然处今日之乱世,从事搜集,殊不可能。非然者,集其数十年发表之论著,分析其对于教育的主张,敢信其对于思想上当有不少的贡献。我国学人本学然后知不足之义,所著专书每多持重,述而不作,其创意与心得往往发表于单篇论著。此种风气,亦弥漫于西方学人之间。兹篇之作,仅能就经农对于我国教育的表面事功述其梗概,至其对于教育的内在主张,由于资料与时间并感困难,不能不对我老友深致歉忱,而只能期诸未来时日者也。

(四十年九月十六日脱稿,在《谈教育》中发表)

后记

　　光华大学是华东师范大学的重要前身之一。华东师范大学档案馆已经编撰出版了《张寿镛校长与光华大学》《廖世承校长与光华大学》《光华大学编年事辑》《光华大学：90年90人》《光华文萃》《光华大学与成都十年》等系列丛书，以光华大学校史为重心，从历史、人物、文化三个层面进行研究探索，深入解读大学档案中蕴藏的科学、文化、教育等精神遗产，逐步形成了一个立体的档案编研和校史研究谱系。

　　光华大学诞生于1925年上海"五卅"运动，在反帝爱国浪潮中，光华大学树起了收回教育权的扛鼎大旗，最终发展为一所"民族脊梁型的爱国学府"，为国家和社会培养了16 000余名栋梁之材。光华的成就，离不开历任校长、教授和同学们的努力，其中，光华大学第二任校长朱经农先生的事功非常值得我们追述。

　　朱经农先生（1887—1951），生于浙江浦江。教育家、学者、诗人、出版家。1903年考入常德府中学堂，次年入日本文学院、成城学院学习。1905年加入同盟会。1916年赴美国华盛顿大学留学，获硕士学位，1920年转入美国哥伦比亚大学师范学院研究院。1921年任北京大学教育系教授。1925年任沪江大学文科主任，同年参与创办光华大学并任副校长兼教务长，后任上海市教育局局长。1928年任教育部常务次长。1931年任齐鲁大学校长。1932年任湖南省教育厅厅长。1943年任中央大学教育长。1944年任国民党政府教育部政务次长。1945年任光华大学校长兼上海商务印书馆总经理。1948年出任中国出席联合国文教会议首席代表，后留居美国。1950年任职美国哈特福德神学院。朱经农先生的教育思想、治校理念和办学实践，推动了光华大学的发展，也成为华东师范大学宝贵的精神财富。

　　作为档案校史研究人员，我们决定以馆藏档案为基础，编撰这本《朱经农校长与光华大学》，希望对光华大学校史研究作一补充和完善，同时，对朱经农校长治理光华大学的历史过程作一次总结性的回顾，并表达我们的纪念和敬意。

　　《朱经农校长与光华大学》全书以"朱经农校长与光华大学史料选"为主体，从教育思想、校务治理、经费筹措、教职员管理、学生管理、总务管理及校舍建设等六个方面，发掘整理原始档案，以确凿的史料，全面披露朱经农校长执掌光华大学艰辛而光荣之历史。本书附录了光华大学的工程合同、教职工名册，以及王云五《我所认识的朱经农先生》等人物述评，以便读者从更多角度地理解朱经农校长及其治理下的光华大学。

本书由华东师范大学档案馆馆长汤涛负责统稿和审定，档案馆副研究馆员吴李国，以及林雨平、李炜菁、俞玮琦、杨婷、符玲玲等参与部分编辑工作。

本书编撰历时三载，在编撰过程中，得到了学校领导的高度重视和支持。朱经农的外甥女提供了部分照片。本书的出版得到上海人民出版社、上海书店出版社及相关工作人员支持，在此一并深表感谢！

档案编研和校史研究是一个不断探索的过程，由于编者水平所限，书中缺点及错误在所难免，敬请读者不吝指教。

汤　涛

2020 年 4 月

于丽娃河畔

图书在版编目(CIP)数据

朱经农校长与光华大学/汤涛主编.—上海:上
海书店出版社,2020.11
ISBN 978-7-5458-1966-3

Ⅰ.①朱… Ⅱ.①汤… Ⅲ.①朱经农-生平事迹 ②光
华大学-校史-史料 Ⅳ.①K825.46 ②G649.285.1

中国版本图书馆 CIP 数据核字(2020)第 207585 号

责任编辑 俞芝悦
封面装帧 郦书径

朱经农校长与光华大学
汤　涛 主编

出	版	上海人民出版社
		上海书店出版社
		(200001　上海福建中路 193 号)
发	行	上海人民出版社发行中心
印	刷	江阴市机关印刷服务有限公司
开	本	787×1092　1/16
印	张	30.5
字	数	400,000
版	次	2020 年 11 月第 1 版
印	次	2020 年 11 月第 1 次印刷

ISBN 978-7-5458-1966-3/K·384
定　价　118.00 元